En terre aborigène

François Giner

En terre aborigène

Rencontre avec un monde ancien

LATITUDES
ALBIN MICHEL

LATITUDES

Collection dirigée par Francis Geffard

Ce récit est dédié à Jean-Paul Chantraine
en remerciement pour son amitié,
son aide et son enthousiasme.

Introduction

Un jour, il y a un peu plus de trois cents ans, les hommes blancs mettent enfin le pied sur cette gigantesque *Terra australis* mythique qu'ils imaginent regorger de richesses... et ils sont déçus. Ils n'y rencontrent que des petits groupes d'hommes nus, vivant de chasse et de cueillette, qui ne savent construire que des abris précaires, et qu'ils jugent « miséreux ». Aussitôt, ils repartent.

Mais, près d'un siècle plus tard, lorsque les colonies américaines commencent à se rebeller contre l'autorité anglaise, le souverain britannique George III trouve intérêt à coloniser de nouveaux sols. Il renvoie en terre australe l'amiral Cook qui débarque le 6 mai 1770 dans le sud de l'île-continent, à Botany Bay, et prend contact avec les habitants. Tout imprégné qu'il est du mythe du Bon Sauvage cher aux rousseauistes, il va jusqu'à se demander si, dans leur dénuement, ils ne vivent pas plus heureux que les Européens. Cela ne l'empêche guère de déclarer l'Australie « *terra nullius* », c'est-à-dire inhabitée, et d'en prendre possession au nom de la Couronne. À l'époque, quelque mille cinq cents tribus se répartissent sur l'ensemble du territoire, ayant chacune sa propre langue et représentant un à deux millions d'individus : elles sont totalement ignorées.

Sur une proposition du botaniste de Cook, Joseph Banks, relayée auprès du roi par lord Sydney, une colonie pénitentiaire est créée, qui va permettre de déporter en Australie les détenus autrefois destinés aux Amériques : ils prépareront le terrain pour une future mise en valeur du territoire baptisé Nouvelle-Galles du Sud. Ainsi débarquent en 1788 plus de sept cents *convicts* qui participent à la fondation de la première ville australienne, l'actuelle Sydney. Trente ans plus tard, ils sont douze mille, encadrés par deux mille colons libres. La plupart sont de petites gens, arrêtés pour des délits mineurs, au comportement alcoolique et violent, qui n'en méprisent pourtant pas moins les « sauvages » qui vivent sur les lieux. Ces derniers se tiennent à l'écart. Mais les épidémies amenées par les nouveaux arrivants, en décimant les deux communautés, vont peu à peu les rapprocher : malgré le peu d'intérêt des indigènes pour le commerce, des échanges commencent à s'établir, où souvent l'alcool sert de monnaie.

Dans les années qui suivent, la colonisation se poursuit. Occupée à restructurer son empire économique, la Couronne britannique attribue à l'Australie la production de coton et de laine dont son industrie textile a besoin. D'immenses troupeaux de moutons envahissent les plaines. De vastes territoires sont accaparés par de grandes compagnies qui en vendent les parcelles à des colons, cette fois sélectionnés sur leurs aptitudes à les mettre en valeur, et la colonisation s'étend vers l'intérieur des terres. Dans cette entreprise, les autochtones sont une fois encore tout simplement oubliés. Plus justement, on considère que des individus incapables de cultiver la terre n'ont rien à dire si d'autres s'y établissent et la mettent en valeur.

Ils voient donc avec surprise s'installer sur leur territoire des hommes dont ils considèrent le comportement comme des plus étranges. Habitués à respecter la nature en n'y prélevant que ce qui leur est indispensable, étrangers à la notion de propriété qui est la nôtre et à celle d'exploitation du sol, ils ne peuvent que s'étonner de voir leurs points d'eau pollués par le bétail, leurs parcours traditionnels hérissés de barrières et de clôtures... Lorsque les troupeaux viennent piétiner des territoires qu'ils considèrent comme sacrés, les réactions – feux de brousse, vols de bétail – sont parfois violentes. Et c'est ainsi que la première vraie prise de conscience de ces autres à qui on donne alors globalement, au mépris de leur diversité, le nom d'Aborigènes – du latin *ab origine*, c'est-à-dire « ceux qui étaient là depuis les origines » – naît dans le rejet et le conflit.

Les préjugés qui s'installent à cette époque auront la vie dure. Voici comment un manuel de collège (classe de cinquième) décrit encore, à la fin des années 1940, les Aborigènes, sous la plume d'un agrégé de géographie :

« Lorsque les Européens explorèrent l'Australie, au XVIIIe siècle, ils ne rencontrèrent pas les animaux qui leur étaient familiers. [...] C'est que l'Australie, séparée depuis bien longtemps des autres continents, est une terre isolée où n'avaient jamais pu aborder les animaux des autres parties du monde. Cet isolement explique aussi que les indigènes, des "Papous" se rattachant à la race noire, en fussent encore, à l'arrivée des Européens, à l'âge de la pierre taillée. Ils n'ont fait depuis, d'ailleurs, aucun progrès.

Nus dans le nord où il faut chaud, ils sont habillés dans le sud, où le climat est plus froid, de peaux de kangourous. [...] Ils se construisent parfois des abris contre le vent (un peu de terre molle autour de quelques poutres). Ils n'ont que des ébauches d'outils et d'armement en pierre polie, et le fameux boomerang, bâton recourbé [...]. Ils n'ont pu apprivoiser, sans même avoir réussi à le domestiquer, qu'un chien à demi sauvage, le dingo. Ils vivent de poissons qu'ils prennent à la main, ou de gibier, car ce sont des chasseurs merveilleux. [...] L'indigène d'Australie qui a capturé une grosse proie est d'une voracité inouïe. S'il n'a rien attrapé, il accepte de manger les nourritures les plus répugnantes : serpents, rats, lézards, limaces, vers, œufs pourris, entrailles d'animaux. Bon mari il ne mange sa femme qu'à la dernière extrémité et toujours après avoir préalablement mangé ses enfants.

Les indigènes d'Australie forment des tribus dont chacune a son emblème, c'est à dire son signe particulier, généralement, un animal. Ces tribus se font la guerre ; on mange parfois l'ennemi vaincu et tué, non seulement pour se nourrir, mais pour s'assimiler ses vertus : on dévorera les reins pour absorber son âme, on mangera son courage en avalant ses yeux où brille la flamme du combat.

Le langage est très pauvre. Chaque tribu a sa langue, et son vocabulaire s'appauvrit sans cesse, parce que, après chaque décès, on supprime quelques mots en signe de deuil. Les plus savants des Australiens peuvent compter jusqu'à 4, les autres ne savent compter que jusqu'à 2. Les Blancs n'ont pu civiliser ces malheureux. Ils les capturent pour se faire guider par eux, car, à défaut d'intelligence, un merveilleux instinct leur fait découvrir les nappes d'eau souterraines. On peut leur confier des animaux à soigner. [...] Mais on ne peut [leur] faire comprendre qu'il est possible de semer et de planter [1]. »

---

1. Étienne Baron, professeur au lycée Rollin, *Géographie*, classe de cinquième et cours complémentaire, Éditions Magnard, entre 1945 et 1948. C'est

Désormais les Européens ne cesseront de voir les Aborigènes à travers le prisme de leur propre civilisation. Lorsqu'ils ne sont pas exterminés, ceux-ci se voient contraints de s'adapter aux mœurs de leurs envahisseurs : ils sont « sédentarisés », « mis au travail », « civilisés »... C'est en partie le rôle, tout au long du XIXe siècle et dans la première partie du XXe, des missions chrétiennes. Lorsque, en 1901, l'Australie devient une nation indépendante membre du Commonwealth, le gouvernement intervient en faveur des Aborigènes : c'est encore pour les assimiler à la population blanche. Une loi de 1909 autorise même officiellement l'enlèvement des enfants aborigènes métissés de sang blanc afin qu'ils soient placés dans des familles d'accueil ou des orphelinats chargés de les éduquer à l'occidentale : on estime que, des années 1880 aux années 1960, 70 000 à 100 000 enfants auraient ainsi été arrachés à leur famille. Envers les Aborigènes de souche, la ségrégation est en général maintenue, avec l'espoir qu'ils finiront par s'éteindre d'eux-mêmes : leur nombre diminue déjà fortement (ils ne sont plus aujourd'hui que 50 000).

Premier pas vers leur reconnaissance, ce n'est qu'en 1967 – il y a quarante ans – que les Aborigènes sont considérés comme des citoyens australiens et comptabilisés dans les recensements ; et en 1971 que la définition de l'Australie comme *terra nullius* lors de sa découverte est pour la première fois remise en cause.

Les Aborigènes commencent à se faire entendre et à réclamer la restitution de leurs terres ancestrales. En 1972, est créé un Department of Aboriginal Affairs (DAA) : leur droit fondamental « à conserver leur identité raciale et leur mode de vie traditionnel » est enfin peu à peu reconnu. Par ailleurs, des Land Councils – « conseils de la terre aborigène » – sont chargés, au niveau de chaque région, de les aider à défendre leurs revendications et de négocier pour eux les droits d'exploitation des compagnies minières.

Comment ne pas noter alors que, quelles que soient les avancées obtenues au cours des trente dernières années, les Aborigènes, pour

---

mon éditeur qui m'a signalé ce texte d'une incroyable ineptie, relevé par Catherine Tambareau et publié sur www.clionautes.org.

rester sur leurs terres, ont dû accepter d'entrer dans une logique qui n'est pas la leur mais celle des Blancs...

Dans les pages qui suivent, les Aborigènes dont il s'agit sont les Aborigènes de souche et non pas ceux des cultures croisées dont le destin est tout à fait différent.

Les métis sont en général mieux intégrés à la vie australienne. Certains d'entre eux, issus de la « génération volée » – ces enfants arrachés à leur mère aborigène pour recevoir une éducation exclusivement blanche –, ont pu devenir des universitaires ou des politiciens. Environ six fois plus nombreux que les Aborigènes de souche, ce sont eux qui représentent la communauté aborigène et parlent en son nom.

Leur position n'en est pas pour autant facile. Quoique parfaitement admis par les Aborigènes, ils n'en sont pas moins exclus de leur culture traditionnelle. La raison en est qu'ils ne peuvent être incorporés à leur structure sociale. Les unions entre Aborigènes obéissent à des lois précises : en Terre d'Arnhem, pour qu'un homme et une femme puissent avoir des enfants, il faut que leurs « noms de peau » correspondent, seul moyen d'inscrire leur descendance dans une lignée. La ligne du père étant inconnue[1], les métis ne peuvent participer aux cérémonies d'initiation.

Mais leur sort est plus enviable que celui des Aborigènes de souche qui continuent, eux, à être tenus à l'écart. Utilisés par l'ensemble de la société australienne, Blancs et métis, qui tire des milliers d'emplois, dans l'administration, le commerce, le tourisme, l'artisanat..., de l'exploitation de leur culture, et notamment de leur écriture dont on a fait un art dénué de toute valeur traditionnelle (les « peintures » aborigènes), ils sont condamnés, à travers l'alcool, la maladie, le manque d'hygiène, à une lente disparition. Leur espé-

1. L'origine du métissage, que ce soit avec les Blancs, avec la main-d'œuvre chinoise, malaise ou les esclaves souvent importés de force de Vanuatu pour travailler dans les mines ou aux champs (par les *black birds*, ainsi surnommés à cause de leur cruauté), se trouve dans la pénurie de femmes : les Aborigènes se voyaient enlever leurs filles, et les premiers métissages ont été des viols. Il y a très peu de temps que l'équilibre hommes-femmes a été établie en Australie.

rance de vie dans les Territoires du Nord est de quarante-huit ans [1] ; presque tous les enfants qui naissent présentent des malformations, des problèmes rénaux, cardiaques, respiratoires... ; à peine adolescents, ils ont déjà des taux de cholestérol, de diabète, une tension artérielle très élevés ; plus de 70 % des hommes et 30 % des femmes sont alcooliques... Certes, les Aborigènes ont le droit de vote, ils touchent des allocations chômage, on leur construit des maisons et des écoles, on leur offre les soins gratuits... Mais la situation à laquelle ils sont acculés par la perte de tout repère traditionnel et par l'impossibilité en même temps de s'intégrer réellement à la société blanche revient à un véritable génocide passif.

Quand on parle des Aborigènes d'Australie, il ne faut aussi pas perdre de vue qu'on fait allusion à plus de mille groupes linguistiques répartis sur le continent, ayant chacun ou presque sa langue, son statut social, ses lois, ses traditions, son histoire, ses cérémonies d'initiation, ses chants, ses danses, son écriture... L'Australie est un continent divisé en un millier de petits pays, eux-mêmes divisés en groupes familiaux baptisés clans, réunis en groupes linguistiques.

Les Aborigènes évoqués ici sont spécifiquement des Dalabons, des Rembarrngas et des Maelis qui occupent la moitié de la Terre d'Arnhem (neuf millions d'hectares de terre), dans les Territoires du Nord, et qui se distinguent sur de nombreux points des autres Aborigènes d'Australie. Alors que ceux du Sud ont été découverts il y a deux cents ans, ceux de la Terre d'Arnhem n'ont pour la plupart vu leur premier Blanc qu'il y a cinquante ans.

Ils ont vécu sans changement pendant plus de soixante mille ans sur un parcours circulaire (comme nous-mêmes avant notre sédentarisation), sans aucune projection dans le futur, en vivant le passé au présent : l'Histoire, c'est pour eux celle de la création, réceptacle de toutes leurs connaissances, qui montre sans cesse le chemin à suivre au travers de marques, de signes inscrits dans l'environnement sous toutes ses formes, paysages rocheux, étendues d'eau (bil-

1. Dans les derniers recensements faits dans les Territoires du Nord, où se trouve la plus grande densité d'Aborigènes, on relève moins de cent personnes de plus de soixante-six ans.

labongs), faune et flore. Leur circuit toujours recommencé s'organisait selon un calendrier des saisons basé sur la floraison (qui réglait aussi les migrations de certains animaux) : dans le Nord, la saison des pluies, la saison des vents, la saison des brûlis[1] et la saison sèche. Les floraisons les plus importantes étaient celles de l'igname sauvage, des prunes, des pommes, mais ils y incluaient aussi la pondaison des œufs de crocodiles, des oies sauvages et d'autres volatiles. Chez ces semi-nomades, l'accumulation n'avait aucun sens, la possession n'existait pas – non plus que la guerre : on ne retrouve dans leurs modes d'expression, musique, danse ou écriture (peintures), aucune scène ou danse ou sonorité guerrière. Leur seule source d'inspiration, leur seul modèle était la Nature qui a toujours été généreuse envers eux. Une telle intégration leur a permis de vivre en toute harmonie avec elle.

Le mode de vie des Blancs est venu heurter cette organisation de plein fouet : notre conception linéaire du temps avec ce qui en découle, la projection constante dans le futur, si complexe déjà à vivre pour nous qui développons cette notion depuis des milliers d'années, leur est très difficile à comprendre.

J'ai la chance exceptionnelle d'avoir rencontré ces Aborigènes de la Terre d'Arnhem et de vivre avec eux depuis près de vingt ans, d'avoir été accueilli comme un membre de leur tribu familiale et de partager leur quotidien et leurs connaissances. Je ne savais pas vraiment, quand j'ai pénétré sur leurs terres, où j'allais, mais je savais ce que je cherchais : ils m'attiraient, je sentais que j'avais quelque chose à apprendre d'eux. Et, de fait, cette rencontre a marqué un tournant dans ma vie. Le vieux Balang (George) et les siens ont su lire en moi, et une vraie amitié s'est installée doucement entre nous : pour leurs enfants, je suis devenu un père, un grand-père, un oncle, un frère. Je suis entré dans leur rythme circulaire, et cela m'a permis d'aller au plus profond de mes racines, de comprendre qui je suis, d'où je viens et aussi pourquoi nous sommes devenus ce que nous sommes. Ils m'ont ouvert à leur monde de tolérance, de res-

1. Les Aborigènes ne pratiquent pas les brûlis pour mettre les terres en culture, mais pour faciliter la pousse des jeunes herbes.

pect, de compréhension de l'autre, un monde de partage et d'entraide où la critique n'existe pas. Ils m'ont pris au cœur et aux tripes.

Car, pendant toutes ces années, j'ai vu disparaître beaucoup d'anciens et j'ai vu, impuissant, s'élever le mur sur lequel vont se fracasser les plus jeunes. Leur destruction est inéluctable si un plan d'éducation n'est pas mis en place qui soit sérieusement adapté à leur système de pensée : mais concevoir un plan à part pour les Aborigènes, c'est, pour le gouvernement australien, les considérer comme inférieurs, ce qui est contraire aux droits de l'homme. Dans cette logique, on préfère leur laisser la liberté de boire à volonté, de se détruire, eux et leur environnement : c'est leur choix, après tout, de citoyens australiens...

Il est sûrement des lecteurs qui trouveront que, dans ce livre, je n'évoque pas assez les cérémonies auxquelles j'ai pu assister, les croyances et l'art aborigènes, et que j'en dis bien peu sur le *Nayuhyungi*, ou « Temps du rêve », leur récit des origines.

Il y a suffisamment d'Aborigènes errant dans les villes, prêts pour quelques dollars à satisfaire la curiosité de ces Blancs étranges en leur racontant ce qu'ils ont plus ou moins envie d'entendre. Car les Aborigènes ne parlent pas de ces sujets ou restent alors très superficiels. Ils n'en disent pas plus sur leurs peintures traditionnelles qui, je le souligne encore, ne sont pas un art mais une écriture[1]. Ils ont une très forte culture du secret : une histoire, un chant peuvent provenir d'une lignée et n'appartenir qu'à une seule personne qui en est le dépositaire. Le contenu des cérémonies ne concerne qu'une famille ou ceux qui y ont participé. Personne n'a le droit de le dévoiler, et celui qui le fait s'expose à une punition : un malheur dans sa famille, la mort d'un parent ou d'un enfant. La protection des secrets est la base de la survie du groupe familial.

Je respecte donc trop mes amis dalabons, rembarrngas et maelis

1. En étaient un, du moins, car la plupart de celles que réalisent aujourd'hui les Aborigènes métissés, inspirées de cette écriture, avec parfois beaucoup de talent, n'ont pas de sens autre que celui qu'ils leur donnent. Elles peuvent en effet être assimilées à un art, mais qui n'a rien de traditionnel.

pour parler sans leur autorisation des cérémonies auxquelles ils m'ont fait participer.

Je n'ai d'ailleurs pas écrit ce livre pour satisfaire ce genre de curiosité. Je l'ai fait pour que ceux qui sont allés ou qui iront en Australie se souviennent, en croisant, dans les rues de Katherine, d'Alice Springs ou de Darwin, des ombres noires et titubantes aux yeux hagards, qu'elles étaient autrefois des hommes libres que l'on a privés de leurs repères et de leurs rêves.

PRINCIPAUX LIEUX
D'HABITATION DES ABORIGÈNES

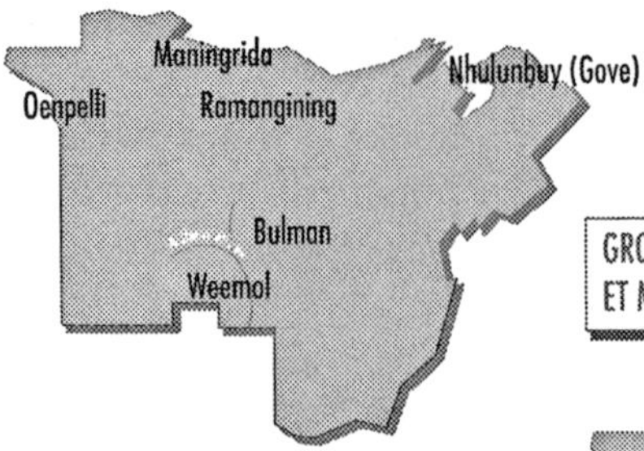

GROUPES VOISINS DES NGKALABONS
ET MURRANGOS

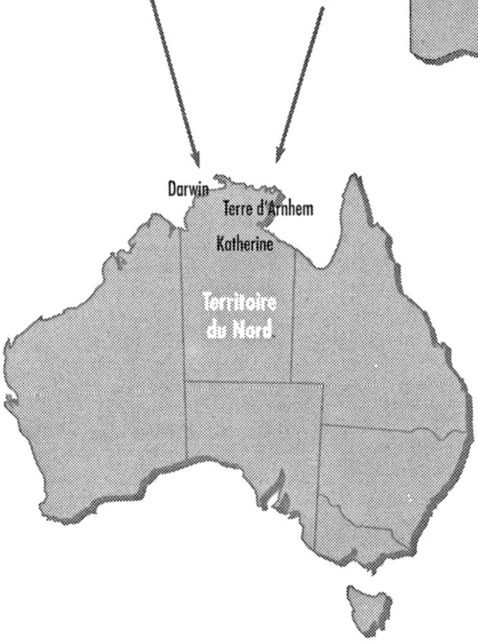

Le récit qui suit est une histoire vraie dont les personnages, les lieux, les événements, sont réels, très peu de noms ont été modifiés. Les informations ethnographiques sont exactes, bien que sans aucune prétention à la complétude ou à l'exhaustivité.

Si la narration est en français, une grande partie des dialogues ont pour langues originales l'anglais, le kriol ou le dalabon : la traduction cherche à rendre au mieux les effets de ces langues.

Le *dalabon* (dont la prononciation correcte est « talabone » et qui s'orthographie parfois *ngkalabon*) est le dialecte traditionnel de la région de Weemol. Aujourd'hui il décline dramatiquement, et même à l'époque du début de ce récit, les enfants ne le maîtrisaient déjà plus. Le kriol est un créole d'anglais qui est devenu la langue maternelle d'un très grand nombre d'Aborigènes du Top End : c'est à Weemol la langue quotidienne de la communauté. Il est suffisamment éloigné de l'anglais pour être incompréhensible pour les anglophones au premier abord, mais il est facile à apprendre et à comprendre avec un peu de pratique.

Certaines expressions intraduisibles ont été retranscrites ici telles quelles sont. Elles sont à lire en utilisant les sonorités espagnoles : *pipul* se lit « pipoul », *gabmen* se lit « gabmène », les doubles « r » doivent être roulés (pas les simples). Nous avons cherché à nous tenir aussi près que possible des orthographes instituées pour ces deux langues tout en respectant certaines règles françaises de lecture.

PREMIÈRE PARTIE

PREMIERS CONTACTS

« Quand tout a commencé, le jour n'existait pas, il n'y avait rien autour de nous, nous étions dans le noir complet, dans l'eau. On était crus, on ne voyait pas, n'entendait pas, ne respirait pas. Tout ce que l'on mangeait était mouillé et cru. Modjarrki, le crocodile qui nous contrôlait, dans ses eaux noires, nous empêchait de sortir. Cela a duré longtemps, très longtemps... »

Le *Nayuhyungi* selon George

1

George et Maggie

Le goudron venait de s'évanouir dans un nuage de poussière pourpre et le 4 × 4 se cramponnait sur la petite piste qu'on aurait dite de tôle ondulée. Je me rappelle si nettement de cette toute première journée en Terre d'Arnhem que je revois les yeux verts de Billy, à demi cachés par son chapeau, qui me fixaient comme pour guetter mes réactions. Il était à l'époque mon grand complice d'escapade et nous ne nous quittions que rarement. Il m'avait beaucoup appris, beaucoup montré. Né de père allemand et de mère aborigène, il n'était pas bavard mais nous avions passé tellement de soirées tous les deux autour d'un feu, en plein bush, que je pouvais maintenant retracer toute sa vie, depuis son enfance jusqu'au temps, plus dur, où il était devenu *jackaroo*[1]. Grâce à lui, j'avais pu revivre un peu de cette époque où les Aborigènes importaient si peu que personne ne se donnait la peine de les compter. De sa mère il tenait une connaissance aiguë du bush et de ses ressources. Chez lui je sentais quelque chose de particulier, de différent, et j'aimais à vadrouiller à son côté dans la solitude de ses terres.

Nous avions tous deux la même soif de liberté dont nous sentions ici le souffle violent, et la même envie de rester et de nous installer, mais jusque-là nos projets avaient échoué : le Land Council, l'organisation qui gère en leur nom les terres des Aborigènes, et qui détenait tous les pouvoirs, ne nous avait pas accordé la moindre chance. C'est pourquoi Billy s'était finalement décidé à me présenter au

1. Cow-boy australien.

vieux Don, de Weemol, son lointain parent, propriétaire traditionnel de terres au cœur de la Terre d'Arnhem, là où le Land Council se faisait moins puissant.

Ce matin-là, nous avions donc quitté Darwin au petit jour en direction de Katherine, notre première étape. Là nous avions fait le plein de diesel, chargé le ravitaillement en nourriture et surtout en eau – nous avions l'habitude de compléter notre stock au hasard des rencontres par quelques *barramundis*[1], pigeons, canards, ou par les petits kangourous d'herbe dont Billy raffolait. Nous avions ensuite repris la route, la belle route toute neuve, à deux voies, qui venait de remplacer le ruban de goudron usé qui jusqu'alors courait de Kulgera à Darwin, sur lequel on était obligé de mordre sur le bas-côté pour croiser tout autre véhicule et d'attendre de longues minutes, après le passage des *road trains*, que la poussière se soit dissipée derrière eux. Puis nous avions tourné à gauche, sur la Central Arnhem Road, et de nouveau la piste s'était faite tout étroite, le goudron avait disparu ; à perte de vue il n'y avait plus que la végétation du bush : la Terre d'Arnhem.

J'avais quarante-cinq ans en ce mois de juin 1988 – Billy en avait environ dix de plus –, et je roulais grâce à lui sur des terres interdites où l'on n'entre pas sans y être invité et où les étrangers, les Blancs, ne sont pas les bienvenus. Je frissonnais à l'idée de partir une nouvelle fois à la découverte d'un monde inconnu. Depuis mon adolescence, je n'ai eu de cesse que de faire éclater ma bulle d'Occidental, comme pour trouver en dessous quelque chose de plus simple : au fond, notre vie calfeutrée n'y change rien, nous sommes toujours les mêmes hommes que ceux qui vivent dans cette forêt. J'avais déjà connu des Touaregs et des Peuhls au Sahara, des Momoktobecs aux Nouvelles-Hébrides. J'étais impatient de rencontrer d'autres gens qui, j'en étais sûr, allaient m'aider à me débarrasser un peu plus de ces concepts si bien ancrés en nous que nous les prenons pour des vérités. J'avais hâte de les découvrir et de les comprendre pour eux-mêmes. Aussi belle soit-elle, l'Australie pour moi restait muette sans la voix de ceux qui l'habitaient. Je ne savais

1. Perche assimilable au capitaine que l'on trouve en Afrique.

rien d'eux, je n'avais rien lu sur eux, je n'étais pas un ethnologue : aucune idée préconçue ne viendrait déformer ma perception, et je n'avais pas la prétention de venir les « étudier ». Ce que je voulais, tout simplement, c'était vivre auprès d'eux, pour peut-être retrouver des valeurs que nous avons perdues ou exclues.

La piste rocailleuse rétrécissait à vue d'œil et le 4 × 4 soulevait un brouillard de particules rouges, saumon, parfois blanches, parfois presque écarlates. Les couleurs du sol changeaient à chaque instant. La végétation débordait sur ce qui n'était plus maintenant qu'un sentier. De chaque côté, les termitières rouges aux courbes romanes alternaient avec leurs sœurs gothiques aux pointes gris anthracite effilées, et peuplaient d'ombres la luminosité translucide de la forêt d'eucalyptus. Je me laissais engloutir dans les nuages de poussière comme s'ils pouvaient à jamais effacer nos traces, pour nous laisser émerger par magie dans l'ère nouvelle qui s'ouvrait à moi.

– On arrive à Mainoru Crossing. La rivière de Mainoru marque le début de la Terre d'Arnhem, la fin des terres des stations. Je pense qu'elle sera basse, la saison des pluies a fini tôt cette année.

Billy connaissait presque chaque recoin du Top End[1]. C'était pour se rendre à Nulhumbuy, Gove en anglais, une ville minière située à la pointe est d'Arnhem que la piste que nous empruntions avait été ouverte, dans les années 1970, depuis la Stuart Highway, 60 kilomètres au sud de Katherine, jusqu'à la mer 800 kilomètres plus loin. Aujourd'hui, Gove s'est tellement développée que la piste, même si elle n'est toujours pas goudronnée, a été améliorée d'année en année : on y croise même quelques touristes qui filent, bateau sur le toit, pêcher ou faire de la plongée à Nulhumbuy. Mais à l'époque elle était en piteux état.

Après une longue courbe, la végétation de savane laissa soudain place à de grands arbres très verts. Une nuée de cacatoès noirs se souleva avec des cris stridents au-dessus des pandanus et des *paper barks*, les malelucas[2], qui rappellent les saules et dont l'écorce s'ef-

1. Pointe nord du Territoire du Nord.
2. Les pandanus et les maleleucas (ou *paper barks*, littéralement « écorces de papier ») ne poussent qu'à proximité des points d'eau.

feuille comme du papier à cigarettes. Je ralentis pour la traversée : les roues du 4 × 4, dans les trente centimètres d'eau, accrochèrent sans peine les gros galets du fond. Sur l'autre rive, je parquai la voiture et nous fîmes une halte, avant de repartir pour être à Weemol avant la nuit.

Nous n'avions croisé aucun véhicule depuis que nous avions quitté la Stuart Highway pour la piste. Nous avions aperçu quelques reptiles, beaucoup d'oiseaux, fait la rencontre de buffles d'eau, de chevaux, d'ânes, tous importés par l'homme mais sauvages dans cette région. Finalement, à la sortie d'un virage, apparut un carrefour, et à côté d'un panneau « Site sacré », une flèche : « Weemol, 3 km ». J'arrêtai la voiture et Billy, comme à son habitude, répondit à mon silence.

– Ces panneaux-là, sur mes terres, ça n'existe pas. On n'a pas pu les planter, vu que ce sont les anthropologues qui localisent les sites – en plus les anthropologues sont les employés du Land Council, donc ils racontent les choses un peu comme ça les arrange. Ici, c'est encore autre chose : les vieux détiennent presque toutes les histoires du passé, avec les lieux, les règles, la loi traditionnelle, mais ils n'en parlent qu'entre eux, alors le Land Council se débrouille aussi comme il veut. En fin de compte, on ne sait plus trop qui prend les décisions, pour quoi, et selon quels principes. Il faudra te méfier, tu verras... Quand on arrivera, je te présenterai. Mais je te préviens, après je ne pourrai rien faire ni rien dire, ce sera à toi de voir.

Je remis le contact en silence. Après un dos-d'âne et un dernier *grid*[1], des chiens déboulèrent des bas-côtés et, au détour d'un long virage, finalement, quelques maisons, quelques pylônes, un château d'eau apparurent dans la lumière rasante de la fin d'après-midi... un village campé dans une grande clairière au milieu du bush. Je dissimulai mon effarement : en fait de village, il s'agissait de deux ou trois places avec quelques maisons bâties en pierres et en tôles grises sur des terrasses de ciment, toutes petites et très simples, plutôt des cabanes, complètement délabrées pour la plupart. De tous côtés des enfants couraient en hurlant, des chiens galeux et maigres, pelés

1. Les *grids* sont des grilles composées de tubes roulants posées au sol pour empêcher le passage des gros animaux et du bétail, de manière à maîtriser le flux du cheptel entre les stations.

ou estropiés, se débattaient autour des fûts souvent renversés qui servaient de poubelles, paressaient sous les carcasses de voitures entreposées devant les maisons ou aboyaient en poursuivant mollement le 4 × 4. J'entrais dans la cour des miracles. Tout semblait comme déplacé : des chaises, des tables, toutes cassées et de guingois, traînaient ici et là, des vélos d'enfants, tordus et en pièces, gisaient sur les toits des baraques ou étaient pendus aux arbres, des lambeaux de couvertures sales séchaient sur un barbelé. Je ne m'attendais en rien à trouver cela si près de notre Australie blanche et propre. Mais, sous ces airs de bidonville, je sentis immédiatement cette chaleur si particulière qui me poursuit depuis.

Sur l'ordre de Billy, j'arrêtai le 4 × 4 sous un grand acacia.

– Je vais chercher Don, me lança Billy avant de disparaître dans la maison plantée en face dont il manquait les portes et les fenêtres.

Je restai seul dans la pénombre, guettant chaque bruit, mes yeux fixés sur le bush au-delà des maisons. À quelques mètres de moi, quelque chose attira mon attention et je détournai la tête. En un clin d'œil, un regard étincelant dans le noir happa le mien. Tout près de moi, autour d'un feu, un homme et une femme contemplaient sur la braise une tortue presque cuite et à la lueur des flammes les yeux vifs et bavards de l'homme plongeaient droit dans les miens. La femme baissait la tête, mais sa présence imposante me disait que rien ne lui échappait de la scène. Je sursautai presque à l'appel de Billy :

– François, voilà Don.

Je sautai hors de la voiture. Je savais que Don avait été dans les années 1960 un fameux champion de rodéo qui s'était classé deuxième au championnat du monde, et j'aurais effectivement pu le prendre, avec ses longues jambes un peu arquées, son mètre quatre-vingt-cinq, sa chemise à carreaux et son petit foulard rouge, sa cigarette au coin de la bouche, pour un vrai « cow-boy », n'étaient son chapeau en poil de lapin beige incliné sur l'œil et un air légèrement taquin qui trahissaient la dérision insouciante avec laquelle il arborait son costume. Il m'offrit son plus beau sourire et son visage entier s'illumina, yeux plissés, nez troussé, dents scintillantes d'une étonnante blancheur – j'appris seulement plus tard qu'il portait un dentier. Je lui tendis la main et Billy nous présenta.

– Don, voici mon *mate*[1] François, le Frenchman.

Don me prit la main plus qu'il ne me la serra, en riant.

– Franquoi, reprit-il.

Je suis habitué à ce que mon prénom subisse des avatars variés.

– Moi c'est Don. Je vis ici sur mes terres, les terres dalabons[2]. Viens, je te présente ma famille.

Je suivis Don et Billy en direction du couple assis autour du feu à la tortue. Don s'installa un peu à l'écart, Billy encore plus loin. Une fois de plus, les yeux de l'homme affrontèrent les miens avec franchise et détermination. Je pris place face à lui. La femme, assise en tailleur un peu à ma droite, gardait les yeux baissés sur les braises. Sans mot dire et avec le plus grand flegme elle tira de sa poche une boîte de tabac, roula une cigarette et la fit passer derrière elle à Don. Celui-ci prit la parole, sans doute pour expliquer la situation, dans une langue pour moi totalement inconnue. Je ne relevais que l'interjection « Ma ! », qui revenait sans cesse comme une exclamation. Tantôt l'homme, tantôt la femme, parfois les deux en même temps, secouaient la tête comme pour ponctuer. Ils rirent aussi, et je me sentais tout prêt à rire avec eux car je n'y entendais aucune méchanceté : tout au plus, une curiosité. Leurs voix me berçaient paisiblement auprès de ce feu aux odeurs d'eucalyptus et de chair de tortue qui bouillait dans sa carapace. Puis l'homme s'adressa à Billy en anglais, et ce fut mon tour de sourire : son anglais était aussi mauvais que le mien, et je sus à cet instant que nous allions nous entendre.

– Voilà George, et sa femme Maggie, m'annonça Don en les pointant du doigt.

1. « Pote », terme très utilisé en Australie.

2. Le terme « dalabon » désigne à la fois un dialecte, le groupe linguistique associé, et les terres sur lesquelles il vit. Ce type de caractérisation constitue l'identité de base des Aborigènes de la terre d'Arnhem, qui ont aussi des clans (lignes familiales) mais par contre pas de tribus.

2

La « réserve aborigène »

C'était à l'aéroport de Sydney qu'en 1974 j'avais mis pour la première fois les pieds sur le sol australien, à un endroit où encore deux cents ans plus tôt, des Aborigènes avaient peut-être l'habitude de se rassembler autour d'un feu comme nous l'étions aujourd'hui. Je débarquais en provenance des Nouvelles-Hébrides – aujourd'hui le Vanuatu – en visiteur de passage. Confusément je me rappelle l'annonce d'un cyclone catastrophique, le cyclone Tracy, qui avait quasiment rasé la ville de Darwin [1]. À l'époque, c'était à peine un bourg et, sans ce cyclone, ce nom n'aurait même pas atteint mes oreilles. J'ignorais aussi tout à fait l'existence de ces groupes familiaux aborigènes qui occupaient toute une partie de l'île. Je ne la découvris qu'un peu après mon arrivée sur le continent, un soir, au Musée national de Sydney. Une de mes amies travaillait au département Anthropologie, auquel j'avais fait don de mes diapositives prises chez les Momoktobecs, sur l'île Mallicolo, aux Nouvelles-Hébrides. Nous nous retrouvions pour des séances de classement et d'archivage. Un soir, en me penchant distraitement sur la carte vide de cette île-continent, qui ne m'attirait alors que très peu, je remarquai la concentration des villes sur une portion minime du territoire, près des côtes, et les étendues vert pâle sans routes, sans

1. Le jour de Noël 1974, la ville de Darwin a été détruite en grande partie par le cyclone Tracy. La population fut évacuée presque dans son entier et le nombre des disparus fut relativement minime, mais la ville, sinistrée et traumatisée, reste aujourd'hui extrêmement marquée par cet épisode.

agglomérations, au centre... Puis, dans ces vides, de grandes zones discrètement hachurées captèrent mon attention. Explorant du regard ces aires sans grandes nuances topographiques qui semblaient occuper des étendues immenses et certainement désertiques, je ne trouvai qu'une seule indication, en sobres caractères majuscules : « RÉSERVE ABORIGÈNE ».

Ce n'est que beaucoup plus tard en fait que j'appris et que je compris qu'en Australie aujourd'hui le terme « réserve » ne signifie pas « parc », comme dans d'autres pays où les habitants traditionnels ont été déplacés et relocalisés sur des terres imposées qu'on leur a assignées arbitrairement. En 1967, les Aborigènes australiens s'étaient enfin vu reconnaître, par référendum, la citoyenneté qui leur était jusque-là déniée. En 1976, le gouvernement travailliste de l'époque, sous la direction du Premier Ministre Whitlam, leur reconnut la propriété légale de leurs terres par la loi de l'Aboriginal Land Right. Dans le Territoire du Nord d'abord, puis dans d'autres États, les terres qui n'avaient jamais été occupées par des Australiens blancs devinrent potentiellement restituables à leurs propriétaires « traditionnels » : la loi fut très vite effective pour les groupes qui n'avaient jamais quitté leurs terres et où l'hérédité traditionnelle était facile à établir, mais beaucoup de lignées héréditaires avaient été déportées pour libérer leur région d'origine en vue d'exploitations minières, agricoles, industrielles, ou chassées, ou décimées par des épidémies, ou simplement massacrées. Aussi, aujourd'hui encore, le processus de restitution des terres n'est pas terminé, et les droits de groupes entiers revendiquant des parcelles importantes sont encore discutés au cours de procès interminables où anthropologues, juristes et propriétaires fonciers se parlent sans s'écouter, tant les fondements sur lesquels ils s'appuient divergent.

Il me fallut aussi très longtemps pour comprendre qu'il n'y a pas de « peuple aborigène ». C'est une notion de notre cru, soutenue avec ardeur par une politique gouvernementale visant à convaincre le monde entier que les premiers propriétaires du continent n'ont pas disparu, et sont au contraire vivants et forts. En réalité, au-delà de la cellule familiale se déplaçant périodiquement sur une terre qui lui appartient spirituellement plutôt que matériellement, aucune entité ne fait autorité dans les structures sociales des Aborigènes d'Australie. Lorsqu'une famille est disloquée, la notion même de propriété pour une terre perd de son sens, car la propriété n'est autre que l'appartenance d'un individu à un lieu marqué par un événement particulier du *Nayuhyungi*[1], l'histoire de la création, que les Blancs appellent le « Dreamtime » ou « Temps du rêve ».

Les Aborigènes de souche vivent depuis des temps ancestraux sur les mêmes terres, car ce lien à l'histoire du *Nayuhyungi* et au lieu qui en est marqué a pu se perpétuer et se perpétue encore tant bien que mal, filialement, de génération en génération. C'est un lien simple : l'origine et la vie de l'individu sont intrinsèquement dépendantes de cet événement du *Nayuhyungi*, marqué dans le relief et le paysage de sa terre. Pour chaque homme ou femme, il y va de sa survie d'en sauvegarder la mémoire, et de faire respecter sur cette terre la loi traditionnelle – c'est-à-dire les règles de comportement, vis-à-vis des autres membres de la communauté mais aussi vis-à-vis des lieux, édictées par l'ancêtre créateur pendant le *Nayuhyungi*. Dans certaines régions, comme dans la Terre d'Arnhem, heureusement enclavée, les explorateurs n'ont pénétré que tardivement et la filiation et sa mémoire se sont étirées, ininterrompues, jusqu'à aujourd'hui. Dans d'autres, les métissages ont rendu confus l'agencement des lignées héréditaires, et les déportations ont enclenché un processus d'éloignement et d'oubli. Beaucoup des descendants des premiers habitants du continent ne vivent leurs identités culturelles, familiales ou rituelles qu'à travers une pelote de reconstructions entremêlées, qui renvoient surtout à un « cliché » national soutenu par les institutions et les médias.

Ce jour-là, les quelques informations éparses que je recueillis auprès de mon amie me donnèrent envie de revenir vers l'Australie. Les fades étendues désertiques ne me séduisaient qu'à moitié. Mais ce que je venais d'entrevoir, dissimulé derrière un rideau de hachures, m'attirait irrésistiblement.

Aussi, après quelques mois passés en France, début 1975, pour soigner une maladie tropicale attrapée en Asie, je me sentis prêt à

1. Le *Nayuhyungi*, terme dalabon dont le concept est valable pour l'ensemble de la Terre d'Arnhem, est le récit des déplacements sur les terres des ancêtres créateurs, qui formèrent le relief au cours de leurs périples.

repartir, sac au dos, pour l'Australie. Je choisis la voie la plus longue : la voie terrestre. Un wagon poussif, pompeusement nommé l'Orient Express, m'emmena en septembre jusqu'à Istanbul. De là, je jonglai de bus chaotiques en auto-stops hasardeux, jusqu'au cœur de l'Asie que je connaissais bien. Ce n'est que vers le mois de juin 1976 que, à Singapour, je sautai finalement dans un avion pour Melbourne.

L'univers anglo-saxon dans lequel je plongeai ne m'avait jamais attiré. Mais l'Australie ne manquait pas d'atouts : c'était un pays neuf où tout restait possible et où l'espace semblait illimité. Je trouvai facilement un travail saisonnier modeste qui me permettrait de vivre et de m'équiper pour la découverte : quelques semaines après mon arrivée, je décrochai un contrat de cuisinier à Mount Buffalo, une station de ski du nord du Victoria. J'y travaillai sans relâche avec une seule idée en tête : acheter un 4 × 4 et parcourir les pistes australiennes, de Melbourne à Darwin, de Darwin à Cairns.

C'est ainsi que, le 13 octobre 1977, les pistes rouges australiennes défilaient pour la première fois sous les roues de ma Land-Rover d'occasion. Je filais ouest-nord-ouest, pour rejoindre la route qui m'emmènerait vers le nord, vers Darwin.

Je dépassai Port Augusta et Kulgera, pour faire escale à Coober Pedy, bourgade célèbre pour ses mines d'opales, située sur la Stuart Highway juste au sud de la frontière du Territoire du Nord. J'y avais un contact : George « le Grec », patron du restaurant Acropolis. Coober Pedy est une ville troglodyte : la chaleur de ce désert de sable jaune pâle, insupportable aux chercheurs d'opales habitués des bas-fonds, les avait acculés à habiter dans les trous où la température est stable, puis à aménager des habitations complètes à dix mètres sous terre. Hormis la grande rue au centre, la ville n'est guère qu'un morceau de sol d'aspect lunaire jonché de monticules sur les flancs desquels s'ouvrent portes et fenêtres et s'étagent des jardinets parfois fleuris.

Je n'eus aucun mal à trouver l'Acropolis parmi les quelques baraques hétéroclites de la grande rue. Les murs s'ornaient de la blancheur d'un village grec sur fond de ciel et de mer ensoleillée, piètre trompe-l'œil dans l'éclairage verdâtre des néons. Des serveuses trop maquillées, en robe courte – d'anciennes putes de Sydney, m'apprit plus tard George, venues ici dans l'espoir de se trouver un mari –

s'affairaient dans ce décor méditerranéen transposé dans un désert de western. Je souris en pensant aux rues carrées et chic de Melbourne.

À Coober Pedy, bout de sable aride découpé en concessions aux profondeurs opalines ensorcelantes, l'eau était rare : vingt-cinq cents le litre, à peine moins chère que la bière.

Assis dans un recoin, je reconnus George à la description que m'en avait faite mon copain Angelo : « style athlète de catch ». Je m'approchai et, dès que j'eus prononcé le nom de notre ami commun, il se leva, un sourire bourru éclairant son visage jovial, et m'écrasa la main. Quelques minutes plus tard, il me racontait ses souvenirs d'enfance avec Angelo. J'étais adopté.

Un peu plus tard ce soir-là, assis dans l'ombre de la terrasse de la chambre que George m'avait offerte, je regardais des 4 × 4 antiques monter et descendre entre deux rangées de façades, sans rien derrière ou presque, comme dans un décor de cinéma américain. Quelques ombres sortaient du pub ou du restaurant, rejoignaient une voiture, claquaient une portière ou sautaient sur les plateaux arrière, pour rouler dans la poussière jaune jusqu'à la nuit de leur concession.

Soudain des bruits de voix fortes aux accents étranges attirèrent mon attention, un peu en contrebas de l'autre côté de la rue. À la lueur bleutée de l'enseigne néon du magasin Yan Ming & Sons Opals, mes yeux rencontrèrent des formes adossées contre un mur de pierre, animées par une discussion dans une langue dont les sonorités m'étaient totalement inconnues. À la minceur des silhouettes parfaitement longilignes et un peu dégingandées, je reconnus un groupe d'Aborigènes. Un instant plus tard, j'avais dévalé l'escalier jusqu'à la rue et m'étais assis sur la terre battue au bord de la chaussée à quelques mètres du groupe. Après plusieurs minutes, un des hommes vint me rejoindre, puis une femme s'accroupit à ses côtés. Un autre, très saoul, s'affala à son tour près de nous. Dans l'ombre qui cachait jusqu'à leurs visages, le premier rompit le silence par une phrase dont je ne compris pas un mot. Il alluma une cigarette, et à la lueur de son briquet son regard hagard me frappa. La flamme jeta une lueur sur sa compagne : son visage tuméfié, déformé, marqué par l'alcool, portait des traces de coups récentes et des cicatrices anciennes, ses yeux éteints semblaient désaffectés. La cigarette coincée entre les lèvres, une bouteille dans une main, l'homme attrapa la femme par le bras et l'entraîna vers le haut de la rue. Je restai assis un moment, immobile dans l'ombre et la poussière, regardant disparaître ces deux silhouettes de pantins dont les visages douloureux allaient rester gravés dans ma mémoire.

3

La chasse au buffle

– Franchoi, Don me dit que tu voudrais rester ici avec nous sur ces terres.

Telles furent les premières paroles que m'adressa George. Je hochai la tête.

– Mais tu n'es pas d'ici, tu n'es pas australien ? s'enquit George, que mon accent n'avait pas trompé.

– Non, pour l'instant j'habite à Darwin, mais en fait je suis français, je suis né en France.

– Où ça ?

– En France. C'est vraiment loin, près de l'Angleterre.

– Ahmm.

Je ris. « Angleterre », cela devait bien lui dire quelque chose, mais quelque chose de très vague sans doute, très loin de son monde. Je voyais bien qu'expliquer que j'avais aussi la nationalité australienne aurait sonné totalement creux et inutile.

Le soleil était couché et une obscurité encore tiède s'installait sur Weemol, que des feux illuminaient de loin en loin. Les rires des enfants s'étaient tus depuis un moment, et on n'entendait plus dans le silence qu'un aboiement ou l'écho d'une voix de temps à autre. Je ne savais rien d'eux, mais j'étais bien au milieu de ces ombres qui glissaient doucement autour des foyers. Il était temps cependant de prendre congé.

Don se leva pour nous indiquer une toute petite piste qui s'enfonçait dans le bush juste à la sortie du village.

– Il y a une source pas loin, faites votre camp là, vous verrez, c'est un bon endroit.

En m'asseyant au volant, j'entendis craquer sous les doigts de George la carcasse de la tortue. Je me retournai pour saisir de nouveau ses yeux, et je les trouvai qui brillaient dans les flammes, suivant les miens. Je sentis qu'il était encore plus curieux que moi de notre nouvelle découverte mutuelle.

Codes allumés, nous roulâmes doucement vers la source sur la piste indiquée par Don. Après quelques centaines de mètres nous vîmes apparaître, dans le halo des phares, une petite clairière de terre battue au bord d'un trou d'eau très claire, abritée par une belle végétation verdoyante. Billy s'enthousiasma :

– C'est là qu'il faut qu'on s'installe !

Nous fîmes tout de même attention aux serpents : plusieurs espèces au venin mortel, king brown, taipan, whip snake, death adder..., sont en effet très répandues dans cette région, surtout près de l'eau. Nous allumâmes immédiatement un grand feu de bois mort, à la lumière duquel nous déchargeâmes le 4 × 4 pour installer notre petite intendance. En moins d'une demi-heure, tout était en ordre, et une heure plus tard nous avions déjà dîné.

Je savais que la journée du lendemain serait décisive. Je négociais un des plus grands tournants de ma vie, et les décisions qu'il me faudrait prendre dans les jours et semaines à venir compteraient pour de longues années. Ce bush me plaisait et j'avais envie d'y rester, mais j'avais bien compris aussi que ces terres ne seraient jamais les miennes : je resterais un éternel invité. Et pour être un invité bienvenu, il faudrait savoir me faire accepter et aussi comprendre.

Je réalisais aussi que les Aborigènes que j'avais rencontrés ce soir-là ne ressemblaient en rien aux autres peuples que j'avais croisés au cours de mes voyages. Ce n'était pas lié à leurs morphologies si étonnantes : ces visages sculptés aux traits larges et francs qui nous évoquent inévitablement les formes lointaines de notre préhistoire. Tout dans leurs expressions, leurs mimiques, leurs mots mêmes et la façon de se tenir face à l'autre ou de le regarder, me soufflait qu'ils venaient de loin, d'un temps des origines très éloigné du nôtre, qu'ils évoluaient dans un monde bien à eux, un monde secret qui pour nous autres Blancs restait indiscernable.

Billy dormait depuis longtemps lorsque je réussis à glisser enfin dans le sommeil.

Nous étions levés depuis l'aube et nous avions passé la matinée à nettoyer et vérifier chaque élément du 4 × 4, qui n'était plus tout jeune. Je ne pouvais m'empêcher de guetter le soleil, déjà bien haut dans l'azur. Je n'avais qu'une idée en tête : sauter dans la voiture et filer vers Weemol. Mais le calme de Billy m'indiquait clairement qu'il n'en était pas question. Il s'était assis sur une souche près du feu et nettoyait méthodiquement son vieux Rugger 308, son arme préférée, suffisante pour abattre cochon ou taureau sauvage à l'arrêt, mais dont la puissance limitée n'aurait pas permis d'arrêter la charge d'un buffle[1] sans la précision d'un excellent tireur. À l'observer traquer la poussière de chaque fente avec une sérénité décourageante, je finis par me faire une raison.

À peine venais-je de me résigner cependant que des cris et des rires d'enfants nous parvinrent depuis le sentier qui menait au village. Quelques instants plus tard, un groupe d'enfants, accompagnés de quelques grands, avait envahi la clairière et passait devant nous en courant et en jouant, dans une bouffée de hurlements joyeux, pour se jeter presque tout habillés dans l'eau tiède de la source. Les plus grands, restés en arrière, s'assirent à nos côtés près du feu sans rien dire, surveillant de loin les plus jeunes. Après un moment, l'un d'eux nous dévisagea l'un après l'autre, Billy et moi, et annonça simplement que George et Don souhaitaient nous parler. Billy hocha la tête et demanda aux plus grands de ne rien toucher et de garder un œil sur notre camp.

Un instant après, nous filions sur Weemol dans le 4 × 4, Billy au volant.

Billy s'arrêta sur la même place, simple espace de bush vide entre deux bicoques. Au beau milieu, un bouquet de bambous pointait

1. Les buffles d'eau, importés d'Asie, pullulent dans le Top End, et en particulier dans la région de Weemol. Ce sont des animaux placides en général mais difficilement évitables lorsqu'ils chargent.

droit vers le ciel, et les larges branches d'un vieil eucalyptus donnaient un bel ombrage. Comme la veille, au même endroit à côté des bambous, George et Don étaient assis au sol près du feu de bois. Trois jeunes hommes se tenaient un peu en retrait. Je m'avançai vers eux en souriant.

– Hi George !

Pour toute réponse il émit un grognement inintelligible. Don me tendit la main.

– Hello, Frachoi.

Je m'assis entre eux. Les jeunes nous tournaient le dos, discutant entre eux. Soudain la porte de la maison s'ouvrit et Maggie apparut, très coquette, en robe à fleurs multicolores, bien propre, les cheveux tirés impeccablement en arrière en chignon. Elle jeta un regard discret autour d'elle avant de s'avancer lentement, dandinant ses bons soixante-dix kilos d'une jambe sur l'autre du haut de son mètre cinquante-cinq. Elle s'assit près de George, sans nous regarder et, sur un signe de tête imperceptible, Don lui fit passer la boîte de tabac et le papier à rouler de la veille. Après un silence, je m'avançai vers elle :

– Bonjour, Maggie. Très jolie robe.

Elle détourna les yeux mais je surpris un sourire aussitôt retenu.

– Merci, François.

J'étais sidéré : elle s'était souvenue de mon prénom, et en outre le prononçait correctement ! J'en fus extrêmement flatté.

Comme la veille, George ne me quittait pas du regard et restait à l'affût du moindre de mes mouvements, curieux et intrigué. J'étais sans doute le premier Blanc à déclarer souhaiter vivre sur ses terres sans avoir le prétexte d'un emploi pour la communauté, ou sans vouloir faire commerce[1]. Il fixa un moment ma ceinture et finit par pointer du doigt mon couteau. Je le lui tendis, il passa de main en main autour du groupe, et je sentis que pour une fois quelque chose

1. Le gouvernement alloue un budget à chaque communauté aborigène pour payer des salaires élevés aux différents employés « municipaux ». En outre, les Aborigènes touchent un revenu minimum qu'ils dépensent sans grand discernement. Par conséquent, de nombreux Blancs choisissent de passer quelques années dans une communauté pour se constituer un petit pactole, et non pas nécessairement par intérêt pour les habitants.

les retenait et leur parlait. Ils le tâtaient, le soupesaient, le retournaient, impressionnés.

– Un couteau de *bushman* ! Joli modèle..., murmura Don en connaisseur.

Et en effet, c'était un objet de caractère. Il avait été dessiné par un de mes amis qui l'avait conçu spécialement pour le bush après un séjour en Australie. George me rendit l'objet.

– Tu as aussi un fusil pour la chasse ? On n'a plus de viande ici... Et il y a plein de *bulaki*[1], et des buffles... Et puis tu verras un peu nos terres...

– Oui, pourquoi pas ? On va retourner au camp pour prendre le fusil et préparer l'arrière du 4 × 4.

– Tue un jeune, la viande est plus tendre, on n'aime pas quand c'est dur, précisa tranquillement Maggie entre deux bouffées de cigarette.

Don nous raccompagna vers notre campement.

– Je pense qu'ils ont dû parler hier soir. Je crois qu'ils sont prêts à ce que tu restes ici, me souffla Billy.

Sans bien définir pourquoi, je me sentis plutôt content.

La bande de jeunes qui nous avait attendus s'éloigna et Don s'assit près du feu. Une tasse de thé fumant bien sucré à la main, mégot à la bouche et chapeau en arrière, il nous suivit du regard tandis que nous nous affairions pour charger l'équipement : fusil, pistolet, sac de survie et couteaux, eski[2] et réserve d'eau. Billy sourit en me regardant vérifier pour la troisième fois que rien ne manquait.

– Ces Blancs, ils ont toujours besoin d'un équipement incroyable quand ils partent dans le bush. François, c'est son sac de survie. Il n'a pas tort, remarque...

Billy s'assit face à Don.

– Parce qu'une fois, à Corroborree, il y a longtemps, au début qu'il venait sur mes terres, un jour trois de mes neveux étaient venus me voir...

Et Billy se lança dans une anecdote qui s'était passée trois ans

1. En kriol : « vache sauvage ».
2. Glacière australienne.

auparavant. Ses neveux métis, qui nous suivaient souvent, quelques années plus tôt, dans nos expéditions, avaient débarqué avec leur vieux 4 × 4 à plateau dans son camp à Corroborree, entre Daly River et Peppimenarti, et avaient annoncé leur intention d'aller chasser sur ses terres puis de dormir chez Monica, la femme du cousin de Billy, une Aborigène métisse d'une gentillesse exceptionnelle. Celle-ci donnait peu de nouvelles depuis quelque temps et j'avais décidé d'en profiter pour aller lui rendre visite et me régaler de sa succulente spécialité de ragoût d'oie au *damper*[1].

Je n'avais pas tardé à regretter ma décision. Les trois adolescents intrépides que j'avais connus quelques années en arrière avaient bien changé et le bush palpitant et merveilleux de leur enfance avait perdu pour eux tout son intérêt. Nous avions quitté la piste qui menait au camp de Billy pour longer un immense *billabong*[2] couvert d'herbes flottantes et ombragé de grands maleleucas dont l'humidité effeuillait les écorces épaisses. Puis nous avions abandonné la voiture pour marcher une bonne heure à travers une végétation dense de pandanus, parfois avec de l'eau jusqu'aux genoux, et aboutir enfin à l'orée d'une immense plaine flottante de marécages. Les vols d'oies, d'aigrettes, d'ibis y étaient si nombreux qu'ils formaient par endroits comme de gros nuages mouvants. Mais les deux douzes à un coup de deux de mes chasseurs étaient rafistolés par endroits au fil de pêche ; quant à la carabine 22 Magnum Winchester rouillée du troisième, elle aurait à mon avis difficilement fonctionné, si du moins il n'avait pas oublié les balles dans la voiture... La chasse en fait ne les intéressait guère. En revanche, le sac était plein de canettes de bière qu'ils vidaient consciencieusement.

D'un commun accord, nous avions décidé de nous séparer et les trois garçons m'avaient indiqué de suivre le billabong qui me ramènerait au 4 × 4. J'étais donc reparti dans la direction supposée du véhicule, mais, au bout de quelques heures, j'avançais encore sur un terrain très humide, plein d'eau, et peuplé de maleleucas, alors

1. Pain du bush typiquement australien, levé sans pétrissage grâce à de la levure chimique et souvent cuit sur la braise.

2. Retenue d'eau proche d'une source ou au confluent de deux rivières, qui peut aussi n'être alimentée qu'à la saison des pluies. Le billabong est un lieu très apprécié des oiseaux, des reptiles et des poissons, et, en tant que tel, un garde-manger naturel pour les Aborigènes.

que nous avions laissé la voiture sur une bande de terre sèche avant une forêt de pandanus. Aussi je décidai de retrouver mon chemin jusqu'à la piste sans me préoccuper de rejoindre le véhicule. Moitié marchant, moitié nageant, je finis par atteindre une berge de terre noire plutôt ferme – mais sans ressemblance avec celle sur laquelle sinuait la trace de piste empruntée le matin. Je tournai le dos au grand billabong que je venais de traverser et marchai de nouveau, à travers les pandanus cette fois. Mais, lorsque je sortis enfin des pandanus, le terrain, sableux et rocailleux, ne m'indiquait pas que j'approchais de la piste.

Je m'assis au pied d'un gros eucalyptus blanc et guettai le silence un long moment, dans l'espoir qu'un coup de fusil ou l'échappement si bruyant du 4 × 4 viendraient m'aider à faire le point. Mais rien ne rompit le calme de la plaine dégagée qui s'étendait devant moi. Je dus me préparer à passer la nuit là.

J'étais conscient d'avoir accumulé les erreurs, la première ayant été de me laisser entraîner par ces trois garçons qui m'avaient d'une certaine manière planté là, mais au fond je n'étais pas fâché de cette mésaventure. J'étais plutôt bien contre ce confortable tronc d'arbre. C'était ma première errance australienne, mais Billy m'avait beaucoup appris de cet environnement et j'étais persuadé que je parviendrais à retrouver ma voie. Billabong et marécages couvraient des surfaces énormes dans la région, et le chemin suivi par le 4 × 4 se glissait forcément au beau milieu sur la terre ferme. Si le lendemain je ne tombais pas sur les traces du 4 × 4 après deux ou trois kilomètres, c'était qu'au lieu d'avancer vers cette piste j'avançais en parallèle. Une bonne demi-heure de marche matinale me suffirait à en avoir le cœur net.

Le jour tombait et le ciel rougeoyait doucement au-dessus de l'immensité verte de végétation, qui virait au bleuté dans l'air du soir. Je m'endormis au pied de mon arbre, en pensant à la chaleur du feu du camp et à Billy qui devait m'attendre, furieux, et inquiet : il avait dû commencer de ratisser la région en essayant de me trouver.

Au petit matin, une dizaine de wallabies[1] grignotaient l'herbe autour de mon camp de fortune, guettant mes mouvements avec

1. Espèce de kangourou de petite taille.

curiosité. Mes vêtements étaient encore humides : je décidai de les laisser sécher avant de reprendre mon périple. J'attendis quelques heures adossé à mon tronc, puis, lorsque je pus enfin me rhabiller, je suivis mon plan de la veille et marchai quelques kilomètres de plus vers le nord. Après plusieurs milliers de pas, je butai contre un autre billabong – à coup sûr celui des aigrettes et des oies de ce matin. Je n'avais plus de doute : depuis que j'étais sorti des marécages hier après-midi, j'avançais parallèlement aux traces du 4 × 4, et non dans leur direction comme je l'avais cru au début. En voiture, nous nous étions forcément faufilés entre ces billabongs sur ce terrain mi-rocailleux mi-argileux qui cette fois m'évoquait bien celui du parcours en voiture.

Lorsque le soleil commença de redescendre vers la ligne d'horizon, je décidai de m'arrêter de nouveau. Depuis la veille je n'avais avalé que quelques racines et des tiges de nénuphars – je n'avais mangé que ce que Billy m'avait indiqué comme comestible – et une faim rampante mais tenace s'installait au creux de mon estomac. Ma gourde par contre était pleine, je l'avais remplie aux billabongs. L'Australie est en la matière plus clémente que l'Afrique : les eaux sont saines de tous ces parasites pourtant si répandus en régions tropicales. Je repérai enfin un arbre confortable et m'y installai comme la veille pour regarder danser dans le couchant les vols d'aigrettes et d'oies sauvages. Je remarquai aussi quelques cacatoès blancs, lorsque soudain j'entendis dans mon dos, vers l'est, un tintamarre de cris aigus et stridents. Un instant plus tard le ciel au-dessus de moi s'était noirci d'une énorme volée de cacatoès noirs qui filaient tranquillement plein ouest. Je jubilai : ils étaient plus d'une cinquantaine, et de telles bandes sont peu nombreuses dans la région. Cela ne laissait aucun doute : ce vol de cacatoès était celui que nous écoutions passer, chaque matin, au-dessus de chez Billy. Ces oiseaux sont fidèles à leurs parcours quotidiens. Je me calai au chaud de mon arbre, bien décidé à guetter au lever du jour leur passage qui à coup sûr m'indiquerait le chemin.

Et au soleil levant je retrouvai, juste au-dessus de mon arbre, le grand vol souple, désordonné et criard de mes cacatoès de la veille, partant réveiller Billy. Grâce à eux, j'aurais presque pu pointer ma position sur une carte : j'étais sur la latitude du camp de Billy. L'avant-veille, j'avais surestimé la durée de ma marche vers l'ouest, mis le cap sur le nord trop tôt. J'étais maintenant un peu au nord de la piste, et peut-être aussi un peu trop à l'est. Elle était sûrement à moins de dix kilomètres mais je savais qu'on n'avance jamais vraiment droit lorsqu'on erre au milieu du bush. Je décidai de compter dix mille pas...

Après quatre mille, le sol changea, la terre devint noire et plus ferme. Derrière moi les billabongs avaient disparu, le terrain s'asséchait. Encore mille cinq cents pas et soudain, sur la terre noire, entre les pierres, enfin, des traces de pneus fraîches. Je m'avançai et marchai à grands pas au beau milieu de la piste lorsqu'un ronronnement familier derrière moi me fit faire volte-face. Dans un nuage de poussière, deux 4 × 4 bondissaient dans ma direction, tonitruant de klaxons, de cris, de mains et de bras qui s'agitaient. Le premier était le mien, et Billy émergea par la portière du conducteur. Il avança vers moi, calme et impassible, mais ses yeux clairs brillaient de soulagement. Il me serra dans ses bras sans décrocher un mot.

Plus tard, il m'avoua que, s'il ne m'avait pas trouvé ce jour-là, il allait mettre l'armée sur le coup. Je soupirai de soulagement : dans tout le Top End, ma réputation de bushman en aurait pris un coup...

Don avait écouté, rêveur, mon aventure. Il aurait sans doute pu, lui, nous en conter de belles. J'appris plus tard qu'il avait été employé par les polices locales comme *tracker* [1], pour retrouver les repris de justice enfuis dans le bush ; pour cette tâche, les autorités ne choisissaient que les meilleurs.

Le 4 × 4 était fin prêt pour la chasse. Billy et Don à l'avant, nous reprîmes la route de Weemol pour prendre au passage deux jeunes et George qui nous attendait sous son bambou, une hache, deux couteaux et une pierre à aiguiser à la main pour tout équipement. Puis nous quittâmes Weemol en suivant la piste par laquelle nous étions arrivés la veille, et bifurquâmes à droite juste avant de rejoindre la route Katherine-Gove – la *highway*.

Visiblement personne ne passait plus par là, et le chemin sur lequel nous roulions était presque à l'abandon. De temps à autre

1. Anglais : « pisteur ».

des troupeaux de chevaux traversaient au grand galop sous notre nez. Le pays, totalement sauvage et intouché, florissait de pandanus et d'eucalyptus saumon[1], d'arbres de sang[2] et de fer[3], d'acacias touffus et verdoyants. Nous passâmes plusieurs *creeks*[4] bien alimentés, une source et des trous d'eau, qui rythmaient un relief vallonné piqué de termitières pourpres. Don fredonnait, et George l'accompagnait, tout en me guettant du coin de l'œil. Je supposai qu'il savait que le décor de bout de monde dans lequel nous roulions et leur chant m'avait déjà ensorcelé[5]. En passant près d'un petit billabong je repérai un nouveau panneau « site sacré ». George surprit mon coup d'œil vers la pancarte ; je gardai le silence. Peu après nous freinions au bord d'une rivière plus importante.

– Les buffles sont là-bas, annonça George laconiquement en pointant la berge opposée.

Large d'une vingtaine de mètres, la rivière devait atteindre un mètre d'eau en son milieu. Les remous trahissaient un fort courant et sur le versant abrupt en face de nous des amas de sable rendaient le passage plus ardu. Nous sautâmes tous du véhicule, les uns poussant derrière, les autres sur les côtés. Après deux ou trois essais, le 4 × 4 se hissa enfin hors du lit profond pour déboucher sur un bush encore plus sauvage et épais. Les deux anciens avaient cessé de fredonner ; ils étaient penchés aux fenêtres, absolument immobiles. Leurs yeux tendus vers le bush parcouraient l'horizon et les taillis méthodiquement.

1. Variétés d'eucalyptus à l'écorce respectivement blanche et rose saumon (très remarquable).

2. Eucalyptus dont l'épaisse sève rouge rubis sèche en formant des cristaux. Les Aborigènes utilisent ses vertus cicatrisantes.

3. Grand arbre au bois très dur, utilisé notamment pour faire des bâtons à musique. Son feuillage dense et riche rappelle celui du chêne et est utilisé pour produire une fumée noire lors de certaines cérémonies.

4. Rivière, torrent, ruisseau, dont le débit varie habituellement au cours de l'année selon les précipitations, souvent jusqu'à s'assécher complètement.

5. Les Aborigènes chantent des chants très courts, très anciens mais toujours renouvelés. Ils en possèdent ou en composent un pour chaque circonstance : chaque vie animale, chaque plante, chaque relief, chaque billabong, pour les nuages, le vent, la pluie, les éclairs, le tonnerre, la lune, le soleil, la voie lactée, l'eau douce ou salée, ou encore l'histoire du commencement sur leur terre, etc.

« *Buffalo, buffalo* ! ! ! » siffla Don.

En un éclair tous les yeux se rivèrent sur des taches noires à l'orée d'un creek, toisant déjà la masse des animaux et estimant les croupes dodues.

J'ai toujours chassé, pour manger, sans goût pour le sport ou l'acte de tuer. Mais je sentis immédiatement que rien n'égalait chez nous l'excitation, la joie, le plaisir anticipé de George, de Don et des deux jeunes qui nous accompagnaient devant ce troupeau de buffles qui broutait paisiblement. À leur regard, je devinai que ces ruminants n'étaient pas autre chose pour eux que des kilos de steaks sur pattes.

J'ignorais encore à l'époque le statut particulier du buffle dans la région. Lorsque les missionnaires catholiques, que les Aborigènes considèrent comme les premiers hommes blancs ayant envahi leurs terres, avaient débarqué sur les côtes du nord d'Arnhem, au début du XXe siècle, suivis un peu plus tard par des fermiers qui avaient importé chevaux, vaches et ânes – tous animaux jusqu'alors inconnus –, les colons avaient en fait déjà investi le reste du Top End depuis longtemps puisque dès 1897 Darwin était relié au reste du monde par télégraphe. Et ils avaient importé des îles Timor, pour le lait, la viande, et le trait, des buffles d'eau. Quelques bêtes échappées des fermes s'étaient si bien adaptées au biotope de ces régions côtières qu'en quelques décennies les buffles occupaient massivement toute la Terre d'Arnhem. Or, à l'époque, les autochtones n'avaient pas connaissance de la présence des Blancs, et, aujourd'hui encore, beaucoup d'Aborigènes d'Arnhem, en particulier les Dalabons qui vivent sur les terres du centre, envahies plusieurs générations plus tard, ignorent que ces animaux qu'ils ont toujours connus, et avant eux leurs parents, sont venus avec les Blancs. Les buffles, nommés dans les dialectes, sont représentés dans les danses et les chants traditionnels et ont été incorporés aux mythes.

Le vent soufflait en face de nous, favorable à notre approche. Sans un bruit George ouvrit la portière et se glissa sur l'herbe du sentier. « Suis-moi », me souffla-t-il. Les autres restèrent près du 4 × 4. Don roulait déjà une cigarette, surveillant la scène du coin de l'œil.

Courbé entre les hautes herbes, je suivis George d'arbre en arbre jusqu'à la petite clairière où broutaient une demi-douzaine de buffles adultes et quelques petits. Je repérai un des gros qui s'aventurait à l'écart du groupe. Nous étions à cent cinquante mètres à peine. George me glissa un regard et le pointa discrètement. J'aurais pu en effet le tirer tout de suite, mais je savais que je pouvais avancer encore car le vent soufflait toujours vers nous. Et ce premier buffle signifiait pour moi comme pour eux l'occasion de faire mes preuves.

D'un signe, je demandai à George de rester derrière un tronc. Il obtempéra, observant chacun de mes mouvements tandis que j'avançais très doucement. À quatre-vingts mètres j'interrompis mon approche en voyant les adultes lever l'échine pour humer mon odeur. N'étant pas chassés régulièrement, ces animaux ne réagissent pas à la vue de l'homme, qu'ils ne reconnaissent pas. Seule notre odeur inconnue leur dicte la fuite. J'avais déjà repéré une bête de taille idéale et bien ronde, à la chair sans doute plus tendre que celle du vieil animal que nous avions aperçu d'abord – je n'oubliais pas la requête de Maggie. Je visai la bête et un roulement de tonnerre trembla sur la plaine. Au même moment le buffle s'affala au sol tandis que le reste du troupeau piétinait, surpris, sans comprendre. Il se débanda en entendant le moteur du 4 × 4 vrombir : Billy avait tout suivi à la jumelle. Le champ était ouvert, et George me rejoignit :

– Good ! Super ! me remercia-t-il en me regardant bien en face avec un énorme sourire franc, savourant d'avance le plaisir d'un bon cuisseau rôti.

Le travail de dépeçage fut rapide et impeccable. Billy et moi formions une équipe rompue à cette tâche. Au fur et à mesure, nous empilions les pièces de viande dans l'eski tapissé de quelques branchages feuillus. Une petite demi-heure plus tard, il ne restait de l'animal que des lambeaux de peau, et des vertèbres ornées d'une tête à cornes, dont fourmis, oiseaux et dingos achèveraient le festin en quelques jours. Comme je plaçais le dernier morceau dans l'eski, Don me félicita :

– Très bon tir, François, vraiment très bon. Tu me donneras le foie, les rognons et le cœur ?

Il ne s'agissait pas d'une question, bien sûr, et je savais qu'il aurait aussi bien pu prendre la bête entière sans même me laisser un morceau. Cependant je me sentais en position d'affirmer des droits sur le buffle, qui leur appartenait mais que j'avais abattu.

– OK, mais je prendrai quand même des petits morceaux de foie et de cœur pour Billy et moi ce soir.

Naturellement je leur aurais de bon cœur laissé toute la viande. Mais j'avais là une occasion unique d'imposer une relation d'égal à égal, où mes sentiments, mes émotions, mes droits seraient pris en compte au même titre que les leurs. Leurs regards et leurs sourires m'avaient avoué qu'ils me testaient, et aussi qu'ils étaient tout prêts à jouer de ma naïveté pour m'utiliser, si je ne présentais pas pour eux d'autre intérêt.

4
La shop

Le lendemain il faisait grand jour et Billy avait déjà bu plusieurs thés lorsque je m'éveillai. D'un bond, je plongeai directement dans l'eau tiède de la source.

– On prend des habitudes ? me lança Billy – puis soudain d'une voix blanche et très calme : Ne bouge surtout pas.

À quelques mètres de moi un king brown [1] de près de 2 mètres de long traversait la source. Ses grosses écailles jaunes miroitant comme les galets multicolores sur lesquels ondoyait son ombre, il glissait lentement sans un bruit ni une vague, la tête un peu levée, les yeux rivés sur moi. Billy avait saisi son fusil et il tira au moment précis où le serpent atteignait la rive opposée.

– Il habitait par-là, celui-là. Pas bon pour les mômes...

Pendant le petit déjeuner, il me fit la leçon.

– Tuer ce king brown, c'était normal, il était dangereux. Mais il ne faut pas tuer n'importe quoi. Tous les animaux ont une relation avec les gens d'ici. À part les animaux importés par les Blancs, comme les vaches, les ânes, les chevaux et tout ça, ce sont des totems, des parents...

Ces croyances ancestrales ont quasiment disparu : les missionnaires ont tranché dedans à vif tandis que les marchands introduisaient la corruption et pourrissaient les corps en échangeant peaux de serpents ou de crocodiles contre tabac, sucre et thé, tous jusque-là totalement inconnus des Aborigènes.

---

1. Le king brown est le deuxième serpent le plus dangereux d'Australie. Son venin est mortel, surtout à cette taille.

– Eh, Franchoi, à quoi tu penses ?

Don, arrivé de Weemol à pied, me tira gentiment de ma rêverie.

– Allez, lève-toi, George et Maggie t'attendent, on va à la *shop* à Bulman !

Nous trouvâmes George et Maggie assis sur leur terrasse de ciment, elle tressant un panier avec des feuilles de pandanus séchées [1], et lui peignant des longs bâtons droits et creux, des *didjeeridoos* [2], ou *molos* en dalabon, comme je l'appris plus tard. Ils levèrent la tête en même temps. Maggie déplia ses jambes croisées en tailleur, tira et épousseta sa robe et alla prendre à l'avant la place de Billy qui s'installa sur le plateau avec George. Une flopée de petits garçons et de petites filles envahirent le véhicule dans une cacophonie de rires et de cris. J'avais pris le volant. « Prends le raccourci, prends le raccourci ! » me criaient-ils en montrant un chemin qui partait à l'arrière du village. J'avançai suspicieusement sur un semblant de tracé chaotique, évitant les ornières, les arbres penchés en travers du chemin, puis les boîtes de conserve, cannettes et bouteilles cassées de plus en plus nombreuses. À huit cents mètres à peine du village, nous longeâmes une fosse pleine de détritus débordant sur des dizaines de mètres.

– La décharge ! annonça Don, non sans emphase.

Tout au long du chemin, il m'indiqua silencieusement, de ses longs doigts posés délicatement sur le tableau de bord, la direction à suivre.

– Bulman, dit-il enfin lorsque nous eûmes rejoint la highway, après deux ou trois kilomètres de raccourci et un gros trou d'eau.

En plus grand que Weemol, Bulman m'offrit néanmoins la même vision apocalyptique. Par opposition aux *out-stations* qui sont des hameaux construits pour quelques familles sur les lieux ancestraux

1. Les femmes étaient traditionnellement responsables de la cueillette, aussi la vannerie représente un art majeur (sans panier, pas de récolte). Les paniers sont réalisés soit en fibre de pandanus, soit en ficelle d'écorce de put-put (variété d'eucalyptus). Dans tous les cas, c'est un procédé très long et qui demande de l'adresse et de la pratique.

2. Instrument traditionnel constitué simplement d'un tronc d'arbre creux dans lequel on souffle comme dans une trompe.

auxquels elles sont liées, les communautés plus grandes telles que Bulman ont été conçues comme des villages destinés à accueillir les populations nomades. Traditionnellement en effet, des groupes familiaux aborigènes de quelques dizaines d'individus parcouraient cycliquement les milliers d'hectares de leurs terres, au rythme des saisons et selon les impératifs de la chasse, de la pêche et de la cueillette qui constituaient leur unique source d'alimentation. Ces déplacements étaient fréquents, et donc l'accumulation matérielle pratiquement nulle : des campements de branchages étaient installés selon le site et la saison, puis abandonnés, de même que la plupart des instruments et outils, produits facilement à partir de matériaux largement disponibles. Très tôt, les missionnaires et le gouvernement australiens encouragèrent ces nomades à s'établir dans ce qui s'appelait à l'époque les *settlements*[1], installant infirmeries, écoles, boutiques d'alimentation pour les y attirer. Ils y réussirent, et les familles se concentrèrent dans ces centres surpeuplés.

Mais la vie sédentaire en communauté ne leur convient en rien. À Bulman, de part et d'autre d'une trentaine de maisonnettes en tôle et en pierre, les carcasses de voitures démantelées, renversées, qui servaient aussi bien de poubelles, d'abris pour les chiens que de couchage, évoquaient amèrement le temps du mouvement et de l'insouciance matérielle. Des voitures à peine moins délabrées démarraient en vrombissant pour s'arrêter quelques centaines de mètres plus loin, devant la shop, au bout de la piste poussiéreuse jonchée de détritus qui traversait le village sur toute sa longueur – un parcours quotidien limité et bien loin des pérégrinations dont on contait autrefois aux enfants les récits légendaires, au rythme de la marche.

À l'entrée du village, le doigt de Don pivota vers la droite.

– L'école, ici. Là, le dispensaire ; et là, la maison des managers de la shop.

Son doigt oscillait d'un côté à l'autre de la rue.

– La maison du mécanicien, celle du comptable...

Nous passions des jardinets propres et fleuris protégés de gril-

1. *To settle* signifie « installer » en anglais.

lages : le quartier blanc, où vivaient les Occidentaux employés par la communauté[1] pour occuper les postes qualifiés. Tenus de soumettre au bureau du conseil municipal leurs projets, avancées et comptes rendus, ces employés résistent rarement aux tensions auxquelles ils sont soumis. Tiraillés entre les récriminations des uns et les exigences des autres, ils sont au cœur et souvent à l'origine des conflits familiaux innombrables d'une communauté où sont rassemblés dans quelques rues une dizaine de groupes familiaux distincts qui avaient l'habitude de vivre éparpillés aux quatre coins d'Arnhem depuis des temps immémoriaux.

Comme nous arrivions vers le bout du village, un sourire s'épanouit sur le visage de Don :

– Et voilà ! La SHOP !

Les enfants avaient sauté du 4 × 4 encore en marche pour se ruer dans la longue cabane en tôle. Posés devant l'entrée, deux fûts de deux cents litres fumants embaumaient l'air d'une odeur de plastique et de déchets alimentaires brûlés. De part et d'autre, assis sous l'étroit auvent du bâtiment ou sur la pelouse, des groupes sirotaient des sodas en mangeant des glaces ou des *chicken wings*[2]. La shop constituait un point de ralliement. Les voitures garées autour démarraient, pleines à craquer, pour laisser la place à d'autres qui dégorgeaient des familles entières. Malgré le peu de distance qui séparait les deux villages, les habitants de Weemol ne semblaient pas prêts à parcourir le trajet à pied : ils utilisaient leurs voitures pour rejoindre quotidiennement Bulman et ses installations précaires mais vitales.

Avec Billy je suivis Maggie, George et Don dans la boutique. Sur la gauche, pains, farine, riz et pâtes occupaient les deux tiers des étagères à côté de quelques minuscules boîtes de conserves de légumes ou de poisson aux prix exorbitants. Au fond, deux portes ouvraient sur des réfrigérateurs pleins de sodas. Derrière une troi-

1. Chaque communauté fonctionne comme une commune, gérée par un conseil municipal, et reçoit un budget gouvernemental censé couvrir ses frais de fonctionnement.

2. Ailes de poulet frites.

sième porte, quelques tomates, concombres et pommes racornis se partageaient l'espace avec les pots de margarine. À droite, derrière la caisse, des vêtements d'occasion pendaient sur une tringle, près des cannes à pêche, torches, batteries, outils, et produits d'entretien... Il ne manquait rien. Juste en face de l'entrée et de la caisse, devant les rayons, trônait un four plein de chicken wings et de *pies*[1], et aussi un rayon entier de bonbons et le congélateur pour les glaces. Près de la porte, Don me montra le coin tabac : tabac épais en boîte de métal, en paquet, à chiquer, cigarettes, briquets, allumettes...

Les femmes erraient dans les rayons, se servant au hasard, sans même regarder les chiffres inscrits au feutre noir qui ne leur disaient visiblement rien. Elles entassaient sur le comptoir quelques paquets de riz et de pain blanc, invariablement du thé, du sucre et du lait en poudre, parfois un oignon. Les enfants posaient pêle-mêle sur le tas les bonbons, sodas, cannes à pêche et cartes à jouer. La caissière annonçait la somme et les femmes emportaient tout sans payer : la shop faisait crédit, et retenait chaque quinzaine les allocations[2] qui, de toute façon, transitaient par elle. Le crédit n'était refusé que s'il dépassait trop le montant de la pension familiale. Alors les enfants s'accrochaient en hurlant à leurs eskimos, et le comptoir était débarrassé au hasard. Pour les repas suivants, il faudrait compter sur les ressources du bush, du moins si la voiture de l'oncle n'était pas en panne. Sinon on tiendrait avec le bidon de farine acheté trois jours plus tôt jusqu'à la pension du prochain jeudi.

Don piocha deux boîtes de tabac, quatre paquets de feuilles à cigarettes, des allumettes. Billy et moi empilâmes sur le comptoir quelques légumes pas trop racornis et du riz. À l'affichage du total, je fronçai les sourcils et demandai à vérifier : le tabac et le papier de Don se trouvaient comme par mégarde sur notre liste, et j'aperçus de l'autre côté de la caisse Don qui venait de les récupérer, après les avoir laissés traîner sur la table à côté de nos achats. George et Maggie nous rejoignaient avec quelques raisonnables paquets de thé, une boîte de lait en poudre, du porridge et quelques pommes.

---

1. Tourtes typiquement australiennes, souvent à la viande (*meat-pie*).
2. Les Aborigènes, en tant que citoyens australiens, touchent chaque quinzaine un revenu minimum d'insertion, le *dole*, auquel s'ajoutent les allocations familiales et autres primes.

Sur leurs regards interrogateurs, je leur fis signe de tout poser sur la table. Puis je les regardai tous tour à tour bien en face, et entrepris de séparer les achats sur le comptoir en trois tas, celui de Don, celui de George et de Maggie, et le nôtre. J'annonçai alors qu'en remerciement de leur hospitalité, je réglais, en plus de nos achats, la moitié du reste. Don me remercia avec effusion, George et Maggie hochèrent la tête en me regardant. Comme je comptais ma monnaie, Don disparut rapidement dans le fond du magasin pour reparaître chargé de victuailles qu'il alla poser sur son tas près de la caisse.

– Attends, attends, Franchoi.

– Non, Don, c'est terminé. Tout ça, c'est toi qui paies.

George n'avait pas perdu une miette de la scène.

5
Le départ

De retour à Weemol, chacun s'était emparé de son sachet plastique blanc, et les enfants s'étaient dispersés sur les terrasses à la ronde, entamant pour déjeuner les paquets de pains et les pots de margarine tout neufs. George et Maggie nous invitèrent à nous asseoir autour de leur feu.

– Nous repartons demain, George. Billy doit retourner sur ses terres à Corroborree. Je reviendrai ce soir vous saluer.

George hocha la tête. Maggie regardait ailleurs, mais ses lèvres charnues esquissèrent une moue à peine perceptible.

– Quand tu reviendras, il faudrait que tu m'amènes quelque chose de la ville...

Elle savait déjà que je reviendrais.

Billy devait rejoindre son monde, loin de celui que je venais de découvrir et qui me plaisait tant, et j'avais promis de le raccompagner. Nous pliâmes le camp et lorsque tout fut prêt, nous reprîmes une dernière fois la route de Weemol.

George était assis sur sa terrasse, Don à califourchon sur sa fenêtre de l'autre côté de la rue. Tous deux semblaient observer les enfants qui, sur la place, faisaient rouler à l'aide d'un bâton un de ces couvercles plats en plastique rouge qui servent à fermer les bidons de farine de dix kilos. Sous le grand acacia, un groupe d'hommes et de femmes de tous âges, assis en cercle à même le sol, jouaient aux cartes sur une couverture où s'entassait de la monnaie.

Trônant parmi eux sur sa chaise de jardin en plastique, Maggie semblait très absorbée par le jeu.

Comme j'avançais vers George, celui-ci attrapa sa chaise et alla s'installer un peu à l'écart des enfants, près des grands bambous. Je le suivis et pris place sur un bidon de farine renversé qui servait sans doute habituellement de tabouret. Billy avait rejoint Don de l'autre côté de la place.

– Tu pars demain...

– Oui, George, demain matin.

– Tu vas revenir...

– Oui... si tu veux.

– Quand ?

Je ne savais pas vraiment. J'avais des décisions à prendre et besoin d'un peu de temps pour réfléchir.

– Je reviendrai fin juillet, deux semaines.

George me regardait toujours, comme s'il attendait plus. Je compris plus tard que les informations que je venais de lui fournir n'étaient pas de celles qui pour lui faisaient sens.

– Je reviendrai bientôt, et pour plus longtemps, rectifiai-je instinctivement.

Maggie avait quitté sa partie de cartes pour venir s'asseoir en tailleur sur une couverture près de nous.

– François va à Darwin demain.

Maggie leva les yeux sur George avec une moue et une lenteur presque ironique.

– Je sais, George, déclara-t-elle péremptoirement. Quand est-ce que tu reviens, François ?

– Bientôt, intervint George.

– Ah ! Et quand ?

– Je vais revenir le mois prochain.

– Ah, en juillet ! Bon.

Elle se leva et disparut dans leur antre.

– Bye, George. À bientôt !

Je lui tendis la main.

– Oui. Et quand tu reviens... tu n'as pas besoin de permis... je suis ton permis...

Il me regardait avec tant d'intensité qu'à cet instant je me sentis totalement démuni et sans protection. Mon envie de le connaître était si forte que je ne pouvais que m'en remettre aveuglément à lui.

– À la prochaine fois, François, cria Maggie depuis l'intérieur de la baraque.

Je traversai la place pour saluer Don et rejoindre Billy. La dernière chose que je vis en allumant les phares du 4 × 4, ce furent les yeux scintillants de George qui me regardaient encore dans la pénombre.

« Je suis ton permis », m'avait-il dit.

Calé au creux de la banquette avant, j'observais du coin de l'œil Billy qui, cette fois, avait pris le volant. Je savais pertinemment que, pour rester sur ces terres, le Land Council me demanderait de créer une activité, quelque chose qui produirait un retour considéré comme positif pour la communauté. Je remuais des projets dans ma tête. Il fallait que j'aille à Paris pour discuter de cette rencontre et de ces terres avec Jean-Paul, mon vieux complice. C'était avec lui que j'avais esquissé ce projet fou et qui avait échoué de créer un ranch à Daly River, sur les terres de Billy. Aujourd'hui, une nouvelle idée naissait dans mon esprit, mais était-ce une bonne idée ? Amener ici des étrangers, est-ce que ça ne ressemblerait pas à une intrusion, ou même à une trahison, envers des gens plus préoccupés d'aller chasser le buffle que de découvrir quoi que ce soit du monde blanc ?

– Qu'est-ce que tu en penses, Billy ? Chez toi, c'est pas pareil, tout le monde connaît plus ou moins les Blancs et a envie de rentrer un peu dans le système pour en tirer profit. Mais eux, ils ont leur propre système qui fonctionne bien, tu ne crois pas qu'il vaut mieux les laisser tranquilles ?

Billy fronçait les sourcils.

– Tu sais, François, je te connais bien, et tu es doué pour jeter des ponts entre les mondes. Avec toi, même quand je t'ai suivi à Paris, je ne me suis jamais senti comme une bête curieuse, un oiseau rare qu'on promène. Et pour les gens d'ici, je pense que ça serait bien aussi de rencontrer d'autres gens, avec toi. Il ne faut pas croire que leur système marche si bien que ça. C'est un peu le bordel, et ça va plus loin que les carcasses de voiture ou les chaises cassées devant les maisons. Ils ont peut-être besoin d'une ouverture un peu plus positive sur notre monde.

Il dut donner un grand coup de volant pour éviter en vociférant une famille d'ânes plantés au milieu de la piste. Il garda un instant le silence avant de reprendre :

– Est-ce que tu as peur des risques à prendre ? C'est vrai que chez moi à Corroborree ça a mal tourné, et que le Land Council a tout fait pour te mettre des bâtons dans les roues. Mais là-bas tout le monde est métis, il n'y a plus de propriété traditionnelle par filiation directe, c'est un autre régime légal. Ici, en Terre d'Arnhem, si tout le monde te soutient, le Land Council ne pourra rien faire. D'ailleurs, je ne sais pas pourquoi je te dis ça, je suis sûr qu'en fait tu es déjà décidé.

C'était vrai. Je trépignais déjà d'établir une relation avec George, Maggie, Don, de rencontrer d'autres anciens et toute la communauté de Weemol. Tout le reste ne relevait que de problèmes logistiques. L'essentiel serait de définir une ligne de conduite pour être sûr de rester en accord avec mes aspirations. Ma décision était prise. Le rêve s'ouvrait à moi, j'allais le vivre.

DEUXIÈME PARTIE

BODEIDEI

Chant pour arrêter la pluie

Wamba djoileira (4 fois)
Marakati banga (4 fois)
Djon djon nami (4 fois)

« Tu es trop forte, eau
Je te respecte, arrête
Coule, coule ailleurs. »

6
Le projet

Presque un an s'était écoulé depuis ma première visite à Weemol. Au cours des derniers mois, j'étais plusieurs fois retourné en terre d'Arnhem. Prodigues en sourires, mes nouveaux amis continuaient à se montrer réservés et discrets. Mais, cette fois, je revenais de Paris avec un projet concret à leur proposer. Mon idée avait rencontré l'adhésion de mon ami Jean-Paul, qui dirigeait SETI-Asie. Il me restait à la soumettre aux principaux intéressés, comme je l'avais expliqué à l'ensemble de l'équipe :

– Mon idée est soumise à l'accord encore hypothétique des Aborigènes de la communauté de Weemol. Il s'agirait de développer une petite structure d'accueil, un « camp », au milieu des terres du peuple le plus ancien de la planète, pour aménager une rencontre entre nos visiteurs et les habitants de Weemol. La structure restera de petite taille. Je ne veux pas faire de tourisme. Je ne veux rien forcer, rien déguiser – ni personne. Les visites à ce camp devront être conçues comme le privilège d'une invitation, une expérience de rencontre, de contact avec les habitants et leurs terres ; l'occasion d'apercevoir un peu de leur culture. Mais la culture ne sera pas à vendre, ne sera pas un produit, pas plus que les habitants. Ce sera aussi une expérience du bush et de l'isolement : la première bourgade « blanche » est à plus de trois cents kilomètres, il n'y a pas de télévision, pas de téléphone, seulement un standard radio pour communiquer[1]. Par ailleurs, je veux tout construire moi-même. Je

1. Le standard radio VGY, situé à Darwin, connectait ses abonnés entre eux ou à des numéros de téléphone dans le monde entier, grâce à des radios

veux créer un lieu qui sera aussi mon lieu de vie. Le camp respectera son environnement et je tiens à le réaliser selon mon propre concept et mes plans, avec l'accord et à l'avantage de mes amis de Weemol.

À la descente de l'avion, une bouffée de chaleur humide m'accueillit dès l'ouverture des portes automatiques de l'aéroport. Le lourd ciel noir promettait une pluie qui ne se fit pas attendre. Le déluge tropical, espéré depuis des mois, éclatait finalement, tout en éclairs, tonnerres, tornades. Tous les ans je regardais avec le même émerveillement la poussée presque visible de jour en jour des herbes, des arbres, des feuilles, qui respirent vers le ciel et retiennent la pluie et la rosée en grosses gouttelettes étincelantes au soleil. La nature se lavait des cendres des grands feux[1] et de cette poussière rouge agglutinée partout : comme chaque année tout partait en rigoles, torrents, rivières, formant lacs et marécages. Chaque année aussi, la terre battue des routes s'effrite, les creeks asséchés redeviennent ruisseaux ou rivières, les rivières fleuves impétueux. Les pistes se ponctuent de part en part de trous d'eau boueux ou deviennent des mares de glaise inextricables. À Weemol, les mouvements des habitants sont très limités à cette période : la highway vers Katherine est impraticable pendant de longues semaines, sans parler de l'accès à Gove qui reste complètement bloqué dès les premières pluies. Autour de la communauté, pistes et sentiers sont noyés dans la boue, les out-stations inaccessibles. Parfois même le trajet vers Bulman, vers la shop, lieu unique de ravitaillement, devient périlleux. Les journées se passent en longues attentes sous les auvents des terrasses.

Cette année-là, j'attendais moi aussi avec impatience les premiers signes de la saison sèche, tout en accompagnant comme d'habitude des groupes sur des circuits touristiques d'une durée de deux ou trois semaines, dans toute l'Australie. Vers la mi-mars, comme tou-

« deux-voies ». Avec le développement du réseau téléphonique, le système est devenu obsolète et VGY a effectué sa dernière connexion le 30 juin 1999 à 17 heures.

1. Dans le nord de l'Australie, les brûlis sont une pratique courante et même écologique, car les Aborigènes brûlent méthodiquement les terres depuis des milliers d'années et l'écosystème s'y est adapté.

jours, les premiers vents d'ouest, les alizés, éparpillèrent aux coins du ciel les nuages noirs qui n'émettaient plus qu'une maigre pluie de loin en loin, laissant bientôt la place à des voiles blancs et au ciel bleu.

En avril, je pus enfin sauter dans mon 4 × 4 pour effectuer les huit cents kilomètres de Darwin à Weemol. À mi-chemin, après trois heures de conduite en ligne droite, je ralentis en entrant à Katherine, qui étend ses six cents mètres de vitrines disparates et de pubs enfumés sur les bords de la highway, traversée par des rues numérotées de un à cinq. Après quelques courses, je me dirigeai vers le Pine Tree Motel, sur la troisième rue, dont j'étais devenu un habitué, et qui allait bientôt devenir ma deuxième maison, et ce pour quelques années.

La patronne m'accueillit avec son sourire imperturbable et s'inquiéta de mon projet sur les Aborigènes. Quand je lui annonçai mon intention de partir le lendemain :

– Fais attention à la route, me dit-elle, les pluies ont tout abîmé cette année.

J'avais remarqué qu'à la simple idée de côtoyer les Aborigènes ou, pire, de partager des expériences avec eux, les Australiens blancs levaient un sourcil incrédule et méfiant et trouvaient toujours une raison de me mettre en garde. Ils tendaient visiblement à considérer en bloc leurs concitoyens noirs comme des individus peu fréquentables, plus ou moins imprévisibles et dangereux.

Je quittai Katherine aux premières lueurs du lendemain, impatient de m'extraire de la zone « civilisée » et de quitter la route bitumée. L'état de la piste était effectivement catastrophique, et le passage de Mainoru s'avéra ardu. Je dus plusieurs fois rectifier ma trajectoire en catastrophe, évitant un embourbement certain dans le sol quasiment liquide des bas-côtés.

À l'approche de Weemol, je ralentis jusqu'à rouler au pas. Une fois de plus, les gamins s'arrêtèrent de jouer pour bondir par dizaines vers la voiture, courant ventre à terre pour me rejoindre depuis l'autre côté du village, me tendant la main ou sautant en marche sur le plateau arrière, à grands cris : « Franchoi ! Franchoi ! » Mon arrivée rompait l'écoulement impassible des journées. Lors de mes premières visites, les plus jeunes couraient se cacher derrière les jupes de leurs mères ou de leurs grands-mères, probablement au vu de la couleur de ma peau. Visite après visite, ils s'étaient enhardis, et j'avais compris que les adultes avaient aussi leur part dans cette ouverture. Au fil des semaines j'avais noté que les parents qui, les premières fois, refermaient sur leurs progénitures des bras protecteurs à mon arrivée, les repoussaient ensuite avec indifférence. Mes séjours répétés de l'an passé avaient suscité maintes discussions animées entre les familles, le soir autour des feux de Weemol. À n'en pas douter, les enfants n'en avaient pas perdu une miette.

Un soir du mois de septembre précédent, près des bambous de George et Maggie, j'avais tendu la main à un garçon frêle de quatre ou cinq ans qui me fixait avec sérieux depuis plusieurs minutes. À mon geste, l'enfant s'était blotti dans les bras de Maggie.

– C'est OK, Jerry, lui avait murmuré la vieille dame, c'est François, tu peux t'approcher de lui, on le connaît bien maintenant.

Quelques soirs plus tard, assis près du feu au même endroit, j'avais senti une petite main se poser sur mon épaule, toucher mes cheveux, puis se blottir dans ma main. Pendant plusieurs jours, Jerry était venu s'asseoir sur mes genoux le soir, sans m'adresser un mot ni un regard. Un à un, les autres l'avaient imité, et je me prêtais au jeu, ce qui n'alla pas sans susciter des questions.

– François... Est-ce que tu as une femme de ta couleur, et des enfants ? s'enquit un jour Maggie.

Sa question n'était simple qu'en apparence. S'il leur était déjà visiblement difficile de concevoir mon pays qu'ils savaient loin de l'Australie, un ailleurs brumeux et sans repères, je sentais aussi que notre mode de vie, pour leur être totalement étranger, risquait fort d'être mal compris. Chez eux le voyage n'a pas le même sens qu'en Occident : quitter ses terres signifie les abandonner, et avec elles famille et responsabilités traditionnelles. L'ailleurs est indifférent et sans intérêt. Découvertes, rencontres, amitiés n'ont pas la même valeur : tout ce qu'il y a à connaître du monde tient pour chacun sur les terres de sa mère. Je sentais confusément qu'éviter tout malentendu impliquait de répondre en transposant mes valeurs dans les leurs, à défaut de quoi le risque était grand d'être mal compris – pas forcément jugé, mais écarté comme un étranger insensé. Je répondis à Maggie que je n'avais ni femme ni enfants mais que je rentrais tous les ans en France parce que ma famille, ma mère, mon frère, mes oncles et mes cousins, vivaient là-bas.

– *Bobala*[1] ! avait lancé Maggie avec une moue compatissante. Tu es tout seul ! C'est pour ça que tu aimes nos enfants, c'est comme une famille pour toi.

J'arrêtai la voiture sous l'acacia entre les maisons de George et de Don. Ce dernier somnolait sur sa véranda, impassible. Sous les bambous, deux chaises vides et des bûches fumantes indiquaient que George et Maggie n'étaient pas loin. Le soleil était au zénith et seul le vent soulevait ici et là une vague de poussière. Dans tout le village on avait déserté les terrasses pour profiter de la fraîcheur des baraques. Don s'avançait pour me saluer.

– George et Maggie sont à l'intérieur, ils doivent dormir, m'informa-t-il. Ils ont passé toute la nuit dernière à cette cérémonie..., ajouta-t-il laconiquement après un silence.

– Je peux aller faire mon campement au trou d'eau ?

– Bien sûr, Franchoi, mais fais attention, les herbes sont un peu hautes.

À la *pool*[2], la végétation s'était en effet refait une santé avec la pluie. Les pandanus arboraient des pousses neuves d'un vert brillant de chlorophylle, les herbes-lances[3] deux ou trois fois plus hautes que moi pointaient vers le ciel des flèches noires acérées. Pas une once de sol nu n'était visible. Je souris à l'euphémisme de Don : des herbes « un peu hautes ». J'entrepris d'aller et venir avec le

1. *Bobala* est un terme kriol, de l'anglais *poor fellow*. C'est une interjection très usitée qui exprime surtout la compassion mais aussi l'étonnement, la déception.

2. La *pool* (« bassin » en anglais) est une source, un lieu calme pour se baigner ou bien pour camper. Celle-ci représente aussi un site important du nom de Komdjeleno : les petits galets qui scintillent sous les rayons de soleil au travers de son eau claire ne doivent jamais être déplacés. Non loin, se trouvent deux arbres blancs qui représentent les deux serpents du *Nayuhyungi*, le python à tête noire (Kuurdjuuloo Kurrijarru) et le *king brown* (Dadpa).

3. Les graminées appelées *spear-grass* sont ainsi nommées parce que leur épi est constitué de manière à se planter comme une lance – dans le pelage des animaux à l'origine, et aujourd'hui dans les vêtements.

4 × 4, toutes fenêtres fermées pour me protéger des fléchettes impitoyables. Allée après venue, la clairière se dégagea et je vis renaître le lieu de mon premier camp avec Billy, qu'au fil de mes séjours j'avais transformé en chez moi de fortune. Don était le seul à m'y rendre visite. Il aimait s'asseoir sur le tronc d'arbre que nous avions couché près du feu, verser ses deux cuillères à soupe de sucre et du lait dans sa timbale de thé, et me bercer de récits fabuleux avant de m'entraîner à la shop où, de temps en temps, il finissait par obtenir un paquet de tabac. Ses talents de conteur étaient indéniables et sa vie était truffée d'anecdotes savoureuses et riches de détails historiques fascinants, de policiers et de fermiers blancs, de nomades en exil et de rumeurs sur les nuits du bush. Don m'informait aussi discrètement de la position de chacun dans la communauté, orientait avec tact mes nouvelles rencontres et mes interrogations. Il avait vu au premier coup d'œil le fil invisible qui s'était tendu entre George et moi, et se faisait le complice d'une entreprise de rapprochement.

– Tu sais, Franchoi, me dit-il un jour solennellement, George et moi on est de très bons mates. On s'est connu quand on était enfants. On a beaucoup marché ensemble dans le bush. George est resté très proche d'un homme que tu ne connais pas encore, qui lui a donné toute sa connaissance. George est un grand homme de cérémonie.

J'acquiesçai sans rien dire. Je l'avais déjà compris.

J'avais réussi à installer mes équipements, mais les grandes tiges couchées en gerbes encombraient toujours la surface au sol et je dus me préparer à dormir sur le plateau de la voiture. Avant cela, à la nuit tombante, je me décidai à marcher jusqu'à Weemol. Couteau à la ceinture, ma grosse torche noire sur l'épaule, j'avançai entre les herbes sur le sentier encore tendre des mois de pluie. En approchant, je me laissai guider par la lueur rouge qui dessinait sous les bambous les silhouettes bourrues de Maggie et de George. Mon cœur battait la chamade. J'étais heureux, ému et comme intimidé de les revoir.

– Hi Maggie. Hi George.

Maggie m'offrit un sourire et un « Ça fait plaisir de te voir, François », avant de replonger son regard dans les braises. George leva doucement la tête pour me fixer profondément une fois de plus.

– Combien de temps tu restes ?

Il m'avait posé cette question à chacune de mes arrivées. Je savais qu'il s'interrogeait sur mes allées et venues. Au cours de l'année passée nous avions chassé ensemble, parcouru le bush ensemble, bavardé des soirées entières autour du feu, nous observant sans cesse, mais sans vraiment nous découvrir. Cette fois-ci j'étais prêt à me déclarer.

– Cette fois, je reste un mois, je suis venu pour vous expliquer ce que je veux faire. Je voudrais rester ici pour de bon. Si vous êtes d'accord je voudrais commencer à chercher un endroit pour m'installer, faire un camp permanent, un endroit à moi.

De l'autre côté de la place, une silhouette inconnue émergea de la maison de Don. L'homme aux cheveux blancs rougis par la poussière du bush ne portait qu'un short très court et très usé, laissant voir des cuisses solides et un torse musclé qui découvrait ses innombrables scarifications[1]. Il avança vers la lumière de notre feu. Malgré son âge mûr, cet ancien avait conservé toute la force d'une vie passée aux sources d'un savoir et d'un mode de vie ancestral. Le short de jean effiloché n'y changeait rien : tout dans son personnage, sa démarche, le couteau pendu aux passants de sa ceinture, les yeux vifs dans un visage franc, racontaient une vie de chasseur et de nomade. Un autre homme aux cheveux longs jusqu'aux épaules et à la même allure le suivit puis le dépassa pour nous rejoindre. Je notai son short et sa chemise kaki impeccable, et surtout le grand sourire qui s'adressait directement à moi.

– Hello, François.

Je ne m'étonnai pas qu'il connaisse déjà mon nom ; en revanche, la qualité de son accent anglais m'impressionna.

– Moi c'est Jack ; et lui c'est Billy.

L'homme au couteau s'approcha de moi, me souriant lui aussi, pointa du regard mon propre couteau, et esquissa de la main droite un signe qui indiquait indubitablement un avis favorable. Il me salua de la tête et s'installa auprès du feu avec son compère.

1. Les scarifications sont les cicatrices laissées par les entailles infligées lors des cérémonies.

George prit la parole en dialecte, et une longue discussion s'engagea, dont je ne saisis naturellement pas un mot. Ils parlaient tour à tour, calmement. De temps en temps, Maggie coupait d'un ton posé mais décisif, écoutée en silence par les quatre hommes qui visiblement faisaient grand cas de ses paroles. La boîte de tabac et le papier circulaient sans arrêt ; seul George s'abstenait d'y piocher et la passait au suivant avec une indifférence marquée. L'obscurité s'était épaissie jusqu'à la nuit noire, et les enfants avaient rejoint les feux qui s'allumaient un peu partout. Maggie jeta deux bûches sur les braises et une flamme s'éleva en dansant. George me regarda gravement et sérieusement.

– Franchoi, nous sommes tous d'accord pour t'écouter et savoir ce que tu veux faire, nous t'avons observé et maintenant tu peux nous expliquer.

Le seul but de cette première concertation avait été de décider si on me laisserait parler.

– Moi je suis aborigène, continua George. Pour ce qui est aborigène, je sais, je connais.

Maggie, Don, Jack et Billy confirmèrent en silence, en opinant du chef.

– Toi tu es munanga[1], et je ne sais pas. Je ne connais pas les Munangas, je ne les comprends pas.

Depuis notre première rencontre, les regards de George me contaient cette incompréhension. Plus tard, George me parlerait de son enfance sur la côte, loin de toute présence occidentale, puis de son arrivée au centre de la terre d'Arnhem. Son monde s'était construit entièrement sur des valeurs traditionnelles :

– Je me rappelle que ma mère et parfois ma grand-mère me portaient dans des écorces d'arbre à papier. J'étais encore un très très jeune garçon, c'était bien avant la circoncision[2]. Nous allions alors tout nus, avec juste un *naka*[3] tressé autour des reins. Mais nous n'étions jamais malades : quand quelqu'un commençait à ne plus

1. Kriol : « Blanc ».
2. La circoncision se fait vers l'âge de sept ans. Pratiquée au cours des cérémonies d'initiation, elle marque rituellement, pour les garçons, l'entrée dans la vie cérémonielle des hommes.
3. Fibre de put-put.

voir, c'est que la mort allait le prendre. Pendant la saison des pluies, nous nous abritions dans des grottes ouvertes. Nous pêchions, nous chassions, les émeus, les kangourous et les goanas[1], nous cueillions des fruits et des tubercules... nous étions tous très actifs. Et tous les jours, mon grand-père, mon père et mes oncles nous apprenaient l'histoire de notre ligne hommes. Quand la saison des pluies disparaissait et que les grands vents couchaient les herbes-lances, nous faisions les brûlis. C'était le temps des cérémonies d'initiation : des moments très durs passés dans le bush, séparés de notre mère et de nos sœurs pendant des mois, privés de beaucoup de choses, avec des règles très sévères. Mais les anciens nous apprenaient ainsi à devenir responsables au sein du groupe familial, du groupe des noms de peau et du groupe linguistique. J'ai vu mon premier Blanc quand j'étais grand comme ça (George s'était levé et avait posé sa main au niveau de sa poitrine), autour de quatorze ans. Mon oncle et mon père avaient déjà entendu parler d'animaux étranges, vaches, chevaux et ânes..., mais quand ce premier homme blanc est apparu, nous avons eu très peur : il était comme nous, mais sa couleur de peau était blanche, et il disait des mots qu'on ne comprenait pas. Nous avons pensé que c'était un esprit qui s'était perdu et qu'il allait repartir. Et il est reparti, mais de drôles d'histoires sont arrivées à nos oreilles, sur ces humains blancs. On disait qu'ils avaient comme des petits molos, qui étaient pourtant plus forts que nos lances et qui faisaient beaucoup de bruit, il fallait s'en méfier... Et puis, ils sont revenus, très nombreux, et les *ambags*[2] ont commencé. Ils sont venus, ils ont fouillé partout, même dans les grottes, ils nous ont chassés de nos terres et nous nous sommes retrouvés dans des lieux inconnus, ils nous ont fait travailler. Ils nous ont pris nos filles et une nouvelle couleur d'enfants est arrivée, moitié aborigène et moitié blanc, un mauvais mélange. Et puis il y a eu la naturalisation australienne, les pubs ouverts à nos jeunes, le retour sur nos terres, le droit à la terre contrôlé par les Blancs... Nous n'avons rien compris. Tout ça s'est passé trop vite... Deux décennies pour

1. Gros lézards.
2. Kriol *ambag*, du vieil anglais *humbag* ; l'expression est employée très couramment pour évoquer toutes sortes de disputes, conflits, ennuis entre les gens.

détruire ce qui n'avait pas changé depuis soixante mille ans... Quand je suis venu au centre de la terre d'Arnhem, j'avais déjà six enfants, six filles, et ma moitié était morte. J'ai rencontré Maggie, qui était dalabon et avait un garçon et dont la moitié était mort aussi. Et depuis je vis ici sur les terres dalabons, et je suis le dernier des anciens à savoir...

Le monde blanc, ses valeurs et activités quotidiennes, travail, argent, voitures ou fusils s'étaient imposés à George comme une découverte traumatisante, l'intrusion d'un incompréhensible dans un monde qu'il maîtrisait dans sa totalité. Jamais il ne s'était impliqué dans ce nouveau système au-delà d'une participation formelle : il avait travaillé dans les fermes, puis comme charpentier, puis comme docker. Mais le sens de tout ce remue-ménage ne l'intéressait pas. Les Blancs et leurs complications restaient de pures apparences, qu'il n'avait jamais cherché à pénétrer. Et pourquoi l'aurait-il fait ? Son père avait jadis été poursuivi et menacé de mort pour avoir abattu un Blanc ; plus tard George avait été envoyé à Darwin pour des travaux forcés parce qu'il avait résisté à un policier qui voulait lui enlever sa fillette de huit ans[1]. Pour lui, les Blancs qu'il croisait régulièrement à Bulman ou ailleurs n'étaient que des mannequins, des automates, dont les motivations, les sentiments et les raisonnements lui restaient impénétrables et indifférents. Et les Blancs considèrent en général de même les Aborigènes : ainsi les deux mondes se côtoient et interagissent quotidiennement sans pour autant s'interpénétrer, encore moins se comprendre.

George me voyait moi aussi comme un Blanc. Mais face à ma présence quotidienne auprès d'eux, mon goût pour la chasse, mon amour pour leurs terres ou mes jeux avec les enfants, il se demandait quelles pensées pouvaient traverser mon esprit, motiver mes actions. Il avait aperçu la personne, l'être humain, caché dans cette enveloppe de peau pâle. En attisant sa curiosité, j'avais levé un rideau sur un autre monde, qu'il avait toujours refusé par instinct,

1. Dans les années 1950 encore, les autorités locales étaient légalement autorisées à enlever certains enfants aborigènes à leurs parents pour les placer dans des institutions chargées en principe de les éduquer. Ce procédé a eu cours du début du siècle jusqu'aux années 1960, et l'on s'y réfère maintenant sous le terme de « génération volée ». En général les enfants métissés étaient les premiers visés.

mais qui au fond l'attirait, qu'il avait en tout cas envie de comprendre. Un jour qu'il m'avait comme chaque fois interrogé sur la date de mon retour, je lui avais répondu que j'avais deux-trois business à régler, utilisant le mot qu'ils utilisent eux-mêmes pour désigner leurs cérémonies. Doucement, George dressait des parallèles, commençait à comparer les deux mondes.

Cette nuit-là, justement, ils avaient un business à régler, « le même qu'hier soir », précisa Don.

– Quand on aura fini, on aura tous une discussion, annonça George. Demain avant que le soleil soit haut, viens ici pour voir Andrew. C'est le mari de ma fille. Il t'emmènera vers Galparran, vers la rivière où on va chasser, tu sais ? Tu regarderas si tu trouves un bon endroit. Et on se revoit demain avant que le soleil soit bas.

7

La source

Le lendemain je m'octroyai une petite baignade dans l'eau bleue, et après un petit déjeuner rapide j'entrepris de m'équiper pour la journée : descendre le fût de fuel de la voiture, en le faisant glisser méthodiquement comme Billy me l'avait appris, préparer des réserves d'eau, le sac de survie, les armes, et un peu de nourriture pour deux. Depuis les mises en garde de mon médecin à Darwin, je préparais toujours pour mes amis des repas séparés, afin d'écarter tout risque de contagion par l'hépatite A, très présente dans leurs communautés. L'hygiène telle que nous l'entendons était pour eux inexistante et ma fragilité d'Occidental m'obligeait à prendre des précautions. Au grand désespoir des Australiens blancs, qui jugent ces notions évidentes, les Aborigènes isolés sur leur continent depuis des dizaines de milliers d'années[1] n'ont pas pu intégrer en quelques décennies les règles complexes qui tracent pour nous avec une apparente simplicité une frontière nette entre ce que nous nommons « sale » et ce que nous nommons « propre ». Comment apprendre à un enfant qui marche pieds nus et vit à même le sol que la terre ou le sable, irréprochables sur les plages et les sentiers, deviennent sales dès qu'ils sont placés dans notre assiette, ou même sur nos mains ? Que la nourriture que nous mangeons sans scrupule

1. Il n'y a pas de théorie complètement confirmée en la matière, mais les hypothèses les plus probables parlent d'une présence vieille de 70 000 ans, et il a été prouvé en tout cas que les populations aborigènes occupaient déjà le continent il y a 40 000 ans.

dans une assiette est douteuse lorsqu'elle jonche le sol ou une table ? Ou qu'il est normal de garder une poubelle dans une maison mais pas d'en répandre le contenu dans le jardin ? À Weemol, j'avais vu plus d'une fois des enfants ou même des bébés partager leur écuelle avec les chiens galeux, pelés, crasseux, qui dormaient d'ailleurs sur les matelas éculés avec toute la famille. Mais comment convaincre des gens qui allaient nus il y a encore cinquante ans qu'il faut laver les vêtements et les retirer pour se baigner – quand ils prétendent au contraire qu'il vaut mieux aller à l'eau avec pour les nettoyer en même temps ? Et quelle raison invoquer pour justifier notre interdit de jeter canettes de Coca-Cola et sacs plastiques par les fenêtres des véhicules en marche, quand on s'était toujours débarrassé des carcasses, pelures et trognons en les rendant à la terre ?

Je débouchai sur la place de Weemol à 8 heures pile. Des feux mourants exhalaient çà et là un reste de fumée, tout le monde dormait. Un jeune homme qui pouvait avoir vingt-cinq ans, au corps d'athlète sculpté, pointa sa tignasse frisée derrière la maison de George.

– François ?

– Oui. Andrew ? Tu es le mari de la fille de George ?

– Oui, George m'a demandé de lui ramener une bulaki ou un jeune buffle.

Andrew sauta dans le 4 × 4. Il parlait très bien l'anglais. Comme nous roulions sur un parcours semé d'embûches, contournant savamment grâce à lui d'infranchissables veines d'eau boueuse, il m'apprit qu'il avait fréquenté plutôt régulièrement l'école de Bulman. Il me questionna aussi sur mon pays, mes intentions, mon goût pour les terres, mes projets.

Lorsque nous atteignîmes la rivière Galparran, nous la trouvâmes bien trop haute et le courant bien trop fort pour pouvoir traverser en 4 × 4. Laissant le véhicule, nous nous approchâmes de la rive. Andrew rassembla quelques branchages, je craquai une allumette, et nous nous assîmes près du feu. Je parlai à Andrew de l'autorisation que m'avait accordée George la veille : je pouvais chercher un endroit pour camper. J'imaginais un lieu à proximité d'un point d'eau permanent, un peu surélevé pour éviter les inondations, et pas trop loin de la piste principale. J'avais sorti une carte de la région au cinquantième publiée dans les années 1960. Tout en doutant de son exactitude compte tenu des transformations des cours d'eau à chaque saison des pluies, je pointai une zone très verte avec un filet bleu et un peu de relief. Andrew n'avait jamais lu de carte, mais au premier coup d'œil il repéra la station de Mainoru, puis les cours d'eau principaux.

– Ça, c'est « Spring number one[1] », annonça-t-il en pointant le premier filet bleu partant de Weemol, et là, « Spring number two », la source de Don. On peut aller à Spring number one. Mais pour Spring number two, il faut parler avec les anciens : c'est un lieu spécial.

Vers 4 heures de l'après-midi, après que nous eûmes déjeuné, fait un somme, tué et découpé en quatre un jeune buffle mâle dont nous avions hissé les morceaux sur le plateau, Andrew m'emmena voir la fameuse « Spring number one ». C'était un joli petit point d'eau entouré de pandanus foisonnants. Un monticule de terre rouge épaisse mêlée de pierres interdisait l'accès en 4 × 4 depuis la piste, mais une rapide exploration pédestre me permit de me rendre compte que le lieu n'était pas propice : trop encaissé.

De retour à Weemol, toujours plus ou moins désert, nous déchargeâmes les quartiers de buffle et Andrew m'aida à rincer le plateau de la voiture au jet d'eau.

– Merci pour la chasse, François. Tout le monde est encore occupé avec le business pour l'instant. Mais demain les anciens seront là. On viendra te chercher à la pool.

Le lendemain, vers 10 heures, je rêvassais sous les pandanus lorsque j'entendis mon jeune guide de la veille approcher du campement.

– Mmmm, hésita-t-il. Les anciens t'attendent à Weemol.

Je sautai dans la voiture et démarrai en trombe vers Weemol, Andrew à mes côtés. À ma grande surprise le village était comble :

1. « Source numéro un » ; les Aborigènes utilisent souvent les nombres cardinaux pour préciser l'objet d'une référence.

sous les vérandas, sous les arbres, des dizaines de personnes dormaient à même le sol, enroulées dans des couvertures pelées aux couleurs disparates, groupées autour des filets de fumée qui s'élevaient d'un peu partout. L'espace sous les bambous était jonché de dormeurs. Des tignasses teintes d'ocre rouge émergeaient des sacs de couchage de fortune, et sur les visages et les corps traînaient des marques blanches à demi estompées[1].

Je garai la voiture sous l'acacia. Un peu plus loin autour d'un feu mort le sol était jonché de lambeaux de peau et d'os de buffle : les quatre morceaux avaient dû être distribués dans la communauté pour nourrir tous les visiteurs trop occupés au « business » pour pouvoir chasser pour eux-mêmes.

George, Don, Jack, Billy et deux autres hommes tournaient le dos à tout le monde, assis en tailleur sur la véranda face à la maison de George. D'un geste, George me signifia de m'asseoir. Don m'envoya un sourire, Billy et Jack hochèrent la tête dans ma direction. Les deux inconnus restaient impassibles.

Andrew s'adressa à George très lentement et sur un ton très bas, tête baissée. J'étais au beau milieu de la fin d'une cérémonie. Ces gens, plusieurs centaines, venaient des quatre coins d'Arnhem. Mais pourquoi George m'avait-il fait venir ?

– Tout ce monde... des parents à toi, George ?

– Mmmm... Oui et non... Tous parents d'une manière ou d'une autre. Là-bas c'est toute ma famille de Ramangining[2]. Et puis là, c'est les parents de Maggie qui viennent de Maningrida[3]. On connaît tous ces gens, on sait d'où ils viennent, on a les mêmes histoires. Je t'expliquerai. Mais plus tard. C'est trop compliqué.

– Oui, tu décideras quand tu pourras m'expliquer.

– Ça c'est sûr, que c'est moi qui déciderai, trancha-t-il d'un ton cinglant.

J'entrevoyais pour la première fois en lui un personnage autoritaire. Je surpris son regard de maître surplombant et surveillant la

1. Décorations corporelles habituelles pendant les cérémonies.
2. Ville située sur la côte au nord-est de Weemol, à environ deux cents kilomètres.
3. Ville de la côte également, plein nord, à environ cent cinquante kilomètres de Weemol.

place du village et les groupes qui s'éveillaient. Et je compris que George avait organisé et dirigé cette cérémonie, et qu'il m'avait fait venir pour me montrer la force de sa position et l'ampleur de son savoir dans son monde à lui. Au milieu d'eux, je ne représentais quasiment rien vis-à-vis de lui.

– Tu peux m'apprendre les histoires dans ton monde, et moi je peux t'apprendre comment on fait dans le mien, hasardai-je.

La mâchoire massive de George dessina une moue indifférente. Il laissa s'écouler une minute, puis reprit sa discussion avec les autres anciens. J'allai m'asseoir seul de mon côté. Je ne voyais pas Maggie qui dormait sans doute à l'intérieur, de même que la plupart des enfants. Les hommes auprès de moi étaient totalement absorbés dans leur conversation. George s'adressait à Don, Billy et Jack, qui ponctuaient ses phrases d'exclamations que j'estimai approbatives : « Ma ! Ma ! » Pour une fois, je me sentais mal à l'aise, projeté au milieu de ces ombres si lointaines et étrangères. Je prêtais l'oreille et levais les yeux de temps en temps, pour les baisser aussitôt vers les corps à demi nus et peinturlurés étendus près des feux.

Finalement George se tourna de nouveau vers moi :

– François, tu as vu les terres avant la rivière, hier ?

Je hochai la tête en silence.

– Tu veux voir les terres de Don, Bodeidei, la Spring number two ?

De nouveau je hochai la tête.

– Je veux aussi t'emmener à Moban, c'est les terres de Maggie, c'est bien, tu verras.

Je souris en acquiesçant. Don me sourit en retour.

– Franchoi, quand on est prêts, on vient te chercher, on t'emmène à Bodeidei ! lança-t-il en riant.

Seul devant mon trou d'eau, les yeux rivés sur les éclairs des galets, je voyais danser pour moi dans la clairière les visages barbouillés de blanc avec leurs lances, leurs *woomeras*[1], leurs molos. Je trépignais de comprendre, d'entrevoir ne serait-ce que vaguement

1. Le *woomera* est un « propulseur », c'est-à-dire un instrument qui sert de support lors du jet d'une lance pour multiplier la force de l'arme.

ce qui se cachait sous le voile de leurs nuits de « business », sous les interdits de leurs « lieux spéciaux ». Je me heurtais à des valeurs et des manières de faire différentes, à des gens libres comme les nuages, imprévisibles, face à qui j'avais du mal, il fallait bien me l'avouer, à réagir avec aplomb et cohérence. J'étais à leur merci et ma présence sur leurs terres était à ce moment-là entièrement soumise à leur bon vouloir.

Je me rassérénai en me disant que les résultats étaient après tout jusque-là plutôt encourageants. Et je m'installai un pupitre de fortune, m'armai d'un crayon et d'une règle pour commencer à tracer les plans de mon futur camp. J'avais déjà en tête l'allure d'ensemble, qui dépendrait aussi du lieu qu'on m'octroierait. Pour ce futur lieu de vie, je tenais à jouir d'un certain confort, que j'offrirais aussi à mes visiteurs : de l'électricité pour l'éclairage et les frigos produite par un générateur, des sanitaires avec fosses septiques, de vrais lits, des douches avec un système d'eau chaude, une grande salle commune avec de grandes tables en bois massif pour les repas.

J'en étais à mon cinquième schéma lorsque je levai les yeux sur un jeune homme planté devant moi. J'étais si absorbé que je ne l'avais pas entendu arriver.

– Je m'appelle Kenneth. Je suis le fils de Don. Il t'attend.

Weemol et ses habitants avaient retrouvé leur calme et leurs habitudes. Les visiteurs s'étaient éclipsés en quelques heures pour ne laisser sur leur passage que quelques traces noires au sol et des ordures autour des tonneaux qui servaient de poubelles. George, Don, Jack, Billy, Andrew, Kenneth s'entassèrent dans le Toyota, George et Don à mes côtés et les autres sur le plateau.

Je démarrai doucement et je roulai lentement. George et Don, les yeux rivés au bush, se laissaient bercer par les chaos légers en chantonnant en chœur. J'aurais voulu prolonger l'instant pour mieux profiter de leur chant. Mais, un petit quart d'heure plus tard, Don pointa son doigt sur la droite vers un tracé presque invisible qui s'engouffrait au cœur du bush, entre ces herbes longues et fines qu'ils appellent *sugar can* et dont les enfants sont friands[1]. Après une centaine de mètres, il m'ordonna de m'arrêter près d'un ruis-

1. La base de la tige de ces herbes, les « cannes à sucre », contient un jus sucré et les enfants les arrachent pour les suçoter comme des friandises.

seau encaissé au débit calme et clair. Il s'avança en tête du groupe, et George lui emboîta le pas sur le chemin qu'il avait frayé à travers les herbes hautes. Billy me fit signe de les suivre et les autres fermèrent la marche. Nous longeâmes la source sur sa rive pendant quelques minutes. Puis Don s'accroupit près de l'eau, à un endroit où des buffles avaient ménagé un accès plus facile par leurs visites régulières pour boire ou se baigner. Doucement il plongea ses mains dans la terre noire du bord, écartant la vase, les herbes, et l'écran visqueux qui encombrait la surface. Les autres s'étaient assis près de lui sur le talus et je les imitai, sans trop comprendre ce qui se tramait. Don repoussait de ses paumes l'eau trouble et toute la boue. Soudain, émergeant timidement de l'eau devenue claire, deux ou trois bulles d'air se hissèrent vers la surface, puis des bouillonnements. Au fond la couche noirâtre avait dégagé un sable fin et doré, clairsemé de minuscules éclats de silex blanc. Don pointa le creux d'où s'échappaient les bulles, dans la courbe du sable :

– La source, Bodeidei, commence ici.

Le débit suffisait à former un petit cours d'eau de quelques mètres de large. Don s'agenouilla, posa délicatement ses lèvres sur le doux remous et préleva quelques lampées.

– *Bodeidei*, ça veut dire « source » en dalabon.

8

Le *kemp*

Un à un, avec précaution et sans rien déplacer ni abîmer, les autres l'imitèrent.

– Toi aussi tu peux boire, Franchoi, m'encouragea le propriétaire.

Et je profitai à mon tour de ce liquide caressant qui émanait des profondeurs.

Don nous entraîna sur le tracé des buffles pour rejoindre un peu plus loin des rondins de bois disposés en cercle, et un banc installé sur deux fortes branches fourchues. Le vieil homme s'y installa. Nous nous assîmes face à lui. Jusqu'ici les autres n'avaient pas dit un mot. Il était notre hôte, sur ses terres traditionnelles. C'est à moi qu'il s'adressa.

– Tu vois, Franchoi, il y a vraiment longtemps, quand je n'étais pas né, quand mon père, mon oncle, mon grand-père, mon grand-oncle, et leurs pères n'étaient pas nés, le monde n'existait pas, il n'y avait rien, de l'eau salée partout, même pas d'eau douce. Et puis le Nagorrko[1] est arrivé, il a fait les terres, le paysage, l'eau pour boire, le feu, les hommes et tout le reste. C'est mon père, mon oncle, le père de mon père, le père de ma mère, qui m'ont appris tout ça. Quand j'étais petit, on marchait dans le bush, des jours entiers, et ils me racontaient l'histoire des gens du *Nayuhyungi*, les premiers Aborigènes. Et puis après j'ai suivi les cérémonies, partout dans toute la Terre d'Arnhem, c'est comme une école pour apprendre les histoires et les lois dans chaque lieu, c'est une éducation.

1. Être créateur parfois comparé au Dieu occidental.

Don lança un coup d'œil à George.

– Tout ce que tu vois autour de toi ici est vivant, les arbres, les pierres, tout ça a du *mining*[1], tous ces endroits ont des noms aborigènes, continua George. Toi tu ne sais pas, tu ne peux pas voir nos endroits spéciaux. Il n'y a que les initiés qui les connaissent. C'est pour ça que tu ne peux pas aller où tu veux tout seul, il faudra toujours qu'on t'accompagne. Parce que si tu fais une erreur, si tu abîmes quelque chose ou si tu vas à des endroits interdits, tu devras payer et partir d'ici, car tout le monde sera en colère. On ne peut pas pardonner ces erreurs même si tu ne savais pas, c'est notre loi qui est comme ça.

Le message était clair. C'était le début d'une « initiation », d'une introduction aux règles de base d'une culture qui allaient me permettre d'évoluer parmi eux. Ce fut au tour de Billy de prendre la parole.

– Franchoi, Don, Jack, George et moi, on t'accompagnera sur nos terres, on te montrera les règles, on te racontera les histoires. Tu dois comprendre si tu veux rester ici. Mais les jeunes seront toujours avec toi, ils t'accompagneront toujours, partout, ils surveilleront toujours ton camp là où on décidera de le mettre, même quand nous on ne sera plus là.

Je n'avais pas encore tout à fait conscience à l'époque du malentendu que recouvrait le terme « camp ». C'est un mot que les Aborigènes du nord de l'Australie ont entendu pour la première fois auprès des fermiers qu'ils côtoyaient, et qui désignaient par là aussi bien les campements temporaires des Blancs, lors des tournées de regroupement du bétail par exemple, que les installations précaires, mais relativement permanentes, des Aborigènes aux abords des stations[2], le mot s'opposant alors à « construction », « bâtiment ». Mais pour les nomades l'écart entre le campement et la maison est nul, le concept d'habitation temporaire est redondant. C'est ainsi qu'en kriol le terme *kemp* en est venu à désigner tout simplement

1. Kriol : « sens », « signification » ; en kriol, le terme fait référence au sens caché de la culture traditionnelle.

2. Chaque station, ou ferme, employait des Aborigènes, et la présence de ces employés attirait la présence de leurs familles et par extension de groupes entiers, près des habitations des propriétaires. C'est ainsi que de nombreuses stations devinrent des lieux de vie pour les nomades.

la maison, le chez-soi, où l'on dort, où l'on mange, où l'on vit, autour du feu, à un moment donné – étant bien entendu qu'on peut avoir plusieurs kemps, successivement ou même simultanément.

En demandant à monter mon propre « camp », j'avais donc fait passer malgré moi sans m'en rendre compte un message finalement tout à fait sincère : je voulais habiter sur leurs terres avec eux, vivre avec eux, faire mon « chez moi » chez eux. Jamais malentendu n'avait aussi bien servi une timidité d'expression. Je sentis cependant que quelque chose allait trop vite, et j'éprouvai le besoin de préciser mes intentions en parlant de ceux qui me rendraient visite. Don m'interrompit très vite.

– Tu crois que les gens de ton pays viendront nous voir ?

Je haussai les sourcils.

– Oui, Don, bien sûr.

Il recracha une longue bouffée de cigarette et partit d'un éclat de rire d'enfant ravi.

– Ici, tu es sur les terres de mon père. Elles vont depuis Weemol jusqu'à un coin de pêche qu'on appelle Bengay, loin vers le nord. Et j'ai aussi les terres de ma mère, c'est très bien aussi. Pour moi, c'est OK que tu te promènes sur mes terres. D'ailleurs je t'emmènerai. Et si tu fais venir tes amis, je les emmènerai aussi.

– Et moi je t'emmènerai sur les terres de Maggie, là aussi tu pourras te promener, renchérit George.

– Moi je partage mes terres avec le vieux Djoly, le *rembara*[1] de George, et son frère Jimmy, dit Jack, il faut que je leur demande, mais je vais leur parler et ce sera OK.

Je compris que, sous des conditions très strictes, ils avaient décidé de m'octroyer un droit de circulation. Je m'efforçai de rester calme, mais mon cœur battait la chamade tandis que j'essayais de m'imaginer l'étendue de ces terres mystérieuses. À en croire les cartes, les Territoires de ces anciens devaient s'étendre sur plusieurs vingtaines de kilomètres de part et d'autre de Weemol. Cinquante kilomètres de pistes séparent en fait les cascades de Bengay de la source de Bodeidei.

Ils se levèrent tous en même temps.

– OK, on y va, conclut George laconiquement.

1. Dalabon : « beau-père » ou « gendre », indifféremment ; ici beau-père.

Le retour fut plutôt gai. George et Don chantaient à l'avant et les autres les accompagnaient en battant la mesure scandée des rythmes traditionnels, frappant leurs mains sur le toit de l'habitacle. À Weemol, Maggie nous attendait sous les bambous. Don et les autres saluèrent rapidement pour retourner vers leurs kemps, mais George m'invita à le suivre. Près du feu, il s'adressa à Maggie en dialecte. Lorsqu'il se tut, Maggie se tourna vers moi avec un franc sourire.

– C'est bien, François, que tu restes avec nous, que tu fasses ton kemp ici.

– Moi aussi, je suis très content, Maggie. Dès que je peux, je vais commencer à le construire.

Je m'endormis vite ce soir-là, mais le lendemain je contemplai le tout début de l'aube assis près de la source un café chaud à la main, me ressassant les paroles de l'assemblée de la veille. Leur absence de réserve à l'idée de me voir rester ici et de leur amener des visiteurs me comblait, mais j'avais vaguement conscience qu'il faudrait bien à un moment dissiper toute possibilité de confusion pour éliminer tout risque de quiproquo. Seulement, le conseil des anciens me laissait peu d'occasions de m'expliquer. George et Don avaient pris les choses en main et ce n'était pas moi qui menais la barque.

Très tôt dans la matinée, un groupe d'enfants vint m'annoncer que les anciens m'attendaient à Weemol. Je retrouvai les quatre acolytes sous les bambous, visiblement fins prêts pour une nouvelle virée dans mon Toyota.

– On retourne à Bodeidei, annonça Don. Il faut que tu voies un peu mieux, maintenant que tu sais où c'est et qu'on est tous d'accord.

Ils sautèrent dans le véhicule et nous filâmes une fois de plus au rythme des voix et des claquements d'ongles, sur la vieille piste que nos passages successifs avaient quelque peu dégagée. Je m'arrêtai au même endroit et nous nous engageâmes en file indienne sur nos pas de la veille dans les hautes herbes, jusqu'aux rondins de bois. Billy qui marchait derrière moi m'attrapa le bras.

– Regarde, Franchoi ! Tu vois les empreintes de buffles ? Fraîches d'hier soir. Deux gros, là et là, et trois petits. Comme une famille. Ils viennent boire le soir, toujours sur le même territoire.

Les buffles suivent toujours les mêmes chemins, et nous on peut marcher sur leurs pas, c'est dégagé. Si tu es perdu, tu suis leurs traces, elles te mènent toujours à un point d'eau. Je t'emmènerai chasser si tu veux, les buffles, les kangourous, les émeus... Et aussi je te montrerai comment attraper les serpents, comme le gros python olive ou le python à tête noire, ils ne sont pas dangereux ceux-là. On peut aussi chasser les oies, les canards, et les chauves-souris.

Billy, avais-je appris, était le chasseur du village.

– Tu chasses tout ça à la lance ?

– Les émeus, les kangourous, je chasse à la lance. Mais le reste, non. Fusil. Tu pourras m'aider si tu as un bon fusil.

– Narridj ! rappela George.

Billy se retourna – j'avais noté plusieurs fois ces noms particuliers qu'ils utilisaient entre eux, sans en connaître la raison. Nous devions rejoindre les autres. Lorsque nous fûmes installés, George leva les yeux de la poussière pour me regarder fixement, comme il le faisait quand il allait aborder un sujet très sérieux.

– Bon, Franchoi. Maintenant on veut savoir ce que tu veux faire ici, qui tu vas nous amener. Parce qu'ici tu es sur des terres Duwa. Ce sont les terres des Bununjua, du clan Dakkal, mais rapportées aussi à la même lignée que les terres de Maggie côté Yirridja. On a besoin de savoir ce que tu veux faire pour voir si ça ira avec ça.

Mes yeux voguèrent quelques instants sur les remous du petit cours d'eau. J'étais soulagé que George ait fini par soulever la question, mais je ne savais pas comment aborder la réponse. Je décidai de rester aussi simple que possible.

– OK...

Je les regardai tour à tour bien en face, lisant sur leurs visages leur avidité à comprendre.

– Dans mon pays il y a des gens qui se déplacent souvent. Pas pour tout le temps mais juste pour quelques semaines, ensuite ils retournent chez eux. Ils font ça parce qu'ils aiment voir des endroits nouveaux qu'ils ne connaissent pas et qui ne ressemblent pas à chez eux, et rencontrer des gens différents d'eux, essayer de comprendre comment ils vivent et tout ça. Est-ce que vous voyez ce que je veux dire ?

– Ben... nous, on marche sur nos terres, dans la Terre d'Arnhem, dans les endroits qu'on connaît pour voir les gens qu'on connaît. Les Munangas par contre vont en dehors de leurs terres, là où ils ne connaissent et ne savent rien ?

– Oui, voilà. Des fois, très loin. En voiture ou en avion.

– Oui, oui, nous aussi on se déplace en voiture, intervint Don.

J'observai une pause déconcertée et optai finalement pour la poursuite de mon exposé.

– Alors ces gens pourraient venir ici, pour voir vos terres et pour vous rencontrer. Mais il n'y aura pas beaucoup de monde à la fois. (Je montrai mes deux mains ouvertes.) Si vous voulez vous pourrez les accompagner, leur montrer vous-mêmes vos terres, expliquer vos habitudes, comment vous chassez, parler du bush, raconter des histoires.

George venait de remonter sa lèvre inférieure en une moue dubitative et dédaigneuse. Il agita en l'air les doigts de sa main droite dans un geste que je l'avais déjà vu faire plusieurs fois.

– *Najing*[1] ! coupa-t-il. Les Munangas ne s'intéressent pas à nous. Ils vont créer des problèmes si on les rencontre, ils ne voudront pas nous écouter et nous, on va s'énerver. Ça, c'est pas possible. Si tu veux amener des gens, ils doivent rester seulement avec toi.

Le ton catégorique de George laissait entrevoir une vie d'expériences frustrantes ou douloureuses auprès des Australiens blancs.

– George, je peux te promettre qu'avec les Blancs qui viennent de chez moi, ce ne sera pas pareil. Je les connais, puisqu'on vient du même endroit. Je connais aussi les Blancs d'ici, ceux qui vivent à Bulman, ou à Darwin, ou à Katherine. Je sais qu'il y en a qui ne vous aiment pas. Mais c'est pas pareil. Dans mon pays les gens ont entendu parler de l'Australie et de vous. Ils ont envie de vous connaître.

Je savais bien sûr que tous les touristes européens n'étaient pas tous pétris d'aussi bonnes intentions. Mais j'avais prévu de poser et d'imposer des règles à mes futurs visiteurs, en filtrant par l'intermédiaire des agences de voyage une clientèle ouverte et sans préjugés. George abandonna sa moue pour reprendre, un peu perplexe :

– En fait, tu veux faire venir des Blancs pas australiens pour qu'ils voient nos terres et qu'on fasse connaissance ?

1. Kriol : « foutaises ».

Je hochai la tête. Les quatre compères se lancèrent dans une discussion animée que j'écoutai distraitement en attendant la levée de la séance. À ma surprise, ils se turent de nouveau et George se tourna vers moi : l'interrogatoire n'était pas terminé.

– Et qu'est-ce que tu veux encore ?

Je ne savais plus quoi dire. Les choses prenaient une tournure vertigineusement concrète.

– Mmmm... eh ben... ben, cet endroit, là, ici. Pour construire mon camp, où je pourrais faire dormir les gens. Là-haut, sur la butte, ajoutai-je en pointant le terre-plein qui surplombait le ruisseau, éloigné de ses rives par une cinquantaine de mètres de pentes qui devaient constituer le lit d'une rivière potentielle lors des grosses pluies.

Ils se levèrent tous pour marcher jusqu'au plateau à peu près horizontal que nous parcourûmes dans sa longueur parallèlement au cours d'eau. Je suivais, derrière Billy qui me pointait au passage les traces de king brown, de dingo, de buffle, de cheval ou d'âne, m'informant dans un souffle de la nature et de la taille de l'animal. L'endroit semblait très habité, ce qui me confirmait que les inondations annuelles ne touchaient pas la zone. Les herbes hautes m'empêchaient de me faire une idée précise du relief. Les arbres, très hauts, promettaient un bon ombrage tout en réservant assez d'espace pour les constructions. Doucement mes guides me laissèrent prendre la tête de la file, me regardant évoluer entre les arbres de sang et les acacias.

– Là je peux faire un coin pour manger, dis-je en montrant une grande zone dégagée d'arbres. Et là-bas, au fond, je peux mettre des toilettes. Entre les arbres, je peux faire des petites maisons pour dormir.

Don, Billy, Jack et Andrew contemplaient médusés les carrés d'herbe que je pointais, visiblement en peine d'imaginer des toilettes ou des maisons à cet endroit. Mais George arpentait le lieu que j'avais désigné pour la salle de restaurant, comme s'il avait cherché à prendre acte d'une future construction.

– OK, tu prendras la lumière à Weemol. On dira au Council[1] qu'ils te fassent installer ça.

1. Conseil municipal.

– C'est une bonne idée, mais quand même c'est un peu trop loin. Ce sera mieux d'avoir un générateur. Il me faudra aussi de l'eau.

Jack pointa la source.

– Oui, ça c'est parfait pour l'instant, en plus l'eau est vraiment bonne. Mais plus tard j'aurai besoin d'un puits.

Mon regard explorait la pente, les espaces, estimant les distances, les hauteurs. J'imaginai déjà la couleur des pierres des murets, des tentes, les volumes des constructions.

– Tu sais, je pense qu'on pourra peut-être t'accompagner, avec tes Munangas, lâcha finalement George. Ce sera bien d'avoir ce camp, avec les toilettes, le générateur, le puits, c'est une bonne idée. Mais quand même. Je vais te montrer Moban, les terres de Maggie. C'est là qu'on a notre out-station, c'est vraiment bien. On ira demain.

Pour la toute première fois je sentis George s'approcher de moi, attraper mon bras.

– Allez, Franchoi. On rentre au camp [1].

– Oui, renchérit Don, allez, on rentre, la shop va fermer, j'ai besoin de *daga* [2] pour midi. Demain tu verras les terres de Maggie, et après on décidera.

1. Tournure kriol pour « rentrer à la maison ».
2. Kriol : « bouffe ».

9

Les terres dalabons

Comme le 4 × 4 débouchait à l'orée de la clairière de Weemol, nous aperçûmes une grappe de silhouettes qui s'agitaient en tous sens dans un brouhaha de panique fébrile, brandissant poings et bâtons devant la première baraque à l'entrée du village : « Serpent ! Serpent ! » s'époumonaient les plus jeunes.

– Mmmm... Un serpent... Dans la maison de Lily sûrement.

L'horreur inspirée par les serpents aux Aborigènes est ineffable. Même mort, lorsque le reptile n'est plus qu'un cadavre inerte, ils évitent d'y porter leur regard et hurlent si on le leur montre, s'enfuient si on le leur tend. La queue que j'avais eu le temps d'apercevoir était pourtant pour sûr celle d'un python olive dont la morsure est inoffensive, mais pas un n'osait le poursuivre à l'intérieur. Seul Billy avait sauté de la plate-forme pour s'approcher de l'auvent de la terrasse et observait la porte avec circonspection. Je quittai le volant et allai jusqu'à la terrasse, Don et Jack me suivant prudemment à quelques mètres. Le serpent était encore tout près de la porte. En un instant, j'avais saisi le bout de sa queue et je le tirais très doucement vers moi. J'approchai ma main droite de sa tête et le saisis à la base de ses mâchoires, maintenant sa bouche ouverte et le laissant s'enrouler fermement sur mon bras. Puis je lui caressai doucement le ventre de ma main gauche et je sentis ses muscles se détendre un à un. Enfin je me retournai, souriant à un attroupement silencieux et pantois qui recula comme un seul homme de plusieurs mètres dès que je m'approchai avec le serpent. George était toujours assis à l'intérieur du véhicule. Il m'observait avec un étonnement qu'il dissimula dès que son regard croisa le mien derrière une esquisse de sa moue favorite, lèvre inférieure relevée et menton insensiblement relevé. Seul Billy s'approcha de moi pour caresser le python, jouer avec lui.

– Il est vraiment gros, Franchoi. C'est du bon daga, les pythons.

– Billy, est-ce que je peux le garder ?

– OK... Tu l'as attrapé, tu peux le garder.

Je contournai le 4 × 4 pour enfermer l'animal dans la boîte en fer qui me servait de coffre. George me suivit du regard sans un geste, réprimant difficilement un mouvement de recul lorsque je passai avec l'animal devant le siège où il était assis. J'étais bien content de moi.

Je me garai comme d'habitude sous l'acacia et George et moi rejoignîmes Maggie qui attendait sous les bambous.

– George, *olmen* [1], c'est quoi tout ce vacarme vers chez Lily ?

– Oh rien. Un serpent. Un pas dangereux. Franchoi l'a attrapé et l'a mis dans la boîte.

George montrait vaguement le 4 × 4 du doigt. Maggie plissait ses yeux de myope avec circonspection.

– Ça fait un moment que je te le dis : il faut brûler autour du camp maintenant. Sinon tous les serpents qui sont nés et qui ont grandi pendant la saison des pluies vont venir. Et pas que des pas dangereux. Et avec les enfants qui jouent là toute la journée... Il faut brûler maintenant, hein, George ? Il faut brûler, avant qu'il y ait un accident, bobala.

George releva sa lèvre inférieure, haussa le menton, et disparut dans la maison. Maggie se tourna vers moi :

– Et où vous êtes allés aujourd'hui, François ?

Don venait de faire irruption sur la terrasse, une tartine de beurre et un thé à la main.

– À Bodeidei, Maggie. On est allés à Bodeidei.

Maggie garda un silence indifférent. George était ressorti de la maison. Il s'adressa au groupe silencieux en dialecte pendant plusieurs minutes.

1. Kriol : de l'anglais *old man*, « vieil homme » ; ce terme plutôt affectueux est très utilisé en kriol, relativement indépendamment de l'âge de la personne ainsi interpellée.

– OK. Demain, François, on ira à Moban, déclara finalement Maggie en se tournant vers moi. La rivière Wilton est encore un peu haute, on passera par l'autre côté, par Bulman.

Le soir, en rentrant à mon campement, je soulevai doucement le couvercle de la boîte en fer derrière la voiture. Je déroulai le python qui s'y était lové en pelote, puis je le déposai au sol et le regardai glisser entre les herbes, et disparaître dans les pandanus près du trou d'eau. Je priai pour qu'il reste dans le coin, dont il éloignerait ses concurrents plus venimeux.

Le lendemain, après une toilette rapide, je décidai de me rendre pour une fois à Weemol sans attendre que l'on vienne me chercher. Le village était encore endormi. Je m'assis sous les bambous, déballai mon *billy*[1] et ma timbale, et ravivai le feu. Don et Billy émergèrent les premiers de leur antre.

– Hi ! Franchoi, lança Don, roulant déjà sa première cigarette.

Billy rognait avidement un tronçon de queue de crocodile.

– Crocodile, Franchoi ! Je l'ai tué avec ma lance ! Comme ça ! annonça-t-il avant de mimer la scène en une danse lente et souple, le dos rond, un bras relevé en arrière tenant la lance et l'autre tendu en avant vers la proie, tous muscles bandés, les yeux rivés à la surface du billabong imaginaire.

Puis il se retourna vers moi et éclata d'un rire espiègle, dévorant comme un épi de maïs la queue du crocodile. Jack nous avait rejoints. Maggie sur la véranda criait vers l'intérieur de la maison pour aviser George de ma présence, dont personne ne semblait s'étonner.

– Olmen, dépêche-toi, on va à Moban !

– Il faudra aussi qu'on emmène François à Kliklimarra ! déclara Jack à la ronde.

– À Kliklimarra ! Ça fait tellement longtemps qu'on n'y est pas allés qu'il ne doit même plus y avoir de piste, remarqua Billy.

– Eh ben, on ira avec le Toyota de Franchoi. C'est un *très* bon Toyota. Et on fera une nouvelle piste, renchérit Don enthousiaste.

1. Dans le bush australien, le *billy* est un petit pot en fer qui sert à faire chauffer l'eau sur le feu de bois.

– Bon, alors on ira aussi à Gopuliu, reprit Jack.

– Et à Bengay, ajouta Don.

– Et à Bulman Gorge, cria George, et comme ça plus tard il pourra emmener des gens dans tous ces endroits pour qu'ils apprennent nos terres.

J'étais sidéré. Voilà qu'ils se chamaillaient presque à qui m'ouvrirait les lieux les plus lointains. Ils semblaient se prendre au jeu d'une idée qui enclenchait un dynamisme, leur donnait des raisons inattendues de revisiter des lieux presque oubliés : les montrer à un étranger, voire à des étrangers. C'était une réaction inattendue.

– Bon, enfin, pour l'instant on va à Moban, intervint Maggie qui s'était coiffée d'un chapeau et se hissait sur la banquette passagers de ma voiture.

George s'assit à sa gauche, les autres s'installèrent sur le plateau, rejoints par Jerry qui grimpa au dernier moment. Nous dépassâmes Bulman où la shop était encore fermée à cette heure matinale. Nous filâmes tout droit en direction de Nulumbhuy, sur la piste encore parsemée de flaques d'eau, jusqu'à la Wilton. La vue du flot boueux suffit à nous convaincre de ne pas chercher à traverser.

– OK, je connais un autre endroit, annonça George avec sérieux.

Je me sentis plutôt inquiet. J'avais noté qu'ils accordaient une confiance démesurée à mon 4 x 4. J'étais bien équipé, mais mon tire-fort, mon treuil et mes crics « kangourou » ne me seraient d'aucun secours contre l'eau et la boue, et je savais que le bush alentour n'était globalement qu'un vaste marécage. Sans un mot, George quitta son siège et s'installa à califourchon sur le pare-buffle, d'où il pointa un sentier indiscernable parmi les spear-grass, les arbres et les termitières. Gardant son bras fermement tendu vers la direction à prendre, il me fixa avec autorité : malgré mes réticences, je me sentis incapable de m'y opposer. Je m'engageai entre les herbes, roulant au pas et couchant buissons et arbustes sur mon passage. Parfois le 4 x 4 penchait dangereusement en escaladant une termitière. Je serrais les dents. George, expert en guidage, m'orientait de gestes très clairs d'une main ou de l'autre, m'indiquant des doigts les directions à prendre, l'allure à respecter, la pente ou les accidents du terrain. Très concentré, il lâchait parfois le pare-buffle pour utiliser ses deux mains. « Olmen, fais attention, tu vas te faire mal ! » criait Maggie, en réprimant un sourire de plaisir à la tournure de la première expédition de la saison sur ses terres traditionnelles. À l'arrière, Jack et Billy exultaient, Jerry était hilare et Don laissait périodiquement échapper un « Hoy ! Hoy ! » de rodéo-man heureux. George menait doucement sa troupe euphorique entre les herbes et les mares, ouvrant à travers le bush une nouvelle piste qui nous ramènerait facilement au retour.

Nous roulâmes un long moment, toujours au pas. George avait quitté le pare-buffle pour marcher à quelques mètres devant la voiture. De temps en temps lui ou Billy, resté debout sur le plateau pour mieux guetter la présence d'éventuel *buj daga*[1] à poils ou à plumes, pointaient un jabiru[2] planté dans un billabong qui cherchait sa pitance en plantant son long bec dans l'eau claire, des familles de buffles, d'ânes, qui nous regardaient passer en broutant paisiblement, des hordes de chevaux majestueux qui s'éloignaient en caracolant à l'approche du véhicule.

Enfin, près d'un petit billabong, George me signifia d'arrêter la voiture. Maggie se tourna vers moi et gonfla sa poitrine avec emphase, un franc sourire aux lèvres :

– Ici, ce sont mes terres, François.

Je hochai la tête, cherchant une réponse.

– Est-ce que ce sont les terres de George aussi ?

– Non non, répondit vivement l'intéressé qui nous avait rejoints. Mes terres sont très loin, à Ramangining, pas du tout par ici. Mais je vis ici et sur les terres de Maggie, je connais *tout*, son père[3] Djoly, mon rembara, m'a tout montré.

– Les miennes de terres, Franchoi, tu en connais déjà une partie, intervint Don.

– Et je connais aussi les histoires des terres de Don, reprit George, parce que tout ça ce sont des terres dalabons et je connais toute l'histoire des Dalabons.

– George, qui sont les Dalabons exactement ?

– Maggie est dalabon. Don aussi. Billy et Jack aussi. Beaucoup de gens à Weemol sont dalabons, la plupart. Les terres des Dala-

1. « Nourriture du bush ».
2. Grand oiseau noir et blanc typiquement australien de la famille de la cigogne.
3. Ici le terme signifie « père classificatoire », et non père de sang.

bons sont ici, autour de Weemol. Moi je suis rembarrnga. Mes terres sont rembarrnga, c'est plus vers là où le soleil se lève. Moi, je parle d'abord rembarrnga, et ensuite dalabon, j'ai appris plus tard. Les Dalabons parlent d'abord dalabon. Mais nous, les anciens, on parle tous plusieurs langues, la langue de notre mère, puis de notre père, puis d'autres. Weemol est sur les terres dalabons, mais il y a aussi des Rembarrngas qui vivent à Weemol.

Je fronçai les sourcils. Comme d'habitude il ne répondait pas par une définition mais par une constellation d'exemples et de cas.

Devant nous, à demi caché dans les hautes herbes, un fatras de cabanes faites de taules rouillées et de branches avait résisté à la saison des pluies. En contrebas, j'apercevais un billabong bien alimenté, habité de bandes d'ibis et de canards.

– Ça, c'est notre camp pendant la saison sèche, annonça Maggie fièrement en pointant les abris. On boit au billabong, c'est de la bonne eau, et on pêche, on se baigne aussi, surtout les enfants. Avec George, on va à tous les billabongs, et on attrape des crocodiles ou on ramasse des moules. Il y a toujours du buj daga. George a même un fusil, il chasse des petits buffles ou des vaches sauvages. On a tout ce qu'il faut. Et personne ne vient nous déranger. De toute façon, c'est mes terres. Personne n'y entre sans mon autorisation.

– Oui, reprit George, et maintenant, comme on a construit notre camp nous-mêmes et qu'on vient souvent, et que c'est les terres de Maggie, ATSIC va nous construire notre out-station, ça y est, c'est bon, on a eu tous les meetings et ils vont le faire maintenant. Il y aura deux maisons et un générateur. Et un puits pour l'eau aussi. On aura un vrai camp comme les Munangas. Et ils ont dit qu'ils feraient un terrain d'atterrissage pour les avions, comme ça s'il pleut par exemple et qu'on ne peut plus rentrer parce que les rivières sont trop hautes, ils pourront venir nous chercher.

– Oui, ou si les enfants sont malades. Pour les emmener au dispensaire, ajouta Maggie.

George et Maggie montraient tant d'aplomb que je ne mis pas en doute la promesse de l'ATSIC, d'ailleurs très habituelle. L'Aboriginal and Torres Straight Islanders Commission était chargée de gérer et de distribuer les budgets alloués aux communautés aborigènes. Depuis le début des années 1980, elle débloquait ces budgets pour équiper des out-stations : pour y avoir droit, les familles demandeuses devaient montrer qu'elles vivaient sur le lieu où elles souhaitaient voir établie l'infrastructure. C'est ainsi que de nombreuses familles passaient plusieurs années à camper sur place, avant de voir finalement construire des maisons et autres équipements. Les out-stations étaient dans l'ensemble extrêmement bien équipées, voire suréquipées, même si l'entretien était souvent problématique. Une fois encore, il s'agissait de fournir aux Aborigènes les éléments et infrastructures qui leur permettaient de vivre « comme nous », selon les standards australiens de confort et de niveau de vie : maisons, toilettes, électricité... la télévision a suivi quelques années plus tard. Mais tous ces objets de notre organisation de consommation leur étaient livrés comme toujours sans explications. Partout les échecs étaient flagrants : les communautés de Weemol et de Bulman, pourtant entièrement gérées et entretenues par des Blancs, étaient déjà en piteux état malgré leur jeune âge[1]. Dans les environs, des restes d'enclos et de machines témoignaient d'une expérience avortée d'exploitation d'élevage autogérée par les habitants de Bulman qui avait coûté des millions de dollars au gouvernement. Le bétail s'était enfui, véhicules et bâtiments étaient tombés en ruine, à l'abandon. Depuis le début des années 1970, la politique officielle de *self-determination*[2] avait décrété que les Aborigènes devaient se prendre en main, décider et gérer leurs affaires pour eux-mêmes. Mais le monde dans lequel on leur demandait de le faire était toujours le même : il s'agissait de travailler, monter des entreprises, faire de l'argent, participer aux conseils dans les communautés pour répartir les budgets gouvernementaux. L'autodétermination des Aborigènes était donc destinée à s'effectuer dans le monde des Blancs. Les intéressés semblaient survoler ce paradoxe avec une insouciance magistrale. Ils se réjouissaient de leur nouveau rôle de décisions et des promesses des différents acteurs de leur autodétermination comme un enfant à qui l'on demande pour la première fois ce qu'il souhaite recevoir du Père Noël. Leurs interlocuteurs occidentaux s'arrachaient les cheveux en refusant de regarder en face la différence de fond entre les valeurs des deux mondes. Et de fil en aiguille, le pays s'enlisait dans des polémiques politiques sans issue.

1. À l'époque, ces communautés n'avaient pas plus d'une dizaine d'années.
2. Anglais : « autodétermination ».

– Alors ? Ça te plaît, François ? me demanda Maggie, comme je contemplais, rêveur, le vide de cet espace presque illimité et sans une âme qui vive pour l'instant.

Je remarquai les quatre hommes, pendus à mes lèvres comme dans l'attente d'un verdict et rassemblai mes esprits.

– C'est magnifique, Maggie. Vraiment un bon endroit pour vous, vous devez passer du bon temps... Pour faire un camp ce serait parfait, il y a de la place, il y a de l'eau... Mais il y a beaucoup d'eau... Il y a trop d'eau... La rivière... Si je m'installais ici, je ne pourrais pas faire venir autant de monde... La piste principale est assez loin quand même... Mais ce qui est sûr c'est qu'on pourra faire venir les gens ici si tu veux, avec le billabong, et tous les animaux et les oiseaux, ça leur plaira, et tu pourras leur parler de tes terres.

– Franchoi a raison, il y a trop d'eau, acquiesça Don. Pendant la saison des pluies, tout est inondé.

– Ah... Mais de toute façon quand c'est la pluie on ne peut aller nulle part... Et pourquoi tu veux être près de la grande piste ?

Maggie avait une toute petite voix, je pouvais l'entendre penser très fort un « bobala » soupirant. Mais elle cherchait aussi à comprendre et à accepter mes raisons.

– J'ai besoin de fuel, Maggie, il faut qu'un gros camion-citerne puisse passer pour me l'amener.

– Ah ! Bobala.

– Ben oui, voyons, reprit George, feignant de s'être déjà fait une raison. Il sait ce qu'il fait !

– Et puis Bodeidei c'est plus élevé, pour les inondations c'est plus sûr, et il n'y a pas de rivière à traverser, conclut Don.

Maggie haussa les épaules et se détourna du groupe pour inspecter l'état des baraques en taule.

– Allez, coupa George. On rentre à Weemol. J'ai faim.

Chacun reprit dans la voiture la même place qu'en arrivant, comme c'est l'habitude. Le retour se révéla moins ardu et plus calme que l'aller. À Weemol, j'eus à peine le temps d'arrêter la voiture que mes amis avaient déjà disparu dans leurs maisons respectives. Jerry me colla deux grosses bises.

– Tu m'emmèneras à la chasse au buffle ? demanda-t-il avant de s'enfuir sur ma promesse.

10
Le Land Council

Mon idée avait donc bien avancé : j'avais trouvé l'endroit idéal, et les anciens ne semblaient voir aucun inconvénient à l'idée d'accueillir des gens sur leurs terres, et force m'était même de constater qu'ils n'étaient en rien effrayés par le nouveau et l'inconnu. Ma présence d'étranger était appréciée comme un événement positif et une occasion à cultiver.

En même temps, j'avais un peu l'impression qu'en leur expliquant mon projet, je n'avais fait résonner que des mots vides, comme si la dimension d'avenir n'existait pas vraiment pour eux. Ce qui au jour le jour leur plaisait était aussitôt validé pour la suite. Mais le futur qu'ils évoquaient dans le présent, c'était le futur immédiat, « demain ». Les anticipations hypothétiques semblaient complètement absentes de leur mode de fonctionnement. Rien ne garantissait donc qu'ils ne refusent, plus tard, ce qui ne leur plairait pas : leurs décisions pouvaient changer à chaque minute en fonction d'un nouveau présent, chaque acte nouveau était le fruit d'une décision totalement libre, à l'instant.

Au cours des derniers jours, Don, Billy et Jack avaient quelque peu abandonné leur réserve. Nous étions devenus des vieux copains du bush, ils ne perdaient pas une occasion de me montrer ou de m'apprendre quelque chose. George en revanche avait conservé une légère distance d'autorité, ne manquant pas de me rappeler ici ou là qu'il était en son exclusif pouvoir de m'ouvrir ou de me fermer son univers. Quant à Maggie, elle se montrait franche et directe, mais elle n'interagissait jamais directement avec moi. Cependant je sentais sa volonté protectrice : j'étais leur ami blanc, perdu au milieu d'eux sans vraie raison, qu'il fallait aider et accompagner. Les autres femmes, surtout les plus jeunes, restaient très discrètes. Elles ne me saluaient jamais et s'éclipsaient le plus souvent à mon arrivée. J'avais le sentiment d'avoir été pris en charge par une cellule, une famille, qui veillait sur moi et assurait mon éducation et mon intégration, et dont il n'était pas question de m'écarter.

Le lendemain, malgré tout, je trépignais d'impatience. J'étais prêt à me rendre à la source de Don pour commencer les repérages techniques concrets et mettre la construction en route. Dans ma tête se bousculaient les prévisions en tout genre : quels matériaux pour les tentes, comment approcher les agences de voyage, comment prendre les visiteurs en charge pour réaliser au mieux le pont entre les mondes, quel rôle joueraient vraiment mes amis de la communauté... Je m'installai au volant du 4 × 4 et me forçai à rouler doucement vers Weemol.

Autour de l'acacia, je trouvai plusieurs Toyota blancs d'aspect plutôt neuf : la communauté recevait des visiteurs. Près de la maison de Don, sous l'espèce de préau constitué d'une dalle de ciment et d'un toit de taule sur quatre poteaux, recyclé en hall de réunion, étaient assis quelques Blancs et Aborigènes métis, visiblement arrivés de la ville dans les voitures garées à ma place. Tout le village siégeait face à eux : d'abord les anciens, installés en cercles avec les visiteurs sur des chaises en plastique ; tout autour, en tailleur sur le ciment ou sur des couvertures, les hommes et les femmes de tous âges ; quelques enfants écoutaient distraitement, affalés dans les jupes de leurs mères, ou jouaient un peu en retrait du groupe. J'arrêtai la voiture avant la maison de Don et attendis au volant, indécis. Un homme se leva : c'était George, qui me faisait signe d'approcher. Je roulai jusqu'à hauteur du préau ; George s'avança.

– Le Land Council. Et le service des mines. Ils veulent des autorisations. *Ol buljit*[1] !

J'observai un moment ceux à qui j'allais bientôt moi aussi avoir

1. Kriol : de l'anglais *all bull shit*, « que des conneries » ; l'expression est largement plus incisive que *najing*.

affaire. Le Land Council représentait l'interlocuteur légal incontournable de quiconque souhaitait « entreprendre » sur les terres appartenant légalement aux Aborigènes ; mes échecs sur les terres de Billy à Daly River me l'avaient appris, et j'avais appris aussi que, si le Land Council est censé opérer une simple transcription légale des volontés des propriétaires traditionnels des terres concernées, en réalité les tractations sont beaucoup moins limpides et de nombreux conflits d'intérêt entrent en jeu.

Le Northern Land Council (NLC) a été créé en 1973, six ans après l'accès des Aborigènes à la citoyenneté australienne. En 1976, après le vote par le Parlement australien des Aboriginal Land Rights qui leur reconnaissaient le droit à la terre, il est devenu une corporation indépendante. Il représente les Aborigènes, propriétaires traditionnels de leur terre, dans tout le territoire du nord de l'Australie. Son rôle majeur consiste à consulter, écouter les propriétaires traditionnels et autres Aborigènes, à examiner leurs demandes et à les aider à soutenir leurs revendications.

Le NLC reçoit des fonds de différentes sources, la plus importante étant l'Aboriginal Benefit Account (ABA), qui prélève lui-même un pourcentage sur les revenus des compagnies minières ou autres qui exploitent les terres aborigènes. Le gouvernement fédéral australien verse par ailleurs un montant égal aux commissions encaissées par l'ABA. 40 % des fonds de l'ABA (qui représentent une somme importante) vont au NLC pour être essentiellement employés à la rémunération des avocats, experts comptables, anthropologues, linguistes, conseillers financiers, spécialistes de l'environnement, conseillers en affaires et en développement..., sans réel contrôle de leur utilisation. 30 % sont encore versés au NLC pour être répartis entre les Aborigènes et ceux qui exploitent des mines sur leurs terres traditionnelles. Les derniers 30 % sont directement gérés par l'ABA, utilisés pour son fonctionnement, pour le versement de prêts aux organisations aborigènes et l'appui d'autres opérations du NLC.

La grande réussite du NLC est d'avoir su récupérer presque la moitié des terres du Territoire du Nord et 87 % des terres côtières. À titre d'exemple, en 2002, ses représentants ont déposé, au nom des Aborigènes, 249 plaintes dont la moitié ont abouti et se sont soldées par le retour des terres à leurs propriétaires aborigènes...

Mais son action aurait été plus honorable s'il s'était aussi un peu plus occupé des problèmes humains. Et la corruption de certains de ses membres est depuis longtemps connue du gouvernement : certains de ses derniers dirigeants ont dû être relevés de leur fonction. Il faut espérer que les nouveaux sauront vraiment aider les Aborigènes.

Tiraillé entre des enjeux économiques, des risques d'abus par certains entrepreneurs, et le principe vertueux mais intenable de ne pas contredire les propriétaires traditionnels, ignorants des conséquences des accords et de toute façon non fédérés entre eux, le Land Council adopte en tout cas une politique versatile troublante et souvent paralysante.

– George, tu sais, il va falloir que je fasse des meetings avec le Land Council moi aussi si je veux rester ici et amener des gens, laissai-je échapper pensivement.

Je réalisai immédiatement le caractère inconsidéré de cette remarque en regardant George faire volte-face, marcher tout droit vers le petit homme en jean repassé et chemise blanche qui semblait coordonner la discussion et s'adresser à lui en lui coupant la parole.

– Je veux un meeting avec vous. Franchoi veut rester ici, il veut construire un camp et amener des gens de son pays pour leur montrer nos terres. On est tous d'accord. Il faut un meeting pour lui donner l'autorisation.

Le Blanc leva la tête très calmement et demanda à George de s'adresser pour cette question au responsable du développement et de me demander pour le moment de partir puisque le meeting de ce jour-là concernait les compagnies minières.

– Oui, mais tu feras la demande. C'est ton travail, tu es employé du Land Council, tu travailles pour nous, les Aborigènes [1], ordonna George, lèvre inférieure et menton relevés.

Les Blancs se taisaient en me lançant des regards en coin. Je compris que nul n'était en position de contredire George, mais que

1. Tous les employés du Land Council étant payés par des prélèvements sur les *royalties* des territoires aborigènes, les membres des communautés utilisent souvent cet argument : ces employés sont *leurs* employés. Il en va de même pour ceux qui travaillent pour la communauté (gérant de la shop, employés administratifs...).

les rancœurs que cela suscitait étaient déjà en train de retomber sur moi. Ma remarque auprès de George se révélait tout à fait prématurée ; mais au fond je n'attendais rien de bon des cols blancs du Land Council, et je n'étais pas fâché d'entamer la confrontation le plus tôt possible.

– Va au trou d'eau. Reviens quand le soleil sera haut, on aura fini, me dit George.

Son ton était celui de l'ordre, mais j'avais compris que les paraphrases polies n'étaient pas de mise parmi eux. Je ne m'en formalisais guère et je répondis sur le même ton.

– OK. Aujourd'hui je veux aller à Bodeidei.

George se retourna vers l'assemblée sous le préau.

– Andrew ! Accompagne Franchoi à Bodeidei !

L'interpellé se leva. Mais derrière lui, un à un, Don, Jack, Billy, Jerry quittèrent leurs sièges pour venir s'installer dans mon 4 × 4. Les employés du Land Council rappelèrent Don à grands cris :

– Ne pars pas ! On va parler de tes terres. C'est toi qui dois décider, c'est toi le propriétaire traditionnel !

– OK, vous inquiétez pas, lança Don, je serai là la prochaine fois.

Je les regardai perplexe monter sur le plateau : mes nouveaux amis n'avaient visiblement que faire d'un projet minier qui ne verrait probablement le jour que dans plusieurs années.

– Démarre, Franchoi, qu'est-ce que tu attends ? cria Billy.

Je remis le contact et quittai la place sous les œillades noires des représentants du Land Council et des mines. Je ne m'étais sûrement pas fait des amis...

La bifurcation sur le chemin à la sortie de Weemol, la piste vers Bodeidei, l'emplacement où je garai le Toyota, tout m'était déjà devenu familier, comme les chants de mes compagnons qui battaient la mesure sur le toit. Chaque balade dans leur bush sonnait comme un jour de fête.

Avec trois bûches qu'il avait ramassées en passant, Don alluma un feu sur les cendres de l'avant-veille. J'y plantai mon trépied pour le billy et ouvris la boîte en bois que j'avais emportée de la voiture, avec le thé, le café, le sucre et le lait – tout en poudre. Jack et Billy palabraient dans leur coin près de l'écoulement de la source.

– Merci, Don, d'être venu avec moi.

Il gloussa de rire.

– Je préfère être sur mes terres avec toi que m'endormir au meeting. Les mines, ça ne m'intéresse pas. Et puis ma femme est là-bas, elle parle pour moi.

– Ta femme ?

– Oui... Enfin, plutôt mon ancienne femme... La mère de Kenneth. Et en plus il y a aussi ma sœur, et son beau-frère...

Une question me vint à l'esprit.

– Tu es sûr que tout le monde sera OK si j'amène des Blancs ici ? Tu ne crois pas que ça peut faire des problèmes ?

– Franchoi – son ton pour une fois était grave –, on a eu des meetings avec tous, à part Djoly et Jimmy parce qu'ils sont à Beswick[1], mais eux aussi ils seront d'accord. Il faudra faire très attention, c'est sûr. Il faudra respecter la loi de nos terres, respecter nos sites à nous que personne n'a le droit de voir. On ne peut pas marcher dessus, il ne faut rien enlever. C'est pour ça qu'on sera toujours avec toi, tu ne partiras jamais tout seul. Pas d'erreur. Sur les terres Duwa, il te faudra un Duwa. Sur les terres Yirridja, un Yirridja. Homme ou femme, ça ne gêne pas. À partir de là il n'y a pas de problème.

– Don, est-ce que tu peux m'expliquer ce que ça veut dire, Duwa et Yirridja ? Et puis vos noms, souvent je vous entends vous appeler par des noms différents...

Billy et Jack s'étaient rassis à nos côtés.

– Moi, mon nom de peau c'est Burlain[2], intervint Jack. Et je suis Yirridja.

– Moi, mon nom de peau c'est Narridj. Donc je suis Yirridja aussi, dit Billy, se tournant vers Don.

– Gala. Je suis Duwa. George est Balang, Duwa aussi.

J'essayai de retenir ces informations ; comme toujours, mes amis me laissaient aux prises avec une série d'indices énigmatiques.

– Et le tien, Franchoi ? s'enquit Billy.

– Mmmm... Nous, on n'a pas de nom de peau. On a un nom de

1. Communauté de taille plus importante que Bulman, située à environ deux cent cinquante kilomètres de Bulman sur la route de Katherine.

2. Prononcer « Boulayn ».

famille : le mien, c'est Giner. Et puis on a un prénom : moi, c'est François.

– Ton nom de famille, c'est ton nom de groupe familial.

– Oui, d'un côté de ma famille, du côté de mon père, on s'appelle tous Giner.

– Donc c'est ton nom de clan.

– Mmm... peut-être ? Mais c'est seulement le nom de ma famille rapprochée. J'ai beaucoup de gens dans ma famille qui ne portent pas le même nom.

Don se grattait la tête.

– Avec vous, les Munangas, c'est toujours compliqué. On comprend rien. Nous on sait d'où on vient, qui sont tous nos parents, avec qui on a le droit de se marier. On sait où sont nos terres. Les Blancs vont avec n'importe qui et n'importe où. C'est pas chez eux ici. Ils nous ont pris nos terres, mais c'est toujours chez nous.

Je marquai un silence. Apparemment, il ne m'incluait pas dans les voleurs de terres, et je ne tenais pas à entrer dans une polémique labyrinthique. J'en profitai cependant pour soulever un point pratique.

– Je sais, Don. C'est pour ça... : tu es sûr que tu veux faire venir des Blancs ici ?

– Ben justement. C'est pas pareil si on les fait venir...

Justement... J'observai les trois gaillards remplir une fois de plus leurs tasses de thé et y verser des cuillerées à soupe de poudre sucrée.

– Donc vous, les Aborigènes, vous êtes divisés en deux, Duwa et Yirridja[1].

– Non. Pas tous les Aborigènes, rectifia Don, relevant le nez de sa tasse et hochant la tête. Ceux de la Terre d'Arnhem. On est tous parents, une grande famille, vu qu'on a tous les mêmes noms de peau[2]. Et on arrive à communiquer parce qu'on connaît tous plusieurs langues. Il y a certaines langues qui se ressemblent.

---

1. Duwa et Yirridja sont les noms de deux « moitiés » utilisés en Terre d'Arnhem pour qualifier tous les éléments du monde : êtres humains, terres, animaux, végétaux...

2. Les noms de peau sont des noms de parenté classificatoire. Il existe huit noms de peau, qui ont chacun un masculin et un féminin, et sont classés dans une des deux moitiés, Duwa et Yirridja. Ils vont par binômes :

– Comment ça, tous parents ?

Ce fut le tour de Jack d'abandonner son thé une minute.

– Nous aussi, François, on a des parents comme vous, mère, père, sœurs, frères, on est né et on a grandi avec eux ; et puis, nos enfants à nous. Et on a un nom pour cette famille : c'est le nom du clan. Ça nous rattache à la terre familiale, côté mère et côté père. Pour ça, on utilise des noms que les Blancs nous ont donnés. Mais on a aussi une autre famille beaucoup plus grande, avec les noms de peau. Les hommes qui portent le même nom que moi sont mes frères ; les femmes qui portent le même nom sont mes sœurs. Les enfants de tous mes frères sont mes enfants. Les enfants de toutes mes sœurs sont mes neveux et mes nièces. Ça, c'est très important. Avec ça, on sait toujours qui est qui et ce qu'on a le droit de faire ou pas, ou ce qu'on est obligé de faire, avec une personne.

– Et qui sont les autres Aborigènes qui sont comme vous ?

– Il y a tous les Dalabons, autour de Weemol et vers le nord, il

---

– Balang/Beline et Gala/Galidjane : Duwa ;
– Wamut/Wamudjane et Kamarrang/Kamagn : Duwa ;
– Narridj/Narridjane et Burlain/Burlaindjane : Yirridja ;
– Kodjok/Kodjane et Bengadi/Bengane : Yirridja.

C'est ce système de noms de peau qui régit les règles de mariage, le nom de chaque personne étant déterminé par celui de ses parents :

Duwa (homme)	**Yirridja (femme)**	**Duwa (enfants)**
Balang	Narridjane	Kamarrang/Kamagn
Gala	Burlaindjane	Wamut/Wamudjane
Wamut	Bengane	Gala/Galidjane
Kamarrang	Kodjane	Balang/Beline
Yirridja (homme)	**Duwa (femme)**	**Yirridja (enfants)**
Narridj	Beline	Kodjok/Kodjane
Burlain	Galidjane	Bengadi/Bengane
Kodjok	Kamagn	Burlain/Burlaindjane
Bengadi	Watmudjane	Narridj/Narridjane

Par exemple, un Balang peut épouser une Narridjane, leur enfant sera Kamarrang (ou Kamagn), ou une Burlaindjane, leur enfant sera Wamut (ou Wamudjane). Ce système, en usage chez les trois groupes linguistiques dalabons, rembarrngas et maelis, survit depuis 60 000 ans.

y en a jusque sur la côte, jusqu'à Oenpelli, et Ramangining à l'est. Et puis il y a les Maelis, à l'ouest, les Rembarrngas, au nord-est...

Je me figurai la carte d'Arnhem, avec ses neuf millions d'hectares et sa population de vingt-cinq mille personnes en tout, Aborigènes de souche ou métis [1], et la grande toile d'araignée des parentés tirant ses lignes sur ces régions presque vides.

– Et Katherine ?

– À Katherine, c'est les Jawoyns [2]. Mais leurs terres viennent jusque près d'ici, trois jours de marche, au nord-ouest.

– Et Nulhumbhuy ?

– Nulhumbhuy, c'est les Yolngu [3]. C'est loin. Ils sont différents.

J'arrêtai là les questions : pour eux comme pour moi, c'était déjà beaucoup pour aujourd'hui.

– Mmh... Je comprends... Merci Don, merci Jack, merci Billy.

– De rien, Franchoi ! répondirent-ils en chœur.

Don s'installa au pied d'un eucalyptus pour une sieste, Billy s'éclipsa pour relever des empreintes d'animaux. Jack me suivit sur le plateau. J'avais apporté ma petite hache. Sur ma demande, Jack m'autorisa à abattre des arbustes morts. Ils me serviraient à marquer les emplacements des futurs bâtiments. Puis il disparut dans les hautes herbes. Je coupai pendant plus d'une heure. Billy me rejoignit en courant et en sautillant de joie, avec un sourire fendu jusqu'aux oreilles et une tortue à long cou [4] à la main.

– Je l'ai eue dans le creek. Je vais aller la jeter sur le feu, très bon daga, annonça-t-il avant de disparaître de nouveau vers la source.

Depuis le plateau, je pouvais apercevoir la fumée blanche du foyer toujours bien alimenté par Don qui sirotait toujours des tasses de thé. Je décidai de coucher les herbes avec le Toyota. Au bout de plusieurs heures et plusieurs péripéties – j'avais dû arracher une souche acérée avec des chaînes arrimées au Toyota –, j'avais dégagé

1. Il y a aussi une population blanche qui travaille pour les communautés : directeur, comptable, mécanicien, gérant de petit supermarché, infirmière, instituteur, directeur d'*art center*, etc.

2. Groupe linguistique voisin.

3. Autre groupe linguistique, mitoyen des Rembarrngas sur la côte est, différent par la langue et par l'histoire.

4. Il existe deux sortes de tortue d'eau douce, toutes deux très prisées par les Aborigènes : les *long neck* et les *short neck*, cou long ou cou court.

un bel espace. J'en avais oublié de déjeuner, et il devait déjà être au moins 16 heures. Je jetai un coup d'œil vers la source : mes trois amis avaient sombré dans un sommeil ombragé. Ils s'éveillèrent et s'étirèrent les uns après les autres lorsque je coupai le moteur du 4 × 4.

Don vint inspecter le plateau en expert.

– Bon travail, Franchoi... Tu pourras brûler, bientôt...

Je le remerciai : ce n'était visiblement pas seulement un constat relatif au fait que l'herbe, couchée, serait bientôt sèche, mais une autorisation de propriétaire.

– Allez, on va rentrer maintenant, le meeting doit être fini, décida-t-il soudain.

En remballant les affaires, je m'aperçus que la vingtaine de sachets de thé que j'avais emportés s'étaient envolés en fumée. Il ne restait rien du lait en poudre, et surtout ils avaient consommé à eux trois une bonne moitié du kilo de sucre. Mais j'étais content de ma journée. Une fois mes trois compagnons déposés à Weemol – d'où les voitures blanches du Land Council avaient disparu, et d'où George et Maggie aussi étaient absents –, je me sentis si heureux que j'en riais. La journée d'aujourd'hui marquait une première étape : les choses étaient en route. Je voyais désormais ce camp que j'allais construire comme un pont entre deux mondes. Depuis des décennies, les Blancs avaient pris à George, Don et aux autres leur terres et prétendaient leur enseigner comment vivre. Le rapport de force ici serait inversé. Les visiteurs de Bodeidei, en tant qu'invités, reconnaîtraient d'emblée les droits de propriété de leurs hôtes ; et, pour une fois, ils les écouteraient et apprendraient à leur contact.

11

Le Nagorrko

Le lendemain, en venant arrêter ma voiture sous l'acacia de Weemol, j'avais l'impression de m'inscrire déjà dans une routine agréable : je me sentais comme à la maison. Tous étaient sous les bambous, installés sur une grande couverture multicolore. George se tenait un peu à l'écart, en palabre avec deux anciens qu'il me semblait avoir déjà vus le jour de la cérémonie. Juste derrière, en retrait, j'aperçus deux autres jeunes d'une trentaine d'années, eux aussi inconnus. Tout cela ressemblait fort à un meeting. Je restai donc assis au volant en attendant que l'un d'eux décide de me faire approcher : ce fut George qui leva le bras pour m'inviter à me joindre à eux. Sa main tapota la couverture à son côté, m'invitant à venir m'asseoir. Il ne me présenta pas et les trois hommes poursuivirent le fil de leur conversation en dalabon. De la position que George m'avait indiquée, je ne voyais que le dos des deux autres. Il leur parlait sans les regarder, les yeux rivés aux carreaux de la couverture. De temps à autre une voix fluette lui répondait sans que je puisse distinguer auquel des deux hommes elle appartenait. J'attendais. Après un moment George se tourna vers moi.

– Pour l'instant tout va bien, Djoly et Jimmy sont d'accord avec nous. Tu peux commencer à construire ton camp, à Bodeidei. Mais Don devra te montrer certaines choses. Et puis dès que tu resteras là-bas tout seul tous les matins, il faudra que tu viennes chercher quelqu'un ici et tu le ramèneras le soir. Aujourd'hui on va t'y emmener pour te montrer des choses que tu dois savoir. On part maintenant.

La petite bande des anciens prit place dans la voiture et sur le plateau, sauf Djoly et Jimmy qui devaient retourner à Beswick, et nous filâmes comme l'éclair vers Bodeidei. George m'indiqua un grand eucalyptus blanc, à l'ombre duquel je garai le Toyota. Puis nous le suivîmes dans les hautes herbes sur un chemin inhabituel. George se posta devant un très long eucalyptus au tronc gris et rugueux, embrassé sur toute sa hauteur par un arbre étrangleur. Leurs longues racines entrelacées ressemblaient à un monumental amas de lianes tortueuses en lutte contre une force multicentenaire et impassible. George pointa l'arbre d'un bras magistralement tendu.

– Celui-là, personne ne doit l'abîmer ou le toucher. Si tu y touches ou si quelqu'un l'abîme à cause de toi, tu devras partir.

Puis il se tourna vers les longs troncs blancs de quelques arbres de sang de taille respectable, et pointa en contrebas un arbre saumon au profil majestueux.

– Tu vois, Franchoi, tout ça ce sont des vieux arbres. Si tu dois couper du bois, tu dois couper des jeunes. Pas les grands. De toute façon, ne fais rien sans nous demander.

J'écoutai en silence ces instructions entendues plusieurs fois déjà, mais destinées autant à réaffirmer leur autorité qu'à me rappeler les règles à respecter.

– On va avoir un meeting avec le Land Council pour toi, Franchoi, avec tous les propriétaires des terres. On va t'amener.

Nous rentrâmes à Weemol, et George, Don, Jack, Billy et Kenneth se regroupèrent sous les bambous comme pour un nouveau meeting, moitié en dialecte moitié en kriol – sans doute pour permettre aux deux plus jeunes, moins familiers avec le dalabon, d'y participer. Assis à quelques mètres, je saisissais des noms de lieux qui émergeaient dans la discussion, ils étaient accompagnés de croix tracées au sol, auxquelles on additionnait des lignes, puis des cercles représentant sans doute les billabongs, le tout constituant finalement sur la poussière une carte de la région. Une quantité de petites lignes sinueuses semblaient promettre des cours d'eau nombreux.

– Demain on part pour plusieurs jours, annonça George.

– D'accord, acquiesçai-je. Mais je n'ai pas assez de ravitaillement pour tout le monde. Pour le thé et le lait, c'est OK. Mais j'ai seulement un tout petit peu de sucre.

Naturellement, Don ne laissa pas échapper une si belle occasion.

– Non, répliqua George immédiatement, la shop est fermée.

– Bon, ben demain alors.

– Non. On part tôt. Avant l'ouverture.

– Bon, c'est pas grave, on pêchera et on chassera... Hein, Franchoi, tu prendras ton fusil, et on pourra chasser.

J'acquiesçai.

– Et on prendra aussi de la farine pour faire du damper, dit Jack.

Nous convînmes de partir au lever du jour. On ne m'avait rien dit de notre destination, mais j'avais compris que George avait décidé de me dévoiler une partie des terres traditionnelles des Dalabons.

Au petit jour, je trouvai tout le monde fin prêt pour notre équipée. Billy s'assura que mon fusil était bien calé derrière le dossier de la banquette dans l'habitacle du 4 × 4. Comme d'habitude George et Don fredonnaient, accompagnés des tapotements distraits des trois autres sur le capot. Lorsque nous traversâmes la rivière Galparran, l'eau remonta jusqu'aux pédales. Le Toyota se dandina comme une grosse barque jusqu'à la rive opposée en une très lente première petite [1]. De l'autre côté, nous attendait une pente abrupte encaissée dans une ravine où dégoulinait une eau boueuse. Mes amis étaient déjà descendus de la voiture pour remonter la pente et attendaient de voir comment j'allais hisser mon véhicule en haut de cette savonnette. Je repérai un arbre bien en face, à une trentaine de mètres, et optai pour l'utilisation du treuil. À l'aide de la commande électrique j'extirpai le Toyota de la mare de boue où elle s'était enfoncée jusqu'aux roues. Lorsqu'il eut dépassé le terrain glissant et retrouvé le vague tracé de piste sèche, mes amis revinrent, sourires fendus aux oreilles.

Nous poursuivîmes cahin-caha sur la piste très étroite, entre d'immenses spear-grass dont les pointes acérées se glissaient à travers

1. Un véhicule 4 × 4 a deux gammes de vitesses en quatre roues motrices, la grande et la petite, cette dernière délivrant plus de puissance. Elle est utilisée associée à la première vitesse au levier habituel pour les passages exceptionnellement ardus : c'est la première petite.

nos vêtements. Quelques kilomètres plus loin à peine, nous rencontrâmes un second passage, boueux et encaissé, qui semblait également infranchissable. Billy sauta le premier du plateau et entreprit de me guider autour de ce barrage naturel. Jack le suivit, et chacun traçait l'itinéraire d'une roue, garantissant la praticabilité du terrain pour éviter tout risque d'embourbement. De l'autre côté du bourbier, le Toyota se trouva face à un mur d'herbe de plusieurs mètres de haut, sans la moindre trace de piste ou de passage. Sur le tableau de bord un doigt pointa vers la gauche. J'avançai, ne voyant pas plus loin que le pare-buffle mais obéissant aveuglément à cette boussole. Soudain George me fit signe d'arrêter : en contrebas j'aperçus effectivement un ruisseau relativement alimenté et large de plus de trois mètres. Le passage n'était pas praticable. Cette fois tous descendirent du plateau pour explorer les abords du ruisseau à la recherche d'une voie possible. Ce fut Billy encore qui appela le premier : il avait trouvé un tronçon où le fond pierreux et couvert d'algues offrait un soutien suffisant pour le poids du véhicule. Les passagers traversèrent à pied, et je les suivis sans problème avec le véhicule.

Sur l'autre rive m'attendait une belle poche d'eau très calme bordée de cette végétation foisonnante de pandanus et de maleleucas si caractéristiques des berges de l'Australie du Nord. Sur la surface parfaitement immobile où se reflétait le vert sombre des feuillages dansaient les petites taches blanches et vert plus vif des fleurs légères de nénuphars.

– Ça, c'est Djimdjimwurrlk [1], annonça George non sans emphase. Personne ne peut se baigner. Les Blancs appellent ça « Monster Hole [2] ». Un Blanc a disparu ici il y a très longtemps. Il avait tiré de l'eau avec une pompe à moteur.

Je regardai Billy s'éloigner vers l'eau entre les arbres avec Kenneth. Les deux autres avaient allumé un feu. Je compris qu'il était temps de sortir ma boîte à thé, sucre et lait. Je m'assis auprès d'eux, écoutant leur conversation en dialecte et observant leurs gestes et leurs signes, les endroits et directions qu'ils pointaient. Je me rappe-

1. Le créateur, d'après le *Nayuhyungi,* de ce trou d'eau. Kawukali le tira dans l'eau et le tua. Il y a ici une Mimi qu'il ne faut pas réveiller.

2. Anglais : « le trou du monstre ».

lai les paroles de George, les arbres vieux et les jeunes, qu'on peut couper. Je profitai d'un court silence.

– George, pourquoi est-ce qu'on peut couper les jeunes arbres et pas les vieux ?

Il fronça les sourcils et releva légèrement la lèvre inférieure.

– François, commença-t-il, sur un ton extrêmement sérieux.

Pour la première fois il venait de prononcer mon prénom correctement.

– Tout ce que tu vois autour de toi, les animaux, les arbres, l'eau, les roches sont soumis à des règles. C'est le Nagorrko[1] qui a tout créé et a donné les règles, la Loi. Il a donné la langue, les noms, Duwa, Yirridja, toutes ces choses. Et il nous a créés. Nous, on connaît les règles, on connaît la Loi. On l'apprend quand on est enfant. Pas quand on est tout-petit, mais à partir du moment où on devient homme.

Il baissa une main vers son sexe et de l'autre mima un va-et-vient comme pour trancher quelque chose.

– Mmmm... Vous coupez... Et avec quoi ?

Une grimace de Don évoqua un souvenir sans doute cuisant.

– Avec un silex, reprit George. Et là, on devient homme.

– C'est à quel âge ?

Il leva la main droite à hauteur d'un gamin de sept ans à peu près[2].

– C'est le moment où les enfants commencent leurs cérémonies. Ils doivent tout apprendre et connaître toute la Loi. Avec la Loi, il n'y a aucun problème. Elle ne change jamais. Nos pères, nos grands-pères et nos grands-oncles nous l'ont apprise.

– Et il y a une cérémonie pour couper...

– Oui, bien sûr, une cérémonie d'hommes d'un côté, une cérémonie de femmes de l'autre. Les femmes restent à l'écart de leurs enfants qui deviennent hommes, mais elles se coupent au mollet.

De l'index il traçait trois entailles sur sa jambe, grimaçant un peu pour signifier la douleur de la mère accompagnant celle de l'enfant.

– Avant de connaître la Loi, on n'est pas vraiment un homme.

1. Premier Ancêtre créateur pour les Dalabons.

2. Les Aborigènes ne fournissent jamais d'indications quantitatives chiffrées concernant les mesures de temps, de distance, etc.

Quand un enfant meurt, la famille est très triste, mais les cérémonies sont plus faciles. Il n'y a pas tant à faire. Plus on est âgé, plus on sait, et plus on est important. Les plus jeunes doivent protéger les plus vieux. Avant que les Blancs arrivent, tout le monde aidait les vieux, ils pouvaient vivre longtemps et ils étaient bien. Maintenant les jeunes ne font plus attention. Ils ne font plus attention à notre loi. Je me fais du souci ces temps-ci...

Don secoua la tête en soupirant.

À notre droite, un grand bruit de branchages piétinés nous signala le retour de Billy. Sa chevelure rousse de poussière surplombait un sourire radieux comme à chaque fois qu'il ramenait des victuailles. Cette fois il embrocha, avec Kenneth, trois énormes barramundis sur une branche qu'ils venaient d'arracher. Je dégotai un grand sac en plastique et nous fourrâmes le tout dans la glacière, en prévision du dîner.

12
Les gorges de Kliklimarra

Après plusieurs thés et un petit somme, mes amis se réinstallèrent dans la voiture : il était temps de repartir. Nous roulâmes plusieurs heures à travers une végétation presque impénétrable. La trace de piste s'était dissipée, et George et Don naviguaient à l'instinct, m'arrêtant régulièrement pour chercher des passages plus faciles. Toutes les demi-heures, je rentrais des informations dans mon GPS, au cas où, intriguant visiblement Don par mes manipulations. Après plusieurs sessions d'enregistrement, George s'enquit de ce que je faisais. Je leur expliquai que contrairement à eux, qui connaissaient visiblement le terrain au mètre carré près, je serais bien en peine de devoir retrouver mon chemin s'il me fallait rentrer seul. George, détournant son regard de l'appareil, afficha son désintérêt en haussant la lèvre inférieure et le menton. Il ne semblait pas du tout convaincu.

– Tu sais où on est, repris-je. Moi non. Mais ce truc-là sait aussi.

Toute la petite troupe éclata de rire, et George transforma sa moue en sourire.

– Ah ! vous les Munangas...

Il poursuivit après un silence :

– Tu vois cette rivière à la lisière des grands arbres là-bas ? Tu la suis dans le sens où l'eau coule, et tu arrives au croisement de la piste pour Bodeidei, la première rivière qu'on a traversée après Galparran, celle où Billy a trouvé le passage.

– Et Weemol est là-bas, indiqua Jack en pointant un doigt précis derrière nous.

– Et là-bas, à droite, c'est le billabong de Gopuliu, il y a le raccourci pas loin, ajouta George.

– Et plus loin Bengay, mon coin de pêche, compléta Don.

– Et Katherine ? Et Darwin ?

Cinq bras tendus m'indiquèrent de concert l'ouest-sud-ouest, puis le nord-ouest.

– Et Sydney ?

– Sydney ? Sydney, on ne connaît pas, répliqua George en haussant le menton. Mais ici, avec nous, tu n'as pas besoin de ta machine, tu ne peux pas te perdre...

Nous reprîmes notre pérégrination à travers herbes et broussailles et soudain, après plusieurs kilomètres, de grands escarpements pourpres jaillirent de la plaine sablonneuse. La taille des herbes était redevenue raisonnable, et nous suivîmes une pente douce vers un petit passage entre les falaises rocheuses et la rivière qui les longeait sur plusieurs centaines de mètres.

– Kliklimarra ! siffla George.

– Ça aussi, c'est chez moi, annonça Don fièrement.

Je sentais l'excitation monter, tant chez George et Don que chez leurs compères postés sur le plateau. Les corps s'étaient tendus, les têtes relevées, en observation.

Juste après les falaises, la vue s'étira en panoramique : après une esplanade de roches rugueuses, le sable rose descendait doucement vers la rivière bordée de maleleucas et de grevilleas [1] entre lesquelles voltigeaient en boucles les minuscules guêpiers arc-en-ciel [2]. Le 4 × 4 traversa un profond fossé sablonneux creusé par les eaux à la saison des pluies, puis se dandina pendant quelques centaines de mètres sur les roches chaotiques du plateau, ballottant mes compagnons hilares comme des matelots en grande tempête. Je débouchai sur une clairière au pied d'une nouvelle muraille rouge et ne trouvai pas de voie plus avant. Aucun doigt ne vint à ma rescousse. Je

1. Les grevilleas sont des arbustes frêles à l'aspect vaporeux, dont les belles fleurs orange enduites de pollen sucré sont appelées *honey flowers* par les Aborigènes qui s'en régalent.

2. Les guêpiers arc-en-ciel, ou *rainbow bee-eaters* en anglais, sont de tout petits oiseaux dont les couleurs chatoyantes couvrent une bonne partie de la gamme de l'arc-en-ciel. Leurs mouvements aériens très vifs sont caractéristiques.

coupai le moteur. Notre destination finale se trouvait un peu plus haut sur la rivière, mais tout le reste serait à faire à pied.

Billy avait attrapé les barramundis, et de mon côté j'avais calé mon équipement, bien rangé, dans deux gros sacs à dos : oignons, riz, farine, sel, poivre et huile, thé, café sans oublier le sucre. Kenneth se chargea d'un des sacs, Jack du second, et je portai moi-même mon sac à dos de survie. George se fraya un chemin dans la pente entre les herbes, vers la rivière en contrebas qui nous était cachée par les feuillages des grevilleas et des maleleucas. La petite troupe le suivit en file indienne. Au détour d'un talus nous débouchâmes sur la rivière et le vrai début de la gorge. Je restai bouche bée face à un décor idyllique. Mes compagnons jetèrent un regard heureux mais rapide sur les bassins d'eau immobiles qui s'alignaient vers l'est dans la lumière chaleureuse du soleil déclinant. À la surface impassible se dessinaient en bosses les ombres noires de rochers qui accueillaient de temps à autre une aigrette ou un guêpier arc-en-ciel, avant de les laisser repartir vers les branches vaporeuses des maleleucas dont les longs cheveux caressaient les berges herbues des bassins. Mes amis continuaient leur chemin sans ralentir leur pas décidé, s'engouffrant jusqu'aux cuisses dans la rivière. Je les laissai avancer un peu sur l'autre rive avant de m'arracher à ma contemplation.

– François ! tonna la voix autoritaire de George.

J'avançai moi aussi dans le courant frais de la rivière. George marqua une pause pour m'attendre et m'enjoignit de marcher dans ses pas. Nous longions la rive, patauds dans le sable sec et profond qui fondait sous nos pieds. Du silence émergea le murmure d'une cascade qui dévalait sans doute un peu plus haut.

Après quelques centaines de mètres nous gravîmes un mur naturel à hauteur d'homme pour atteindre un premier palier de la gorge : un bassin naturel alimenté de plusieurs petites cascades, sur un plateau de roche rouge parsemé de gros blocs qui surnageaient entre les bras de la rivière. L'endroit était encore plus grandiose que l'arrivée sur la rivière. Malgré les esplanades nombreuses qui auraient offert un confort certain pour la nuit, mes amis poursuivirent quelques centaines de mètres de plus, cette fois à travers buissons et broussailles. Comme nous émergions d'entre les taillis, je tombai en arrêt face à la courbe somptueuse d'un cirque pourpre qui enserrait un petit bassin très profond aux eaux impassibles, malgré les bouillonnements des cascades qui l'alimentaient. Sur les berges et en haut des rochers, de grands arbres lançaient leurs branches vers le ciel, poursuivant l'élan des roches rouges du cirque tracé depuis des milliers d'années par la lente érosion de l'eau des cascades. George ouvrit les deux bras :

– C'est le kemp pour ce soir, annonça-t-il, retraçant d'un ample geste la courbe du cirque, pour finir par pointer un douillet banc de sable sec et propre recroquevillé entre les pieds des falaises et la berge du bassin.

Je regardai mes compagnons investir la place comme on se réinstalle dans un « chez soi » longtemps abandonné. Le coin était visiblement un bivouac de prédilection. Sacs et armes furent entreposés sur les creux des rochers, comme sur des étagères, et un feu préparé au creux d'une petite faille entre les dalles du sol. De mon côté je me débarrassai de mes vêtements pour plonger dans une eau douce et tiède à l'odeur de fer. Je me laissai bercer par les doux remous des cascades jusqu'à ne plus rien entendre. Don plongea à son tour, suivi de Jack puis de Kenneth. Comme d'habitude, Billy s'était éclipsé. George restait près du feu, pelant patiemment l'écorce de longues tiges fines que je l'avais vu ramasser un peu plus bas, sans doute pour faire des lances.

Après presque une heure passée à nager d'un bout à l'autre, je me hissai vers la rive, étourdi, pour rejoindre les autres qui palabraient à qui mieux mieux adossés à la roche autour du feu.

Billy avait creusé dans le sable un trou assez vaste pour recevoir tous les barramundis. Au fond, il avait fait un petit feu et posé des pierres par-dessus. Une fois le bois brûlé, il plaça des écorces de maleleuca[1] sur les pierres, puis les poissons, puis d'autres écorces, emballant ainsi délicatement les barramundis pour les protéger du sable dont il recouvrit le tout. À côté, sur le feu ouvert, les feuilles de thé infusaient dans le billy. J'allumai un troisième feu, plaçai quelques oignons dans la braise et du riz à cuire dans mon propre billy. Les autres arrangeaient les coins de sable qui leur serviraient

1. Les écorces des maleleucas se détachent en grandes feuilles épaisses, très souples et étanches qui servaient de récipients, de couffins, de pans de toiture, et autres usages...

de lit. J'avais choisi de m'installer sur le plateau rocheux qui surplombait immédiatement notre camp, à un ou deux mètres au-dessus à peine. De là j'apercevais le bassin en amont et devinais la présence d'une cascade bien plus conséquente, à quelques centaines de mètres, que j'écoutais depuis le début de notre ascension le long de la rivière. Don venait de s'asseoir à mes côtés. Il n'attendit pas ma question.

– On ira demain, Franchoi...

Je hochai la tête en signe de remerciement.

– Tu penses que tes gens aimeront ? reprit-il, après un court silence et une hésitation.

Je souris à sa question : aucune réponse n'aurait été à la hauteur de la majesté du lieu. Mon inquiétude à moi outrepassait la sienne : fallait-il partager de telles splendeurs ? N'était-il pas préférable de garder jalousement pour eux – et égoïstement, pour moi – ce trésor qu'ils venaient de m'offrir ? Quels voyageurs mériteraient que Don leur ouvre la magie de ses terres recluses dont il connaissait chaque flaque d'eau et chaque plante ?

– C'est certain qu'ils aimeront, Don. Mais ça ne te dérange pas que des Blancs viennent ici ? C'est là que vous venez pour camper et pêcher... c'est chez vous...

– Oui, évidemment que c'est chez nous, justement c'est pour ça qu'on peut inviter des gens, rétorqua-t-il. Et puis tu sais, si tu amènes du monde, on pourra venir plus souvent. Ça fait vraiment longtemps que je ne suis pas venu ici. Des années et des années. J'étais un jeune homme, mes enfants étaient petits. Kenneth ne se rappelait plus très bien. C'est pour ça que je l'ai emmené, comme ça maintenant il connaît ses terres.

Nous restâmes assis un moment à regarder rougir le ciel et les reflets de l'eau, sans rien dire, écoutant seulement les cris des cacatoès et des kookaburas du soir et derrière nous les bribes de voix qui nous arrivaient du coin du feu avec les odeurs alléchantes d'oignons et de poisson. Lorsque les lambeaux de nuages eurent troqué leur blancheur cotonneuse pour les rose orangé du couchant, Billy se pencha sur son « four du bush [1] », et souleva une à une les écorces, délicatement pour ne pas répandre de sable sur les poissons. La

1. C'est l'expression consacrée pour ce genre de cuisson : *bush-oven*.

peau craquelée laissait apparaître le moelleux d'une chair blanche et appétissante : les barramundis étaient à point. J'avais modelé quelques galettes de farine que je posai sur la braise.

Tout le monde s'était rassemblé autour du feu et Billy, assis en tailleur près du four, m'invita à me servir. La distribution s'opéra en silence : filet de barramundi, riz et oignon rôti sur galette au feu de bois. Le thé sucré coulait à flots : nous nous offrions un vrai banquet. Doucement, la nuit enveloppa le halo de lumière du foyer et le ciel limpide s'illumina de ses scintillements quotidiens. Épiant chaque bruit et chaque geste, parfaitement immobile comme pour me fondre dans leur décor, j'écoutais sans rien dire les murmures de mes amis qui résonnèrent jusque tard dans la soirée, contant sans doute l'histoire mille et une fois reprise, mais depuis longtemps silencieuse, de ces lieux fascinants. Plus tard leurs voix s'estompèrent pour laisser la place aux chants plus monotones de la cascade. Sans quitter mon lit de sable, je pointai ma torche sur le trou d'eau : les éclats brillants de quelques paires d'yeux à la surface me confirmèrent la présence des crocodiles. La lueur du feu s'amenuisa jusqu'à disparaître, laissant la nuit à l'obscurité d'un mince quart de lune descendante.

Je m'éveillai au son des oiseaux et de la cascade pour découvrir un ciel rosé et les cinq gaillards qui dormaient encore, recroquevillés en boule sous leurs maigres couvertures auprès du feu éteint, presque les uns contre les autres. Le dos contre la roche froide, je respirai à pleins poumons la quiétude matinale, ce trésor des premiers levés. Les débris de rochers éparpillés au sol et dans le cours de la rivière témoignaient d'éboulements anciens ; mais dans leurs contours marqués d'une érosion multimillénaire se lisait la fixité d'un arrêt sur image. Loin des tourbillons de production et de pollution, seul face au temps dans son coin du monde, ce lieu avait attendu, patiemment, sans changer, le retour des chants de ses habitants. Connaîtrait-il d'autres visiteurs, prochainement, et plus nombreux ? En serait-il heureux, si les nouveaux venus se montraient aussi discrets et attentionnés que les anciens ?

Sans faire de bruit, j'attrapai quelques branches sur le tas collecté la veille. Très vite le feu se mit à crépiter et George se retourna dans son creux de sable en grognant. Billy ouvrit un œil. Je mis de l'eau à chauffer, quittai le groupe à pas de loup, ôtai mes vêtements près de la berge, et me plongeai nu dans l'eau accueillante. Quelques minutes plus tard le brouhaha des voix animait de nouveau l'espace du bassin ; j'aperçus Kenneth sur un rocher avant qu'il ne plonge pour me rejoindre. En sortant de l'eau je saluai mes compagnons. Leur regard sur ma nudité et l'éclat de rire de Don me signalèrent mon extravagance[1]. Je me rhabillai en un clin d'œil.

– Bonjour, Franchoi, bien dormi ? lança Don.

– Comme dans un rêve !

– Pas trop froide ? s'enquit George en enroulant ses bras autour de son torse et en mimant un frissonnement.

– Non, elle est chaude !

Habitués aux grosses chaleurs, la plupart des Aborigènes que je connais sont très frileux. Billy avait rempli sa timbale d'eau bouillante et attendait que je sorte les sachets et le sucre. Jack était encore couché. George avait repris un air sérieux.

– Tu vois, il y a des peintures et des signes des Mimis et des anciens ici, annonça-t-il après un moment, sur un ton docte et monocorde. Les Mimis sont des esprits, des êtres qui se cachent dans les grottes et les roches. Ils ressemblent à des hommes mais tu ne les vois pas, alors qu'eux en revanche peuvent te voir. Il faut toujours faire attention aux Mimis, il y en a partout. Parfois dangereux, mais pas toujours. Là où tu t'es baigné, ça va. Mais on ne peut pas se baigner n'importe où. Plus haut, au trou noir avec le torrent, il y a trop de problèmes. Il faut que tu fasses attention. Même si on est là, on ne peut pas te surveiller tout le temps. C'est à toi de faire attention. On t'a dit : ne fais rien sans nous demander.

– Mmmm... Oui, George, j'ai compris. Ce matin, j'aurais dû attendre et vous demander avant de me baigner.

– Ici, tu es sur mes terres, reprit Don, mais elles sont aussi à d'autres personnes[2]. Il faut faire attention à la Loi, sinon elles vont se retourner contre nous...

---

1. Bien que les missionnaires n'aient que peu agi directement dans cette région, leurs idées ont fait leur chemin à travers certaines règles de vie les plus simples. Notamment, bien que les Aborigènes aient vécu nus jusqu'à l'arrivée des Occidentaux, la pudeur est désormais plus que de mise.

2. La « propriété » foncière, qui ne s'accorde guère d'ailleurs avec notre concept de propriété, n'est ni individuelle ni univoque.

Après leur thé et mon café, Billy et Kenneth s'éclipsèrent pour leur invariable partie de chasse et de pêche. George, Don et Jack décidèrent de m'emmener au grand rocher.

Je les suivis une petite demi-heure en longeant la rivière à travers des broussailles très denses. Don attrapa une grosse baie jaune, à l'aspect de groseille à maquereau, sur l'espèce de liseron inextricable qui recouvrait complètement le sol. « *Djarramunduk* », dit-il, en portant le fruit à sa bouche. Je l'imitai, et trouvant la saveur particulièrement douce et séduisante[1], je me gorgeai de djarramunduk une bonne partie du chemin. Nous atteignîmes finalement une grande esplanade au cœur d'un cirque de dimensions grandioses. Du plateau en surplomb, coulait sur plusieurs dizaines de mètres de dénivelé la cascade que j'écoutais depuis la veille. Au sommet un rocher d'une dizaine de mètres de haut était posé comme si un Titan l'y avait un jour laissé traîner. Mes amis m'entraînèrent vers un passage pour l'escalader. Assis tous les quatre sur sa plate-forme nous souriions béatement. Bordant les bassins en aval, les flancs de la gorge se joignaient au loin sur l'horizon du ciel bleu profond. C'était l'apogée du périple, de cette ascension de paliers toujours plus époustouflants. Mes compagnons n'étaient en rien indifférents aux plaisirs de la contemplation esthétique – qu'ils pourraient partager avec d'éventuels visiteurs occidentaux. George rompit le silence d'une voix abrupte, un doigt pointé vers la piscine en contrebas de la cascade :

– Là personne ne se baigne. Ailleurs ça va. C'est seulement là, c'est simple. Tu as compris maintenant ?

J'inspirai profondément pour étouffer une exaspération, avant de me tourner vers lui, plongeant mon regard dans le sien :

– Oui, George, oui, j'ai compris. Et je m'excuse encore pour ce matin de ne pas avoir demandé pour me baigner.

Ma rationalité d'Occidental m'aurait soufflé d'ajouter que je m'étais baigné là précisément où nous nous étions baignés la veille, mais je savais que cet élément était hors de propos : l'enjeu résidait ailleurs. À ma surprise George me montra toutes ses dents dans un immense sourire, et m'attrapa l'épaule avec une fraternité bourrue.

1. Les fruits et baies du bush sont souvent faibles en saveur et surtout en sucre, plutôt âpres ou acidulés.

– OK, François, c'est OK.

Jack et Don nous regardaient en pouffant gentiment.

Comme nous quittions la cascade, je marchai sans me retourner dans les pas de Jack. Les interrogations se bousculaient encore au rythme de la marche. Des touristes pourraient-ils saisir l'attachement des habitants à ce lieu ? Réaliseraient-ils que, malgré son isolement, il était fréquenté depuis des dizaines de milliers d'années ? S'en retourneraient-ils comme moi aujourd'hui avec des pensées en pagaille et l'intuition de leur symbiose avec leur propre environnement ? Saurai-je me faire le médiateur et l'avocat fidèle de ces terres et de cette civilisation si ancienne et si distante de notre monde ? Le pari était lourd de conséquences – mais aussi de promesses.

De retour au Toyota je procédai aux vérifications d'usage, huile, eau, état des pneus, et chargeai l'équipement. Les trois compères bavardaient en dalabon sous un grevillea en attendant Billy et Kenneth qui n'avaient pas reparu, malgré les appels lancés à tue-tête tout au long du trajet de retour. Une fois de plus nous nous retournâmes vers des bruits de broussailles à l'orée du bush dont Billy s'extirpa le premier, arborant son habituel sourire. Une tortue à long cou pendait d'un long bâton posé sur son épaule. Kenneth le suivait comme son ombre, balançant deux beaux barramundis sur son propre pieu. Sans se presser ils s'approchèrent de la voiture pour ranger les trophées dans l'eski. Chacun s'installa à sa place dans le véhicule et je m'élançai sur les traces de l'aller. George se tourna vers moi, et entama un long monologue.

– Tu sais, François, il y a très longtemps cet endroit était habité par des hommes et des femmes, mais pas comme nous. Ils ne voyaient rien. Ils n'avaient pas d'yeux, pas d'oreilles, pas de nez, rien. Ils n'étaient pas finis, pas bien cuits, ils étaient encore crus.

Jack répliqua quelque chose en dialecte, montrant un arbre. Don acquiesça et George poursuivit en dalabon lui aussi. Les commentaires fusaient de toutes parts, chacun pointant des doigts vers des arbres ou des roches, ou évoquant d'un geste vague des endroits plus lointains. Je conduisais en silence, souriant à leur enthousiasme, mais réalisant la distance qui me séparait d'eux. Ces paysages que je contemplais comme des tableaux sublimes, eux les lisaient comme des livres, des manuscrits laissés par des parents anciens mais présents, un entrelacs de signes touffus qu'ils déchiffraient en chants contant inlassablement une histoire passée se déroulant au fil de leurs pas ou de la trace du Toyota. Leurs forêts, leurs rivières, leurs chemins s'animaient de la vie et de la mémoire sédimentée d'un peuple vieux de plus de 50 000 ans, là où je ne savais voir encore que des arbres ou des fleurs, avec tout juste l'espoir d'en apprendre le nom et peut-être l'usage traditionnel. Mais l'envie d'étirer le trait d'union qui conjoindrait ces manières de voir s'était gravée en moi – ainsi que l'envie de partager ces traits d'union avec d'autres Occidentaux, si une telle chose était possible. J'étais prêt à tenter ma chance et l'expérience. Le périple aux intimes et majestueuses gorges de Kliklimarra avait achevé de me convaincre une fois pour toutes.

13
Balang

Pour l'obtention de la licence d'exploitation de Bodeidei, George exigea un meeting avec le Land Council dans les plus brefs délais. Les pourparlers, tenus sur le site même, en mai 1991, durèrent deux jours. Une majorité des membres de la communauté étaient présents : les anciens, mais aussi des hommes et des femmes de tous âges. Bernard, un jeune employé blanc du Land Council, responsable du développement du tourisme et de la chasse, présidait la séance. Sans être antipathique ou malveillant, il affichait naïvement son incompétence en soulevant des questions simplistes concernant l'industrie touristique et ses marchés internationaux. Il connaissait très peu la communauté, qu'il ne fréquentait qu'épisodiquement à l'occasion des meetings de ce genre. Il en allait de même de l'anthropologue, fraîchement échappé de l'université, dont les prétentions à connaître les Lois et règles de propriétés de la région exaspérèrent George dès les présentations. Avant la fin de la réunion, il demanda d'ailleurs au jeune homme de se taire. Bernard m'expliqua doctement que des textes de loi très stricts protégeaient, pour le bien de leurs propriétaires traditionnels, l'accès physique et commercial aux terres sur lesquelles je demandais à m'installer. En somme, aucun membre de la communauté n'avait voix au chapitre : le Land Council semblait se réserver l'évaluation du bien-fondé de ma demande. Malgré les proclamations incessantes en faveur de la fameuse autodétermination, personne n'écoutait jamais vraiment les Aborigènes des communautés rurales. Je bouillais.

Mais soudain George, qui avait paru jusqu'alors assister au débat comme à un spectacle qui ne le concernait pas directement, se dressa en interrompant Bernard :

– François, tu n'es pas content. Explique-moi. Qu'est-ce qui se passe, qu'est-ce qu'il veut, ce Bernard ? Qu'est-ce qu'il te dit ?

Les deux représentants levèrent sur George un œil penaud, surpris et gênés par un si ingénu aveu d'incompréhension.

– George, on défend tes droits et ceux de la communauté, intervint Bernard, hésitant. On ne connaît pas ce Blanc, il faut poser des règles strictes pour protéger les terres.

Le visage de George se figea alors en une expression furieuse et menaçante.

– On le connaît, ce François ! éclata-t-il. On sait qu'il ne va pas nous voler ! Il nous aide, il est le seul ! Vous, vous avez toujours des voitures neuves, mais jamais rien pour nous ! Tu vas écrire ce que François te dit maintenant, parce que tu travailles pour nous, c'est nous les boss, tu fais ce qu'on te dit !

George se rassit, comme soulagé. Derrière lui, Don, Jack, Billy et les autres acquiesçaient de la tête en retenant des rires. Mais aucun d'entre eux n'aurait jamais osé intervenir. Seul George et Maggie affrontaient les Blancs directement pour faire entendre leurs voix et imposer leurs volontés et leurs idées, bonnes ou mauvaises, ce qui leur causait d'ailleurs toute sorte d'ennuis.

Je savais que la rédaction du contrat que j'obtiendrais reviendrait à des avocats travaillant dans des bureaux à air conditionné à Darwin, à plus de sept cents kilomètres de ceux que ces affaires concernaient. J'avais fixé les taux des royalties par nuitée que le Land Council aurait pour tâche de reverser aux familles propriétaires des terres sur lesquelles j'emmènerais les clients. Bernard chercha à les revoir à la baisse, ainsi que le salaire des guides, que j'avais fixé à cent vingt dollars australiens[1] par jour. Perplexe, il semblait soupçonner une intention manipulatrice. En réalité, je savais tout simplement combien les familles manquaient de moyens, et quel encouragement des rémunérations respectables représenteraient pour les jeunes que j'espérais voir reprendre le flambeau de l'activité dans un avenir plus ou moins lointain. Bernard ne comprit la raison de ma présence à Weemol qu'après plusieurs années : comme nom-

1. Un dollar australien vaut environ 0,60 euro.

bre d'Australiens il concevait difficilement que je sois motivé non par le gain, mais par une expérience de vie auprès de la communauté.

Mais au fond tout cela n'avait aucune importance : la règle d'or du Land Council, respecter la volonté des propriétaires traditionnels, joua finalement en ma faveur. Malgré mes explications à propos des termes de mon contrat, qui ne me garantissaient qu'un droit d'exploitation pour une période limitée à douze années, George affirmait avec ferveur la décision des anciens : « On t'a donné ces terres, Djoly et tout le monde, on a tous décidé, on est tous d'accord. Tu seras ici pour toujours. Les terres c'est nous, pas eux. »

C'est à l'époque des lourdes chaleurs humides qui précèdent la mousson, vers la fin du mois de novembre, qu'eut lieu le premier événement communautaire marquant dont je fus partie prenante.

Depuis des mois, je m'étais attaqué à l'installation du camp, aidé de mes complices. Comme Billy le chasseur qui venait établir sa base à Bodeidei, profitant des terrains de chasse et de pêche alentour, et souvent restait avec moi pour la nuit, campant avec moi près du ruisseau, Don et Jack supervisaient avec une curiosité enjouée l'avancée du chantier. Pour les gros travaux, les transports des matériaux, les trous à creuser pour les poteaux, les dallages des grandes pièces au ciment, on m'envoyait quelques jeunes de Weemol : Andrew, Richard, un autre gendre de George, et le jeune Greg, un costaud jovial de Ramangining, qui m'aidaient eux aussi avec application et bonne humeur. Pierres, dalles, couleurs, mon intention était de bâtir à moindres frais et en respectant « l'esprit du lieu ». Les huit petits bungalows qui s'élèveraient entre les arbres, sur la pente du terrain, sans terrassement, sans trou de fondation, sans bulldozers, sans grosses machines, seraient construits avec des pierres du bush patiemment ramassées et recouvertes d'un enduit rouge-brun, mélange maison de termitière concassée et ciment. Pour confectionner l'allée, nous charrions jour après jour sur le plateau du Toyota, depuis une rivière située à quatre-vingts kilomètres vers Katherine sur la highway, des dalles que je découpais méthodiquement avec l'aide de Don et de Jack. Nous faisions tout de nos mains, chacun apportant ses aptitudes à l'entreprise : plomberie, menuiserie, électricité, soudure...

George, sans être distant, ne participait pas à ces activités. Mais j'avais pris l'habitude de discuter un moment avec lui et Maggie, chaque soir, après avoir déposé mes complices de la journée. Un soir où les nuages s'amoncelaient dans un coin de ciel noir particulièrement menaçant, j'allai donc comme d'habitude m'asseoir dans la poussière sous les bambous où ils m'attendaient. Ce jour-là les enfants de Weemol, qui très souvent sautaient dans mon 4 × 4 le matin pour profiter d'une journée de baignade à Bodeidei, étaient restés au village. Devant la maison de Don, une bonne dizaine d'entre eux assis en cercle écoutaient bouche bée le vieux cow-boy qui leur parlait en gesticulant : c'était la soirée des histoires. Don me lança au passage un clin d'œil rieur noyé dans le flot de ses mimiques cocasses. Il ne racontait pas une histoire traditionnelle, mais une histoire de rodéo-man, quelque chose comme « Charlot dompteur » ou « Charlot et les chevaux sauvages ». Il parlait très vite, en kriol, et je ne saisissais pas tout.

– Hi Maggie, hi George.

– Hi François, répondit Maggie en me fixant sérieusement. Tu es fatigué, François. Tu travailles trop, avec ce camp, bobala.

– Najing, rétorqua George, bandant son biceps gauche. Il peut travailler, François, il est fort, comme moi.

Je hochai la tête en riant : il avait raison, j'étais au mieux de ma forme, mais lui-même était une force de la nature, pas très grand mais bien campé. Son torse massif et musclé témoignait d'une jeunesse active employée au service des fermiers de la région, au settlement de Beswick où il avait été charpentier, ou même comme docker, aux travaux forcés. George parlait fièrement de ces années de labeur pourtant imposées par les Blancs. Il dénigrait vivement l'oisiveté des jeunes de la génération de ses enfants, que des lois australiennes dispensaient désormais de gagner leur pitance : depuis qu'ils étaient devenus citoyens australiens, en 1967, les Aborigènes touchaient un revenu minimum versé par le gouvernement, de ce fait toute activité, chasse ou pêche traditionnelle ou participation aux entreprises des Blancs, était devenue superflue. Leurs journées s'écoulaient régulièrement sans heurts et sans surprises au rythme des visites à la shop et des cassettes vidéo. En évoquant cette semitorpeur, George ne pouvait s'empêcher d'afficher sa moue de dépit, et il sermonnait inlassablement les jeunes hommes pour les convaincre de partir à la pêche, à la chasse, ou de m'aider à Bodeidei.

Justement, ce soir, je voulais lui signaler quelque chose qui m'inquiétait : j'avais noté des signes de faiblesse chez Andrew, je le trouvais fatigué, mais je craignais que George ne réagisse encore vigoureusement en dénonçant la paresse des jeunes. À ma surprise, il acquiesça avec sérieux.

– Mmmm... Le cœur...

– Quoi, le cœur ?

– Le docteur. Il a dit que son cœur était bizarre.

– Comment ça, bizarre ?

– Je ne sais pas moi, c'est le docteur blanc qui l'a dit. Mais j'ai dit à Andrew d'aller voir notre *clever man*, le *witdj dacta*[1] à Mont Catt, il va arranger ça. Ça ira.

Ces quelques mois passés avec eux m'avaient malheureusement permis de constater les conséquences palpables des razzias sur les confiseries et sodas de la shop et autres habitudes occidentales. Diabète, cholestérol et hypertension constituaient le lot commun : une fatalité à laquelle ils se résignaient comme aux autres maux et altérations du mode de vie liés à l'irruption des Blancs. Les ravages du tabac concurrençaient ceux de l'alcool, et certains jeunes « sniffaient » même de l'essence. À l'époque, mes amis parlaient peu de ces maladies et de ces excès, sans doute pour ne pas exhiber les faiblesses intimes de chacun devant la force des plaisirs proposés par l'Occident. Maggie attribuait ouvertement à la présence des Blancs les causes de menus maux, rhumes ou migraines, dont elle se plaignait en permanence. De temps à autre elle déclarait qu'avant notre arrivée, « personne n'était malade ».

– À demain George, à demain Maggie, murmurai-je, pensif, en me levant.

– Dors bien François, repose-toi, n'oublie pas que tu n'es pas tout seul à Bodeidei, il y a les Mimis ! lança Maggie.

1. *Clever man* (« homme doué ») ou *witdj dacta* (de l'anglais *witch doctor*, « docteur sorcier ») sont les deux expressions consacrées pour désigner le sorcier guérisseur, *gudang* en dalabon.

– Oui, je sais, je sais. Je ne peux pas les voir mais eux ils me voient, je sais.

– *Djud-djud ban !*

George avait pris l'habitude de me saluer dans sa propre langue maternelle, le rembarrnga.

– *Djud-djud ban*, George.

Quelques semaines plus tard, mon repos fut interrompu au milieu d'une nuit par le ronronnement d'un véhicule qui approchait depuis Weemol. Juste avant que les deux phares jaunes n'apparaissent au détour de la piste, je rallumai mes ampoules, pour voir émerger de la pénombre le Toyota de George conduit par Jack.

– George veut te voir. Tout de suite.

Sans poser de questions, je m'habillai et m'installai au volant de mon 4 × 4 pour suivre Jack qui avait disparu sans mot dire. Il pouvait être 2 heures du matin, mais plusieurs lumières étaient allumées dans les maisons de Weemol. Les rues étaient pourtant désertes. Émanant de la place, du côté de la maison de George, des plaintes aiguës déchiraient la nuit calme. Près de l'acacia je trouvai un groupe d'ombres assises au sol autour d'un feu, les femmes d'un côté, les hommes de l'autre. Je cherchai George dans l'obscurité. C'était du groupe des femmes que s'élevaient les longs gémissements et les sanglots bruyants. En m'approchant, j'aperçus une masse sombre près du feu, juste à côté du vieil homme. Comme mes yeux s'accoutumaient à l'obscurité je distinguai un corps qui gisait là, près du foyer, sous une couverture. Lorsque je m'assis près de George, dont les yeux semblaient rivés aux carreaux de la toile qui servait de linceul, sa main se posa sur ma cuisse. En silence, il leva un coin de la couverture. À la lueur vacillante de la flamme je reconnus, immobiles comme dans un sommeil très calme, les traits du jeune Andrew. Incrédule, je me levai pour poser le bout de mes doigts sous la mâchoire du jeune homme : à la place du pouls je ne trouvai qu'une douceur tiède inanimée. George gardait le silence, hochant la tête de haut en bas. Maggie gémissait doucement, accompagnant la femme du jeune homme, assise auprès d'elle, qui hurlait par intermittence en attrapant sa tête dans sa main et en basculant le torse de haut en bas. Un peu en retrait, Don, Jack et Billy se taisaient. Je levai les yeux vers le cercle des visages tout autour du feu, et au-delà vers la pénombre qui environnait immédiatement le foyer : tous les visages de Weemol étaient présents.

– Le cœur. Son cœur était pas bon.

– Tu as envoyé une voiture au dispensaire ?

– Trop tard, il est mort tout de suite.

– On ira au dispensaire après, ajouta Maggie.

– François, il faut que je te dise maintenant. Depuis que tu es sur nos terres, Andrew a été comme ta Mimi. Ça veut dire qu'il te suivait, qu'il t'observait, et quand il rentrait à Weemol, il nous racontait tout ce que tu avais fait, tout ce que tu avais dit, ce qu'il en pensait. C'est moi qui lui avais dit de faire ça.

Je gardai un silence médusé.

– Je te connais maintenant, François. Tu vas rester avec nous. Tu nous comprends.

Il saisit ma main pour la poser sur la tête d'Andrew. Les gémissements et les pleurs s'étaient tus.

– Tu vas le prendre dans tes bras maintenant. Comme ça, sa Mimi va rester à Bodeidei, elle te surveillera et elle veillera sur toi. Andrew aimait bien être avec toi.

Tout allait un peu trop vite pour moi. Pendant que je tenais le jeune homme, les plaintes reprirent, accompagnées des sons mats de mains tambourinant sur le corps. Puis George éleva la voix et le silence revint. Il posa à nouveau sa main sur ma cuisse, comme pour me signifier de me concentrer sur ses paroles.

– Maintenant tu auras un nom de peau : Balang.

Mes pensées tourbillonnaient entre l'immobilité du front sur lequel George maintenait ma main et les regards ténébreux fixés sur moi. J'aurais souhaité m'éclipser, rester en retrait. Même si j'étais prêt à partager avec eux et à découvrir leurs manières de vivre, je me sentais différent : George avait sans doute raison, je les comprenais, mais ma façon de m'exprimer était autre. Comment l'expliquer ce soir-là ? Je baissai simplement la tête.

À partir de ce soir-là, George ne m'appela plus que par ce nom de peau qu'il m'avait donné : « Balang ». Près d'une semaine après le décès, les anciens débarquèrent sur le chantier du camp dans la voiture de George. Celui-ci portait son molo, Don les clap-sticks, les bâtons à musique en bois de fer[1] qui accompagnent les chants traditionnels d'un rythme métallique. Billy et Jack les suivaient, le torse couvert de blanc et les mains d'ocre rouge. Jack attrapa à l'arrière de la voiture un bidon de farine vide, Billy coupa plusieurs branches d'arbre de fer, et fourra le tout dans le seau. Puis Jack plongea son briquet allumé dans l'amas de feuillage au fond du pot. Sans mot dire, m'ayant à peine salué, George souffla deux notes très graves, que Don accompagna de ses bâtons sur un rythme scandé. Don, Jack et Billy entonnèrent en même temps une douce mélopée nasillarde. Billy sortit du seau les branches dont s'élevaient d'épaisses bouffées de fumée grise. Secouant les branches autour de moi, il m'enfuma complètement, puis parcourut le camp, entraînant sa torche de branchages dans les tentes, la salle à manger, le Toyota. Les trois autres le suivaient, Billy et Jack chantant et dansant au son du molo. Après plus d'une heure, les chants laissèrent place au silence. George lâcha son instrument et réclama du thé.

– Tu vois, Balang, quand quelqu'un meurt, on enfume comme ça tous les endroits où il a passé du temps. La shop, l'école, le Council, les kemps où il allait. Tous les endroits, les voitures aussi. Sa présence part avec la fumée, son esprit peut s'en aller, il est tranquille. Du coup on peut aller partout sans qu'il revienne, sans qu'il nous dérange. Sinon il pourrait nous rendre inquiets ou malades, nous tourmenter. Quand tout aura été fait pour que l'esprit soit tranquille, on pourra l'enterrer.

Je profitai de l'occasion pour m'adresser à George en présence des autres anciens.

– Oui, *Balang*, je comprends, lui dis-je.

Il se tourna vers moi en fronçant les sourcils. Je l'avais jusqu'ici toujours appelé George, bien qu'il ait lui-même persisté dans sa décision de m'appeler par le nom qu'il m'avait donné.

– Balang, merci de m'avoir donné ce nom. Ça me fait plaisir. C'est une preuve d'amitié.

– Mmhmm... Et... tu sais pourquoi je l'ai fait ?

1. L'arbre de fer, au bois très dur, convient à la fabrication des bâtons à musique dont le son est très métallique.

▲ George (Balang) jouant du molo.

▲ La Terre d'Arnhem vue du grand rocher de Kotpela.

Ce sont les Mimis qui, au temps du *Nayuhyungi*, ont laissé leurs empreintes sur l'escarpement de Kotpela. ▼

© Hauke Dressler

▲ L'out-station de Weemol.

La famille de George (Balang) [*à gauche, jouant du molo*]
et de Maggie (Narridjane) [*à droite*] à Weemol. ▼

© Hauke Dressler

© Hauke Dressler

© Hauke Dressler

▲ Baignade aux gorges de Kliklimarra.

◄ La pêche aux barramundis.

© Hauke Dressler

▲ Déjeuner autour du billy, sur les bords du billabong de Gopuliu.

Un petit-fils de George ramenant des fleurs du billabong ▶

© Hauke Dressler

© Francis Latreille

▲ La chasse aux chauves-souris…

▼ …et la chasse aux crocodiles.

© Hauke Dressler

© Francis Latreille

▲ Philip déloge les chauves-souris.

© Hauke Dressler

© Hauke Dressler

Balang Jangawanga, dit George [*à droite*], ses petits-fils [*à gauche*] et ses petites-filles [*ci-dessous*].

© Hauke Dressler

© Francis Latreille

▲ Philip et sa petite-fille Serina.

▼ Une autre famille de Weemol, celle de Dudley.

© Hauke Dressler

© Hauke Dressler

▲ Billy le chasseur, la chevelure rousse de poussière.

▼ Billy, François et George de retour de cérémonie en 1993.

© Hauke Dressler

© Hauke Dressler

▲ Billy initie les enfants dalabons à la danse poro-poro.

▼ Le voyage en France : Philip, George et David Blanasi, le plus célèbre des joueurs de molo.

©Jean-Pierre David

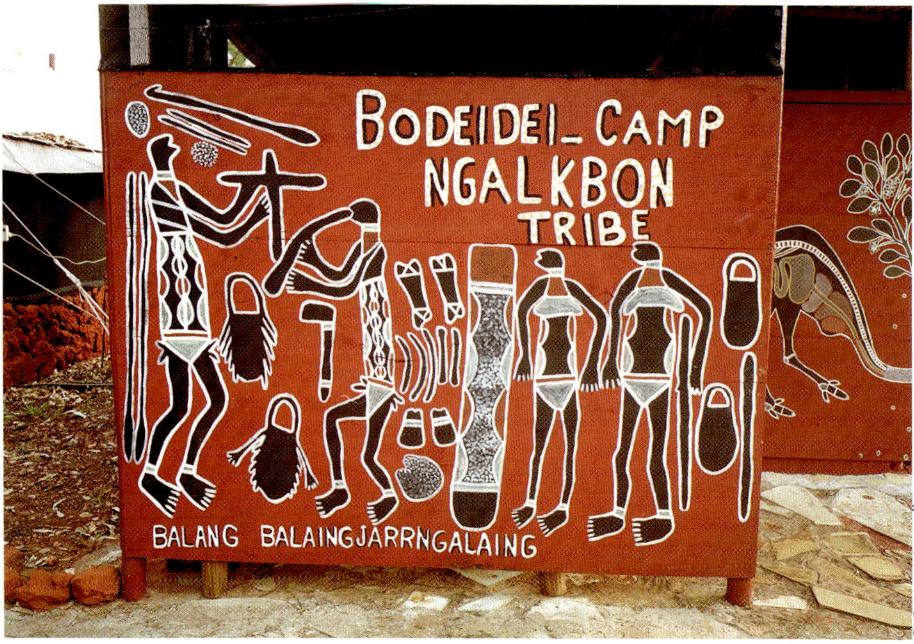

© Francis Latreille

▲ La lignée des Balang, racontée par George à l'entrée du camp de Bodeidei : les quatre Mimis précurseurs, avec leur molo, leurs clap-sticks, leur hache de pierre, leurs paniers de cérémonie, autour du ngorrkon.

▼ George explique le *Nayuhyungi* de sa femme Maggie.

© Francis Latreille

© Francis Latreille

▲ Une des fresques de la « salle à manger » de Bodeidei, réalisée par Billy de Maningrida.

▼ *Détail* : Joueurs de molo et de clapsticks.

▲ George écrivant/peignant sur écorce.

◄ Le fils de Maggie teignant un molo à la pierre d'hématite.

▼ François et Don.

© Nicolas Reynaert

▲ George peignant le visage de François.

▼ François et Serina.

© Francis Latreille

– Parce que désormais je suis Balang, Duwa, comme toi. Et comme tu es Balang aussi, je suis ton frère.

Il détourna son regard, réprimant difficilement un froncement de sa lèvre inférieure.

– Mmmm... Oui... C'est ça... tu as compris...

Les trois autres riaient sous cape dans leurs tasses de thé.

– Mais, George, je suis aussi François, j'ai mes terres, mon chez-moi, et ma famille. Il faudra toujours que tu te rappelles de ça.

Sa moue s'installa complètement sur son visage, et il secoua imperceptiblement les doigts de sa main droite.

– Mmmm, najing, ici tu seras Balang, parce que tu nous comprends. Évidemment, je vois bien que tu es munanga et que tu es d'ailleurs. Mais ici tu seras Balang.

La situation me convenait : c'est ainsi que je devins Balang.

TROISIÈME PARTIE

MUNANGA WEI

« Mais l'oiseau *berrep berrep*, celui qui chasse souvent près de l'eau, savait que le crocodile Modjarrki avait deux bâtons, deux bâtons cachés dans le noir. L'oiseau a réussi à voler les deux bâtons au crocodile, et il les a frottés très fort, tellement fort que de la lumière couleur de la pierre d'hématite est sortie, et puis des grandes flammes. Nous sommes devenus cuits : on voyait, on entendait, on pouvait parler et l'eau est partie, le jour est arrivé... »

Le *Nayuhyungi* selon George

14

L'ouverture

Ce matin de juin 1992, comme chaque jour depuis quelques mois, j'ouvris l'œil à l'aube au ricanement strident du kookabura. De l'autre côté des voiles de la moustiquaire de mon grand lit et de la toile qui complétait les murets d'un mètre de haut de mon « bungalow », une lueur discrète prêtait aux silhouettes des grands arbres familiers du plateau de Bodeidei un ton fantomatique. Complètement immobile, je restai de longues minutes à l'affût, guettant les menus frôlements des varans, lézards, grenouilles, chouettes et autre faune noctambule parmi la végétation. Juste derrière ma tente, le souffle grave du vieux buffle qui rôdait constamment près de la source ponctuait régulièrement le rythme sourd de ses gros sabots sur la terre battue. Il s'était habitué à ma présence qui ne l'impressionnait plus du tout, et traînait entre les tentes toutes les nuits. La nuit du bush est active : au fond, l'absence de lumière n'interrompt que les hommes et certains oiseaux. Blottis par milliers derrière les feuillages touffus, ceux de Bodeidei chantaient chaque matin la joie des toutes premières teintes mauves du ciel d'est. Risquant timidement quelques notes discrètes d'abord, ils couvraient rapidement le vacarme des kookaburas d'une éclatante symphonie. Je savourai les moindres notes de ce concert quotidien, qui variait au fil des saisons.

Mais ce matin était spécial. Cet après-midi, un bimoteur se poserait avec sa douzaine de passagers sur la piste d'atterrissage de Bulman, à une douzaine de kilomètres de Bodeidei.

– François ! À quelle heure est l'avion ?

– Mmh quoi ? L'avion ? Mmmm... 15 heures. Oui c'est ça, 15 heures. On ira avec les deux véhicules, le camion et le Toyota. Tout est OK dans les bungalows ?

– Tout est OK dans tout le camp, François. J'ai vérifié trois fois ce matin.

Rémi, mon « aide de camp », qui partageait mon quotidien depuis trois mois, préparait le petit déjeuner. Je l'observai en souriant, comme il rinçait une cuillère sous l'eau courante du robinet. Aujourd'hui ce menu geste semblait tout à fait naturel, mais en fermant les yeux je pouvais revivre ma joie lorsque l'eau limpide avait jailli pour la première fois des tuyaux, après le forage du puits, à cinquante-cinq mètres de profondeur.

Rémi avait vingt-sept ans. Nous nous étions rencontrés par hasard lors d'une de mes virées à Darwin quelques mois plus tôt. Je cherchais quelqu'un pour m'aider, il semblait plus ou moins désœuvré, et il s'était jeté à corps perdu dans l'aventure. Depuis, nous ne nous quittions plus.

Notre excitation se mêlait d'une appréhension légère, une sorte de trac. Pour la toute première fois nous allions loger douze personnes, leur préparer un dîner au barbecue le soir, puis un déjeuner le lendemain, à servir pendant la cérémonie d'ouverture sous les abris traditionnels de branchages[1] que les comparses de Weemol nous avaient construits et meublés de rondins de bois posés à même le sol. Depuis plusieurs mois je préparais cette inauguration que je voulais magistrale. J'avais contacté des personnalités du Territoire du Nord, qui contribueraient à la notoriété du camp pour peu que je parvienne à les impressionner. Et du côté aborigène, j'avais passé du temps à expliquer à George l'enjeu de cette cérémonie. Il m'avait accordé son soutien inconditionnel après avoir compris que des *gabmen pipul*[2], des *big men*[3] du gouvernement, seraient présents. Lorsqu'il réalisa, plusieurs mois avant l'inauguration, qu'il allait pouvoir

1. Les abris traditionnels, prévus surtout pour protéger du soleil, sont des cabanes très simples. De longues branches terminées en fourches servent de piliers. On place en travers d'autres tiges qui constituent la base du toit. On recouvre ensuite le tout d'un amas de petites branches feuillues.

2. Kriol : de l'anglais *government people*, « gens du gouvernement » ; s'emploie souvent pour désigner les officiels en général.

3. Anglais ou kriol : « grands hommes », hommes importants.

s'adresser à eux directement à cette occasion, il s'investit à fond dans la préparation de cette journée. Sans rien m'en dévoiler, pourtant...

– Tu verras, Balang... Je m'en occupe... Fais-moi confiance, c'est OK..., répétait-il.

Mon petit déjeuner avalé, je filai sur Weemol retrouver les anciens pour un dernier meeting avant la cérémonie. La réunion fut des plus sérieuses. Mes amis avaient vécu la construction du camp au jour le jour. L'idée qu'ils se faisaient du déroulement concret des séjours des visiteurs restait très floue. En fait ils n'avaient pas du tout envisagé jusqu'ici cette phase de mon entreprise, même s'ils avaient paré le camp d'éléments traditionnels clefs destinés à faire connaître leur culture aux visiteurs. Un autre Billy, Kamarrang, originaire de Maningrida, et le jeune Neal Manyata, Wamut, de Momop [1], tous deux peintres hors pair, avaient réalisé deux fresques de plusieurs mètres carrés, côte à côte dans la salle à manger. Des mois durant, ils s'étaient consacrés plusieurs heures appliquées chaque après-midi à ce travail patient, rivalisant de minutie et d'adresse pour réaliser deux véritables chefs-d'œuvre représentant des animaux du bush. Pour sa part, George, pour marquer notre fraternité, avait décidé de raconter en peinture, sur un pan de bois bien en vue à l'extérieur, au beau milieu du camp, l'histoire de la vie et de la mort de la lignée des Balangs et de leur Mimi Balanbalainjarrgalaing. Il m'avait demandé d'y peindre les inscriptions « Bodeidei Camp – Ngkalbon Tribe », sorte d'intitulé du lieu. Ce matin-là, un grand drap recouvrait la peinture qui ferait l'objet d'un discours lors de l'inauguration le lendemain. Assis sous les bambous, je l'écoutais attentivement articuler ses dernières instructions.

– Tu passes nous voir avant d'aller à l'aéroport tout à l'heure. Demain tu envoies deux Toyotas ici pour emmener les jeunes à Bodeidei. On s'occupe du reste.

George exultait, et moi aussi. Pour une fois il exerçait sa spécia-

1. Momop est une out-station de Bulman. Bulman compte aujourd'hui neuf out-stations, réparties dans un périmètre de plus de cent kilomètres.

lité dans l'autre monde, en préparant une cérémonie pour des Blancs.

Quelques heures plus tard, j'arrêtai mon camion 4 × 4 sur l'immense étendue déserte de la piste d'atterrissage de Bulman. Seul un vieux drapeau remuait mollement sous le soleil de plomb pour indiquer le sens du vent. J'attrapai le micro de la radio pendu au tableau de bord.

– Victor Juliette Delta Sept Neuf Trois appelle VGY[1], à vous... Victor Juliette Delta Sept Neuf Trois appelle VGY, à vous.

La belle voix de Maureen, la standardiste, me répondit immédiatement, avec dans la voix son habituel sourire que j'attribuais à mon anglais de survie. Le standard n'était pas trop chargé et elle me passa rapidement mon interlocuteur à Darwin qui m'apprit que l'avion atterrirait dans cinq minutes. Je gardai la radio allumée en l'attendant, écoutant Maureen jongler avec les appels simultanés et les listes de commissions. Son ingéniosité à déchiffrer mon sabir anglophone m'avait plus d'une fois tiré d'affaire. Pour tous les habitants du bush, le standard VGY, couvrant une bonne partie du Top End, restait à cette époque l'unique moyen de communication. Maureen, présente à l'appel de 8 heures à midi et de 13 heures à 17 heures, tous les jours ouvrables, connaissait tous les abonnés, qui finissaient aussi par se connaître entre eux à force de journées d'écoute en attente d'un appel[2]. Parfois je n'étais pas fâché de pouvoir m'exprimer en français, imaginant toutes ces oreilles pendues à mes syllabes lorsque je parlais à Jayne à Darwin, ou à ma mère en France.

Cinq minutes plus tard, un petit bimoteur apparut, précédé de son caractéristique ronron. Parmi ses passagers je retrouvai Jean-Paul et trois de mes compagnons australiens, fidèles de mes virées dans le bush du Top End, ainsi que ma fille adoptive Sara, et Rob

1. Les lettres sont bien sûr prononcées à l'anglaise : « vi – dji – why ».

2. De partout dans le monde on pouvait appeler le standard VGY pour contacter un de ses abonnés. Maureen lançait alors sur les ondes un appel au nom de code de l'abonné en question : Victor Juliette Delta (VJD) 793 pour François.

son fiancé. Mon copain Denvers, commissaire divisionnaire de la police du Territoire du Nord, était aussi de la partie. J'avais convié deux représentants des Bureaux du Tourisme du Territoire, responsables respectivement de Darwin et de Frankfort, ainsi que le ministre des Affaires aborigènes venu avec sa femme. Un membre du Northern Land Council, un couple de journalistes, et finalement le propriétaire de la compagnie de charters qui avait affrété l'avion étaient présents également.

Nous chargeâmes les bagages, et chacun prit place dans les véhicules qui s'ébranlèrent en convoi. La soirée autour du feu et d'un barbecue de buffle se déroula impeccablement. Mes visiteurs écarquillèrent de grands yeux en découvrant le confort du camp, et écoutèrent patiemment les récits de mes épopées avec mes camarades de Weemol. Cette première nuit marqua un incontestable succès. Je m'assoupis paisiblement en songeant que ce coin du bush n'avait certainement pas vu autant de visiteurs depuis plusieurs décennies. Jean-Paul et moi nous étions souvent retrouvés dans le bush australien, mais jamais en Terre d'Arnhem, et je trépignais de lui présenter George, Don et les autres.

Mais lorsque Rémi et moi débarquâmes à Weemol vers 10 heures le lendemain matin avec les deux voitures pour venir comme prévu chercher nos amis, les rues du village étaient presque désertes. Sur la place, Richard et Kenneth m'attendaient avec une trentaine de jeunes garçons et filles qui s'entassèrent dans les véhicules. J'attendis un instant, m'attendant à voir George ou Don pointer leur nez, en vain.

– Richard ? Où sont les autres ?

– Tous partis ce matin...

– Partis ? Mais où ça ? bredouillai-je, déconcerté.

Ma question resta sans réponse. Quelques jeunes femmes débouchèrent de l'arrière de la maison de George, et embarquèrent elles aussi dans les 4 × 4 avec de timides sourires et de discrets « Hello Balang ».

À Bodeidei, Richard me demanda de les déposer près de la source, en contrebas du camp lui-même. Toujours aussi interloqués, Rémi et moi nous allâmes alors garer les Toyota, installer un couvert *bushy*[1] sous les abris de branchages, et sortir des frigos pour nos invités le déjeuner préparé à l'aube. J'avais respecté à la lettre les restrictions imposées par les anciens : pas une goutte d'alcool en présence des membres de la communauté ; ils m'autorisaient à en proposer à mes visiteurs en quantité raisonnable, mais uniquement en leur absence. L'eau bienfaisante de Bodeidei suffirait donc au déjeuner. Nous nous installâmes tous à table, sirotant des jus de fruits en observant les allées et venues des adolescents le long du ruisseau. Puis je m'efforçai seul de répondre aux questions de mes invités sur l'apport de la communauté aborigène au camp de Bodeidei, les réactions des anciens, celles des jeunes, etc.

Soudain, dans de grands bruits de pas et de cris, des ombres surgirent du bush : une trentaine d'adultes peints aux couleurs traditionnelles, femmes d'un côté, hommes de l'autre, se postèrent un à un auprès du groupe des jeunes, au bord de la source. Don s'avança vers nous, en bandeau et pagne rouges traditionnels[2], le torse moucheté de blanc. Sa démarche fière et souple, sans s'être modifiée, ne rappelait plus en rien celle du cow-boy hors temps qu'il évoquait dans ses jeans. Il salua l'assemblée de son sourire inimitable et d'un hochement de tête solennel. Je me levai alors pour le présenter.

– Don Bununjua, éminent propriétaire traditionnel de la région. Don, nos invités pour la cérémonie d'inauguration du camp de Bodeidei.

Don salua de nouveau d'un signe de tête, attrapant à la ronde le regard de ses visiteurs, puis se tourna vers moi.

– Balang, Balang veut te voir.

Je m'excusai avant de lui emboîter le pas, laissant à Rémi le soin d'assurer la poursuite de la conversation.

Près de la source, ils avaient creusé deux trous et allumé deux foyers. Hommes, femmes, enfants et adolescents de tous les âges avaient été peints de blancs, d'ocre jaune et d'hématite[3]. Dans un

1. Anglais : du bush, dans le style du bush.
2. Les vêtements de cérémonie véritablement traditionnels des hommes sont composés de ficelle d'écorce de put-put et ornés de plumes, mais il est maintenant d'usage pour les danseurs de porter des pagnes de tissu rouge.
3. Trois pigmentations minérales traditionnelles utilisées pour les peintures.

coin, en retrait, se tenaient les anciens, parmi lesquels je reconnus, en plus de mes acolytes habituels, les silhouettes de Djoly et Jimmy. Billy de Maningrida, George Right-Hand[1] de Momop, le witch doctor de Mont Catt étaient là aussi. Presque toutes les out-stations, Momop, Moban, Barraponda, Gopuliu, avaient leurs représentants, constituant une délégation équilibrée des clans du groupe des Dalabons, sur les terres desquels j'avais été accueilli et accepté. George se leva et entreprit des présentations méthodiques et solennelles. Torses et visages peints donnaient aux traits si familiers une dimension nouvelle, comme si je les découvrais pour la première fois. La poitrine de Djoly montrait des scarifications impressionnantes. Billy me pointa une rangée de plateaux en écorce de maleleucas posés au sol : jabiru, outarde, brolga[2], kangourou, varan, tortue, crocodile, poissons, ignames, baies et tubercules, ils avaient rassemblé tous les mets du bush pour une dégustation exceptionnelle. Seule touche occidentale, un billy de thé fumait sur les braises, avec sucre, lait en poudre et farine *self raising*[3] pour le damper.

George tapota le sol de sa main en me regardant. Je m'assis à son côté, en tailleur comme lui. Il m'ôta doucement mes lunettes, mon chapeau, et m'ordonna de me débarrasser de ma chemise. Les uns après les autres, les anciens apposèrent leurs marques blanches, rouges et ocres sur mon torse et sur mes joues. Un gamin avait attrapé mes affaires pour les donner à Rémi. George apporta la dernière touche de blanc à mon visage, et tous les hommes se levèrent en même temps, leurs lances à la main. George m'intima de rester juste derrière lui, puis il prit la tête de la troupe qui avança en file indienne, se dandinant le long de la pente vers les abris où nos invités pantois abandonnèrent leur déjeuner pour observer la scène. À mi-chemin vers le plateau, George entonna un chant, accompagné de Djoly et Jimmy dans les aigus. Billy, Don et Jack jouaient du molo et des clap-sticks. Tous les hommes se mirent à danser en tournant sur eux-mêmes. Aux claquements métalliques, ils tapaient

1. Anglais : « Main-Droite » ; ici un surnom pour différencier deux George, George Jangawanga étant gaucher.

2. Grues natives d'Australie qui vivent toujours par deux et sont célèbres pour leur manière de se déplacer en dansant.

3. Farine « qui monte toute seule », c'est-à-dire à laquelle la levure est déjà incorporée.

dans le sable de grands coups de pied qui levaient une poussière aussi rouge que la peinture sur leurs corps, exprimant en chœur à grands cris pour leurs hôtes la vigueur scandée de leurs rythmes millénaires. Billy, danseur de génie, et Don, m'avaient appris ces chants et leurs mouvements lors de nos soirées autour du feu, mais demi-nu dans la poussière au milieu de ces corps massifs et agiles, sous les regards curieux de mes invités, je restais pataud et presque immobile malgré les encouragements de George qui fronçait ses sourcils et du bras me signifiait de bouger et de sauter comme les autres.

Tout en dansant, le groupe des hommes avait atteint le plateau, et tous s'assirent en arc de cercle près de l'abri des visiteurs. Les femmes les imitèrent. Elles faisaient presque face aux hommes, ouvrant ainsi une scène en fer à cheval en vis-à-vis des étrangers. Les jeunes filles prirent place derrière les femmes, et les garçons derrière les hommes. Seules les plus vieilles femmes étaient restées près de la source, surveillant la cuisson des dampers et autres victuailles.

Le silence se rétablit. George se leva, toisa ses invités. Je me dressai à mon tour pour me lancer dans des présentations réciproques. Je réalisai que la table réunissait des Australiens, des Français, des Allemands, et un Malais. Mais George n'y prêta que peu d'attention, s'intéressant plutôt à la nature de leur relation avec moi. Pour lui, mes invités étaient tous mes amis, et cette garantie lui suffisait.

George décida ensuite d'exécuter des chants et des danses d'animaux. Des hommes se levèrent, empoignant leurs lances, pour s'avancer entre les arcs de cercle dessinés par ceux qui étaient restés assis. Les plus anciens brandissaient, en plus, un woomera. Des adolescents les suivaient, les mains vides. George poussa un cri puissant. Tous reprirent après lui, et le molo entonna sa note grave, articulant un rythme timide qu'accentuèrent aussitôt les claquements secs du bois de fer. Les chants reprirent, graves ou aigus, contant les histoires du hibou, du kangourou, du pigeon, des brolgas. Les couplets lancinants s'enlaçaient aux piétinements cadencés des pieds enivrés de poussière et du vent frais de juin. Nos hôtes s'étaient levés et frappaient dans leurs mains.

Soudain, à la fin d'un couplet, George, au lieu de reprendre un nouveau thème, lança un nouveau cri, frappa ses clap-sticks, écarta ses deux bras :

– *Binij na*[1] !

Le silence s'installa immédiatement. George attrapa ma main, et s'avança en me traînant vers le groupe des invités. Il toussota pour s'éclaircir la voix et commença un discours dans un kriol qu'il entrecoupait de son mieux de termes anglais.

– Je suis Balang Jangawanga. Ma femme, Narridjane Chikapa, est propriétaire traditionnelle des terres dalabons du clan Wakmarragn, dit-il en la pointant du doigt. Avec les anciens qui sont tous là, Wamut, Kamarrang, Wamut, Narridj, Balang, Gala, nous avons donné à Balang ces terres, qui appartiennent à Gala. – Il passa son bras sur mon épaule. – Nous lui avons laissé ces terres pour qu'il construise son kemp, et qu'il fasse venir des gens de son pays. Ici nous sommes chez nous. Ces terres sont à nous, les Aborigènes dalabons. Nous connaissons tous les endroits, tous les noms, toutes les histoires, tous les secrets, toute la loi. Les Blancs ne savent rien sur ces terres. On les a vus arriver. Ça ne fait pas longtemps qu'ils sont là. Mon père, mon grand-père, mon grand-oncle, mon arrière-grand-père, vivaient tous ici en Terre d'Arnhem. Ils m'ont raconté, ils m'ont dit. Je sais pourquoi ces terres sont là, pourquoi la lune et le soleil, pourquoi les animaux, pourquoi Duwa Yirridja, pourquoi nous les Aborigènes, les êtres humains sont arrivés. Les Blancs ne savent pas pourquoi, pourquoi les terres, pourquoi la Loi. Ils ne savent rien. Ils ne savent pas pourquoi ils sont nés, pourquoi ils sont là. S'ils viennent nous voir, on leur expliquera les histoires et une partie de la Loi. Comme avec François. Lui, il nous comprend. Il est comme nous. Il nous aide. Il fait ce qu'il dit, il ne raconte pas de buljit. On lui fait confiance. C'est pour ça qu'on lui a donné ces terres, pour qu'il fasse venir d'autres Blancs comme lui, qui nous comprennent. Voilà. Binij na. C'est tout ce que je voulais dire.

George me serra dans ses bras, et ma gorge se noua. Cette cérémonie d'inauguration aborigène-munanga prenait la tournure d'une déclaration, de lui à moi. Nul n'avait ressenti comme moi le poids de ses mots.

1. Kriol : de l'anglais *finished now*, « c'est fini maintenant », « c'est terminé ».

Puis chacun prit son tour de parole : Don, Billy, Jack, Jimmy et Djoly s'exprimèrent les uns après les autres, dans un anglais plus clair qui éveilla des réactions plus marquées de leur auditoire occidental. Je pouvais lire dans leurs postures et dans le son de leurs voix que c'était la première fois de leur vie qu'ils haranguaient ainsi, dans un contexte si officiel et solennel, un groupe de personnalités du monde blanc, qui les écoutaient sagement et attentivement, avides d'apprendre et de comprendre. L'histoire leur avait montré que les choses se déroulaient en principe en sens inverse. Don se rassit avec un rire content et comme surpris.

Lorsque chacun eut parlé, les chants et les danses reprirent. Après un moment, je chuchotai à George qu'il nous faudrait faire une pause pour déjeuner. Il était plus de deux heures. Il s'approcha de l'abri des étrangers et leur indiqua la source, les invitant à descendre déguster les mets du bush qu'hommes et femmes avaient chassés, cueillis et préparés pour eux. Le petit groupe s'achemina timidement vers les berges du ruisseau où les familles s'étaient assises en cercle chacune de leur côté et s'affairaient à partager les galettes de dampers. Chacun remonta avec un morceau de volatile, de poisson, un tronçon de queue de kangourou, qu'il dégusta avec circonspection d'abord, puis échangeant avec curiosité des morceaux de son mets avec ses voisins de table, dans un brouhaha de commentaires et d'exclamations.

Un peu avant 17 heures, les sons du molo et des clap-sticks résonnèrent de nouveau à la source. Les familles montèrent en procession vers le plateau, pour s'asseoir au sol, en arc de cercle, cette fois autour du panneau couvert du grand drap qui cachait la fresque de George. Les invités s'approchèrent et se disposèrent en demi-cercle eux aussi, debout derrière leurs hôtes. Lorsque tout le monde se tint immobile et silencieux, George respira profondément et d'une main tira le drap à terre. Il regarda à la ronde les Blancs d'abord, les Aborigènes ensuite.

– Cette peinture est très importante, commença-t-il. J'ai parlé à tous les anciens avant de la faire. Elle m'appartient, c'est la lignée des Balangs, à partir de Balang Balaingjarrgalaing, la Mimi. Il y a les quatre Mimis, les hommes à gauche, les femmes à droite, qui sont venus avant nous. Au milieu c'est un ngorrkon[1], et ils ont

1. Un *ngorrkon* est un réceptacle funéraire. Comme le molo, il est fabriqué à partir d'un tronc d'eucalyptus creusé par les termites. On n'y met pas la

leur molo, leurs clap-sticks, leur hache de pierre, leurs paniers de cérémonie, tout. Au milieu ce sont les os.

Soudain, au détour d'une phrase, George poursuivit ses explications en dalabon, baissant la tête pour parler aux plus petits assis aux premiers rangs. Fascinés, les invités n'en perdaient pas une miette, suivant du regard son doigt qui pointait un à un les éléments du tableau, pendus à ses lèvres qui nommaient, puis chantaient des paroles incompréhensibles. Finalement George se tut, se planta un instant face aux petits qui le fixaient, médusés, sans avoir vraiment saisi, puisque aucun enfant ne maîtrise le dalabon.

– Ma ! Binij na !

Hommes, femmes, garçons et filles se levèrent, se divisant une fois de plus en groupes sexués. La musique et les chants reprirent, les hommes dansant et les femmes aussi cette fois, en ligne, accompagnant la musique du balancement de leurs corps et de leurs bras. Le soleil déclinait pour se cacher derrière les arbres vers l'ouest derrière la source.

J'attrapai alors George par le bras pour lui dire que l'homme du gouvernement voulait parler lui aussi. Steve Hatton, ministre des Affaires aborigènes pour le Territoire du Nord, que j'avais connu autrefois à Darwin [1], prononça dans un anglais formel un discours structuré, mais pétri d'étonnement, d'où il ressortait surtout qu'il n'en croyait pas ses yeux. Jamais il n'avait assisté à l'investissement d'une communauté entière dans une « cérémonie » du monde blanc. En réalité, il ne connaissait aucun exemple d'une telle relation d'un Blanc avec une communauté aborigène de souche. Je le sentis sincèrement ébranlé par ce que George venait de lui montrer. Jean-Paul intervint alors pour dire à quel point il était lui aussi convaincu et que le projet avait acquis son soutien sans limites. Assis dans la poussière, tous écoutaient ces interventions, que je leur traduisais de mon mieux, en silence, conscients de l'importance de cette tentative d'introduire une réciprocité dans l'échange qui

dépouille entière mais seulement certains ossements, déterrés plusieurs mois après l'inhumation.

1. Avant de me lancer dans le tourisme, j'avais monté à Darwin plusieurs restaurants.

venait d'avoir lieu, et reconnaissants de la déférence marquée de ces réponses à leurs propres paroles.

Lorsque le soir, mon ami Denvers et Rémi proposèrent de ramener tout le monde vers le village avec les deux 4 × 4, des applaudissements éclatèrent, suivis par des poignées de mains, des accolades et des embrassades. Debout à l'entrée du camp, le groupe des visiteurs saluait le petit monde entassé dans les voitures, reprenant instinctivement le cri de « *Bobo* » pour « Au revoir ».

Vidé, étourdi par la journée, par cette aventure hors du commun, cette incursion inattendue d'un monde dans l'autre que George avait manigancée pour nous, je gravis dans la pénombre les quelques centaines de mètres de la petite colline qui domine l'arrière-camp, et m'assis sur les pierres. De là j'écoutai les éclats de voix se mêler aux murmures du bush et observai les ombres passer devant les feux allumés par Rémi. J'avais la gorge serrée et des larmes me montaient aux yeux : j'avais accompli la première partie de mon rêve.

15

Voitures et machines à laver

L'activité touristique de Bodeidei durant les trois années qui suivirent son ouverture se révéla très calme. Au cours de ces trois saisons de six mois chacune, Rémi et moi ne reçûmes pas plus d'une petite quinzaine de visiteurs, auxquels s'ajoutèrent quelques groupes d'agents de tourisme et de journalistes pour la promotion. Cela me laissait le temps pour de longues virées avec mes amis, et aussi pour peaufiner à l'infini les moindres recoins de mon nouveau chez moi.

Mes visiteurs quittaient la Terre d'Arnhem ébahis par une expérience qu'ils affirmaient inoubliable. Je constatais avec ravissement que le pont entre les mondes se révélait praticable. Comme pour la première rencontre, je laissais toujours faire les anciens : rien n'était programmé ou organisé. Chaque nouvelle visite se modelait à leur gré, et ils prenaient plaisir à entraîner mes « amis français » dans leurs aventures quotidiennes. Ils recherchaient même leur présence, observant minutieusement ces Blancs étranges qui s'intéressaient à leurs histoires, et aspiraient à une certaine camaraderie – qui s'installait souvent au cours des quelques jours passés ensemble. Si George pour sa part était souvent occupé par des cérémonies et ses responsabilités communautaires, Don, Jack et Billy ne manquaient pas une occasion d'accompagner nos ballades. Des jeunes nous suivaient aussi : Kenneth, James, le fils sourd et muet de Billy, et Bishop qui courait plus vite que le vent et sautait à l'occasion de la voiture en marche pour attraper un varan aperçu en un éclair sur le talus. Des gamins avaient aussi pris l'habitude de s'installer à l'arrière du 4 × 4 le matin, quand je passais prendre la troupe à Weemol. La journée dans le bush, avec ses trésors de baies à grignoter en chemin, de poissons ou de tortues à ramener le soir à la maison, présentait plus d'intérêt que les longs jeux de billes de ceux qui restaient au village. En somme, les excursions avec ces amis inopinés qui se déplaçaient depuis leurs contrées lointaines constituaient une attraction très appréciée, à ma grande joie.

Un jour, en septembre, à la fin de la première année d'ouverture, George débarqua au camp à l'improviste avec toute la bande, dans son vieux Toyota 4 × 4 éculé du début des années 1980. Ce genre de visite se révélait en général lié à un problème mécanique. L'état du véhicule était piteux. George le traînait sur les pistes les plus chaotiques depuis des années, sans jamais le faire contrôler. Les connaissances en mécanique des villageois de Weemol étaient superficielles et lacunaires : notre univers technique représentait une sphère nébuleuse, au sein de laquelle principes empiriques, magiques et rationnels s'appliquaient sans hiérarchie.

Ainsi, un autre soir, comme je garais mon Toyota sous les acacias de Weemol pour ma visite quasi quotidienne, j'avais aperçu Maggie affairée dans le bloc sanitaire attenant à sa maison – un auvent de tôle qui recouvrait un petit espace ouvert avec un évier en inox et deux cabines, pour les toilettes et la douche. De loin je pouvais voir sa nièce et elle se débattre avec un énorme carton. Posée à même le sol boueux entre la maison et l'évier, une pile de linge dont la crasse rendait la nature indiscernable. Maggie revenait de la shop avec sa première machine à laver. Assis en tailleur sur la terrasse, indifférent au vacarme du fardeau cognant contre les portes et les cloisons à quelques mètres de lui, George peignait imperturbablement ses molos, dont la vente, avec celle de divers objets d'artisanat, était destinée à arrondir les fins de quinzaine.

Certes, la somme non négligeable – le revenu minimum s'ajoutant aux allocations familiales – que chaque adulte touchait toutes les deux semaines du gouvernement, à laquelle s'ajoutaient les royalties correspondant aux diverses activités commerciales entreprises sur leurs terres et redistribuées périodiquement aux propriétaires traditionnels par le Land Council, aurait pu suffire à ces familles aux besoins très simples, dont les services sociaux prenaient en outre en charge à cent pour cent les dépenses de logement, de santé, d'éducation. Mais c'était compter sans une indifférence profonde face aux valeurs associées à l'acquisition, à l'accumulation, à la possession. Dans le bush, les objets de confort ou de bien-être, bien que limités, se ramassaient, se jetaient et se refabriquaient. Ils ne coûtaient que le temps de la production – lui-même dénué de toute dimension comptable. Le monde des Blancs s'organisait bien autrement. Les denrées nécessaires s'entassaient à profusion sur les rayons de la shop, et les objets utiles ou plaisants se multipliaient selon des possibilités inimaginables, et pourtant l'accès à ces biens restait rationné par des règles sans fondement apparent pour les Aborigènes. Dans nos supermarchés les chasseurs-cueilleurs papillonnaient comme des enfants devant les vitrines d'une confiserie, noyés dans la variété, les couleurs des emballages. L'organisation de cet éventail de choix déconcertant en pyramide de priorités aurait requis des siècles de pratique. Les maisons et les cours de Weemol s'encombraient donc de carcasses d'électroménager, de modules de hi-fi démantibulés, de dizaines de gadgets bas de gamme achetés sans l'ombre d'un projet d'usage, mais tout simplement parce qu'on le leur avait proposé et qu'à ce moment-là ils en avaient naturellement eu envie.

Conscient de l'insondable déficit net de son foyer, George travaillait avec ardeur à ses productions artisanales pour accroître ses revenus, mais sans jamais contrôler la colonne des dépenses.

– Hi Balang. Ça va ?

– Mmh-mmh, ça va, répondit mollement George sans lever les yeux du bout effilé de son papyrus[1] qui courait sur l'écorce, détachant un beau trait rouge impeccablement net et droit.

Près de lui, les quatre pigmentations naturelles qu'il avait frottées par terre et mouillées pour produire sa peinture coloraient le sol de ciment crasseux de flaques ocre, blanche, noir et rouge[2]. Contre le

1. Le pinceau traditionnel est fabriqué grâce à une tige de papyrus que l'on effile en pointe.

2. Ce sont les quatre couleurs traditionnelles utilisées par les hommes, obtenues grâce à quatre minéraux : limonite (jaune), argile blanche, hématite (rouge), manganèse (noir – qui peut aussi être obtenu avec du charbon).

mur s'alignait une rangée de molos terminés. Derrière George, quelques autres attendaient leur dernière touche de rouge. Il procédait méthodiquement, appliquant chaque couleur sur la série des instruments avant d'utiliser la pigmentation suivante.

– Ils sont bien...

– Évidemment, ils sont bien ! Ils sont toujours bien les molos que je fais. Personne ne sait les faire comme ça. Les jeunes, ils changent les techniques, ils ont oublié, ils n'ont pas la patience. Trop de télé, trop de vidéo, trop de « rak'en'ral ». Trop de nouvelles idées, les idées des Blancs. Trop de tout...

Depuis quelques mois la shop proposait non plus seulement des radio-cassettes, mais aussi des téléviseurs et des magnétoscopes, avec un rayon de vidéos d'occasion. Mais celui-ci se renouvelait très peu et les enfants passaient des nuits entières à regarder en boucle le même mauvais film. Le soir, les clignotements cathodiques avaient remplacé les flambées, et le rock, ou plutôt toutes sortes de musiques commerciales que George désignait sous cet unique label, « râlait » effectivement jusque très tard depuis des postes bon marché et nasillards.

– Je me fais du souci, Balang. Avec les anciens, on va faire un meeting. On va remettre les jeunes dans la tradition. On va arrêter ces télés, ce rak'en'ral. Il faut refaire la musique comme avant, seulement le molo et les clap-sticks. Et la voix. Pas comme ces Blekbalas [1] de Gove, ces Yothu-Yindi [2], qui ne connaissent pas la culture et qui n'écoutent pas les anciens. Les jeunes ne comprennent plus, ils ne savent rien, najing.

Il leva son menton très haut vers l'est, pointant sa moue favorite en direction de Gove.

– Et puis le *grog* [3], on va l'arrêter aussi. Binij. On va revenir à la façon traditionnelle.

George replongea le nez vers son pinceau, qui achevait une grille

1. Kriol : de l'anglais *black fellow*, « individu noir » ; l'expression est surtout utilisée par les Aborigènes pour se désigner entre eux.

2. Yothu-Yindi est un groupe de musique pop-rock, composé de jeunes gens aborigènes originaires de Gove. Ils sont très populaires en Australie, mais George tend à considérer qu'ils exploitent l'image de la culture aborigène sans pour autant lui être fidèles.

3. Kriol : de l'anglais *grog*, « alcool » en kriol.

de losanges lumineuse si serrée que l'hématite clignotait sur son fond d'ocre. La porte s'ouvrit à grand bruit, et une Maggie furieuse déboucha sur la terrasse.

– Balang, cette machine pour le linge, tu connais ?

– Quoi, qu'est-ce qui se passe ?

George ricana, le nez sur son molo.

– Elle a acheté une machine, et elle ne sait pas du tout comment elle marche. Déjà, pour la sortir du carton, elle n'y arrive pas.

Secoué par le rire, il s'était arrêté de peindre, et son hilarité me gagna. Sur le visage de Maggie, l'étonnement succéda à une colère vite remplacée par un sourire, et elle éclata de rire elle aussi. Écarquillant les yeux, elle s'expliqua.

– Avec Brenda, on a réussi à défaire le carton. On a posé la machine près de l'évier, on a mis de l'eau avec le seau. On a branché, et on a tourné le bouton, ça a fait du bruit, on a mis plein de linge. Ça sentait le brûlé, j'ai pensé que c'était l'eau qui chauffait. Mais après la lumière s'est complètement éteinte, partout. Il faut que je lave ce linge pour George. Tu peux venir voir, Balang ?

Laissant George qui se tenait les côtes, je suivis Maggie. Agglutinés autour de l'évier, une flopée de gamins se bousculaient pour mieux suivre la scène. Je débranchai l'appareil. C'était une machine à laver « du bush », sorte de lessiveuse améliorée au fonctionnement simpliste : un bac pour le lavage, un pour le rinçage et l'essorage, deux moteurs et une pompe, pas de résistance. Dans une flaque d'eau traînait le mode d'emploi, qu'aucun d'entre eux ne savait lire. Un simple coup d'œil à travers la grille de ventilation me livra la clef de l'énigme. Faute d'avoir été retirées, les planchettes de bois qui bloquaient le moteur pour le transport l'avaient fait griller. Je me contentai d'une explication sommaire. Quelques expériences malheureuses m'avaient appris que mes connaissances techniques s'avéraient plutôt une source d'ennuis. Non seulement on me sommait de passer des heures à réparer les mécaniques les plus délabrées, mais en outre on me tenait ensuite pour responsable de la totalité des dysfonctionnements futurs de l'appareil, quelles que soient leurs causes. J'observais, hébété, l'eau trouble qui débordait de la machine, et l'amas de linge crasseux qui obstruait complètement le tambour.

– Maggie... pour laver il te faut aussi du savon, tu sais, en poudre.

– Oui, je sais, du *rinsol*[1], mais à la shop ils n'en avaient plus. J'ai pensé que sans savon ça peut laver quand même... Mais de toute façon, ça ne doit pas être ça qui l'a cassée.

Des enfants avaient dégoté un pieu, et entrepris de faire tourner le tambour de la machine en agissant directement sur le socle à pâles au fond du bac qui imprimait à l'eau son mouvement. La nièce de Maggie reprit le bâton. Après cinq minutes, elle égoutta un linge à peine moins noir qu'au départ et vida à l'aide du seau une eau opaque de crasse.

– Voilà, ça lave quand même. La prochaine fois avec le savon ça sera bien, conclut Maggie.

Cette machine fut la première d'une longue série. Maggie les déposait régulièrement à la décharge et remplissait la caisse de la shop avec de nouveaux achats, qui rendaient le linge un peu moins sale pendant quelque temps. Mais elle rachetait aussi des vêtements et couvertures neufs, ce qui était en définitive plus efficace.

Avec les voitures, les choses étaient encore plus compliquées. Les familles ne pouvaient en racheter une tous les six mois, même d'occasion – seulement tous les deux ans. Entre-temps, il fallait se débrouiller pour faire rouler la chose tant bien que mal. George constituait une exception : je l'ai toujours vu garder ses voitures plus de cinq ans. Il ne ménageait pas ses efforts pour maintenir un semblant de fiabilité – mais sans réel succès. Inquiétudes majeures, les ennuis mécaniques occupaient toujours une place centrale dans ses conversations. Un jour qu'il se plaignait avec régularité d'une déficience de son démarreur, je lui suggérai de profiter d'un voyage à Katherine à l'occasion d'une visite médicale pour se payer une réparation qui en valait la peine. La dépense serait d'autant plus utile que le véhicule, incapable de démarrer de lui-même, écopait de sérieux gnons lorsqu'on l'aidait à grands coups de tracteur[2] dans les pare-chocs. George affirmait l'intention de suivre mon conseil.

1. Kriol : de l'anglais *rinsol*, une marque de lessive, aujourd'hui utilisé pour « poudre à laver » en kriol.

2. Des tracteurs sont régulièrement fournis à certaines familles dans les communautés grâce aux budgets débloqués par l'ATSIC (Aboriginal and Torres Straight Islanders Commission) ou par d'autres instances locales. Sans

Le lendemain de son retour de la ville, il débarqua à Bodeidei avec Don à une heure plutôt matinale. Ils me saluèrent joyeusement, et contournèrent la voiture sans rien dire pour ouvrir la porte arrière, avec grande difficulté. À l'intérieur, un long carton bloquait la portière. George le déposa fièrement sur le capot, et les deux compères attendirent, un sourire aux lèvres, que je découvre leur nouvelle acquisition. Sur le carton, je déchiffrai avec stupeur un schéma inextricable, et un prix exorbitant. Je regardai George, perplexe.

– Tu as fait réviser ton démarreur ?

– Ah non, non, pas le démarreur. Mais il marche mieux, j'ai remarqué. C'est bientôt la saison des pluies... J'ai besoin de voir à travers le pare-brise, sinon je ne peux pas conduire, alors j'ai acheté ces bâtons. Des essuie-glaces.

– Mais... Et le démarreur ?

– Plus d'argent, Balang ! Trop chers, ces essuie-glaces, mille dollars, un peu plus !

Il s'agissait d'un système d'essuie-glaces complet, moteur inclus.

– Mmm, compliqué, vraiment compliqué, je ne sais pas faire ça, Balang, désolé..., lui répondis-je.

Il replaça la chose dans le coffre, se mit au volant, et Don et moi poussâmes la voiture pour la faire démarrer. Le surlendemain, je trouvai Maggie furieuse, tressant ses paniers avec obstination sous les bambous. Comme George, elle occupait ses heures creuses à des productions artisanales dont elle tirait un peu d'argent. Ce jour-là, comme ils voulaient se rendre à leur out-station de Moban, la voiture s'était rebiffée sous les à-coups du tracteur et avait refusé de démarrer, définitivement semblait-il. Pendant plusieurs semaines, coincée à Weemol avec ses paniers, Maggie pesta contre le défaut de démarreur et contre la légèreté de George, qui faisait alors mine de s'absorber profondément dans sa peinture, ou feignait une distraction confinant à la surdité.

Mais ce jour de septembre, la visite de George à Bodeidei se révéla une visite de palabre. Rémi apporta du thé et chacun s'installa autour du feu.

---

doute initialement destinés à l'entretien des villages et de leurs abords, ils sont surtout utilisés pour le transport d'un grand nombre de personnes sur des terrains difficiles.

– Balang, j'ai repensé à cette cérémonie, pour l'ouverture d'ici. C'était bien, les danses, tes invités ont vraiment pu voir la culture, ils ont compris. J'ai réfléchi. Je pense qu'il faudrait faire danser les jeunes ici, pour tes gens. D'abord il faudra apprendre aux jeunes, et ensuite ils pourront danser pour les invités. Et comme ça ils apprendront à vraiment danser. Qu'est-ce que tu en penses ?

Évidemment, l'idée me parut excellente. J'étais ravi que George envisage un moyen d'exploiter la présence d'étrangers pour perpétuer des pratiques traditionnelles.

– Ça ne pourra pas commencer tout de suite. Il faudra d'abord montrer aux jeunes, on commencera à Weemol. Je chanterai avec les clap-sticks, Jack jouera du molo, Don et Billy danseront. Et il faudra faire revenir Philip. Il est resté à Beswick pour la saison des pluies, il faut qu'il revienne à Weemol. Il danse très bien, et il est jeune, plus jeune que nous.

J'avais rencontré Philip une seule fois, au mois d'octobre précédent. Une trentaine bien sonnée, petit, mais musclé et bien bâti, il s'était arrêté au camp avec Jack en rentrant de son out-station qu'il était en train de construire à Dalangarr, grâce aux fonds que lui et sa famille avaient réussi à obtenir de la part de la Commission des Aborigènes et Torres Strait Islanders, l'ATSIC. Il était accompagné de son fils aîné, Adrian, un petit garçon d'une douzaine d'années qui était resté blotti à l'arrière du pick-up.

– Bonjour Balang ! Je suis Philip, Balang. Tu es Balang comme moi, nous sommes frères, s'était-il présenté avant de m'inviter à venir lui rendre visite.

Ces fraternités inopinées me déconcertaient toujours, mais lorsque Philip m'avait serré dans ses bras, j'avais senti qu'autre chose que mon récent baptême allait nous rapprocher.

Terminant son thé, George clôtura la discussion en décidant qu'il commencerait dès le lendemain à entraîner des jeunes à la danse, et qu'il me préviendrait dès qu'ils seraient prêts à se produire pour que j'organise les séances avec mes visiteurs. Pendant plusieurs semaines, chaque fin d'après-midi, les Anciens réunirent les enfants et les jeunes sur la place à Weemol, pour une session de musique et de danses qui s'achevait parfois tard dans la soirée, autour d'un feu. Après quelque temps George décida que la troupe était prête. Malheureusement, nous dûmes renoncer assez vite à proposer des démonstrations aux touristes. Malgré tout l'enthousiasme de George, les jeunes n'étaient guère enclins à prouver leurs talents aux étrangers : aux jours dits ils vaquaient immanquablement à des occupations diverses, ou trouvaient mille prétextes pour se dérober.

16
Les Mimis

Cependant, George tenait à trouver le moyen de communiquer aux touristes l'esprit de sa culture. Il proposa de rendre visite à mes clients à Bodeidei, lorsque son emploi du temps le lui permettrait, pour s'adresser à eux directement. Il aimait parler aux visiteurs. Il aimait être écouté. Face à eux, il était enfin le sage qu'il serait devenu, suivant avec persévérance initiation après initiation, sans l'irruption d'un système de valeurs et de technologies nouvelles qui avait brusquement annulé son destin. Lui qui maîtrisait chaque détail de son univers naturel et conceptuel s'était soudain trouvé confronté à des objets mystérieux, à l'efficacité implacable. Les fusils étaient apparus les premiers, suivis de près par la farine, le sucre et les briquets, puis les voitures et les avions, annulant des millénaires de savoir et d'histoires cumulées. Pragmatiques, les jeunes se désintéressaient de ce qui n'améliorait pas leur survie ou leur confort, préférant naturellement l'automobile à la marche à pied, l'allumette aux bâtons à feu[1], le thé sucré de la shop aux baies patiemment amassées dans le bush. Bien qu'investi d'une autorité liée à sa connaissance des terres et des règles de propriété traditionnelle toujours en vigueur, George ne trouvait guère chez les jeunes de Weemol l'écoute qu'il aurait escomptée. Lors de ses harangues,

1. Traditionnellement, on allumait le feu à l'aide du *lat* (terme dalabon), c'est-à-dire en tournant très vite l'extrémité d'une baguette dans le creux d'une encoche taillée dans une seconde baguette. Le procédé demande adresse et pratique.

les enfants et les plus grands se taisaient sagement, mais je surprenais souvent des regards voguer loin des paroles du vieil homme et de son kriol incompréhensible [1]. George répétait inlassablement son indignation contre les alcooliques, contre ceux qui, partis en ville, délaissaient leurs terres et oubliaient leur culture, contre ceux qui divulguaient les secrets, contre les ignorants qui prétendaient savoir, contre ceux qui n'apprenaient plus les histoires, et n'écoutaient plus les Anciens : « Parce que moi, je sais, répétait-il, mais personne n'écoute, personne ne comprend. » D'année en année, son énergie des premiers jours se muait en colère triste et rentrée, sa volonté d'agir en besoin de dénoncer. Seuls les visiteurs de Bodeidei, subjugués par son savoir traditionnel et son charisme, lui prêtaient avec plaisir leurs oreilles attentives et amies, mais tout à fait impuissantes.

En prosélyte confiant, George aurait souhaité voir repartir ses invités précisément informés sur les terres, leurs histoires et leur Loi. Avec Don et les autres, il me conduisait méthodiquement sur chaque site d'importance pour m'enseigner les règles et les caractéristiques de l'endroit. Idéalement il aurait souhaité que j'emmène mes clients sur chacun de ces lieux et leur communique toutes ces données que j'étais moi-même supposé assimiler intégralement. Ainsi les touristes auraient quitté les terres dalabons instruits et pour ainsi dire convertis à la connaissance traditionnelle. George suggérait même parfois que les enfants pourraient suivre les excursions des touristes, de manière à acquérir la connaissance traditionnelle.

Dans ces perspectives, les quatre compères me traînèrent un jour jusqu'à la gorge de Borromula, qu'il fallut atteindre en crapahutant tant bien que mal sur une vieille piste empruntée de loin en loin par les camions des chasseurs de buffles qui embarquaient sur leurs semi-remorques les animaux vivants pour les revendre, reversant des royalties à la communauté [2]. Les plages sablonneuses des berges

1. La prononciation du kriol peut varier selon le locuteur, et George parle un kriol aux sonorités plus proches de celles des dialectes.
2. La Gulin-Gulin Buffalo Company appartient à la communauté de Bulman (ou Gulin-Gulin), mais elle est gérée par un directeur blanc.

de la rivière de Borromula étaient charmantes, et j'étais ravi de ces pérégrinations toujours ponctuées d'anecdotes savoureuses pour les futures soirées autour du feu. Mais le petit trou d'eau ne valait pas les somptueuses falaises de Kliklimarra et la piste d'accès était bien trop longue et rocailleuse. Je déployai toute ma diplomatie pour expliquer à George qu'il me serait impossible d'y emmener mes visiteurs, malgré la valeur traditionnelle de ces terres, propriété du clan du vieux Djoly.

Cependant ce jour-là, nous continuâmes plus loin encore sur un autre semblant de piste. Le 4 × 4 glissa le long d'une petite pente où un vague tracé de buffle frayait un chemin ardu au cœur d'une végétation touffue. Au pied d'un escarpement infranchissable de plusieurs dizaines de mètres de haut, je coupai le moteur. Sans rien dire, mes compagnons abandonnèrent le véhicule et poursuivirent à pied. Nous avançâmes lentement à travers les taillis, suivant au plus près possible le pied de la falaise. Une bonne demi-heure plus tard, le taillis s'ouvrit soudain sur une large bande de terre sableuse au pied des roches. Un grand cirque naturel nous barrait la route en nous offrant une vue somptueuse sur les coulures de pluies en gamme de rouille, de beige et de gris qui striaient ses flancs de grès creusés par l'érosion. Les blocs de pierre retenus par une main magique à mi-chemin des pentes où s'entassaient boulets et galets de toutes tailles rappelaient les temps engloutis où ce décor avait été posé. Mes amis s'étaient arrêtés, épiant mon visage levé vers le faîte de l'escarpement qui détachait les couleurs de sa roche dentelée et le vert de ses buissons sur un ciel complètement bleu.

– Tu aimes ? hasarda George.

Je hochai la tête avec vigueur sans trouver de mots.

– Mais là, par contre, c'est pas possible de faire venir tes gens pour l'instant. Pas encore. Plus tard peut-être.

Derrière nous, un ruisseau faufilait une mince rigole entre des boules de spinifex[1]. Mes compagnons s'accroupirent pour boire de leurs paumes une belle eau claire. Soudain George bondit sur place

1. Le spinifex est une herbe australienne typique, qui pousse sur sol sableux. Elle se présente comme une grosse boule d'herbe très drue, piquante et de contact fort désagréable.

en relevant très haut ses genoux, un doigt tendu vers le sol entre les boules d'herbe, et poussa un cri rauque :

– *Wurr'gurr'k*[1] ! Là !

Au même instant, les trois autres avaient sauté à l'opposé en hurlant eux aussi. C'était, m'expliquèrent-ils, pour effrayer le serpent – l'animal étant sourd, je supputai qu'il s'agissait aussi de se donner du courage. Leurs sauts laissèrent au moins au whip-snake, une espèce très rapide, le temps de déguerpir. J'observai l'éclair noir disparaître entre les touffes d'herbes.

Nous nous dirigeâmes vers le pied de l'escarpement, et entreprîmes son escalade sur le flanc où les éboulements rendaient la pente abordable. George était parti en tête et je le talonnais. Don suivait juste derrière, mais Jack et Billy, essoufflés, peinaient un peu. À mi-chemin, George se retourna.

– Vous voyez, c'est ce que je vous dis. Vous fumez trop ! Et je crois aussi qu'il y en a qui boivent trop de bière...

Je m'arrêtai un instant pour l'observer, déconcerté par son sérieux. Il hocha la tête, puis pointa le menton et la lèvre inférieure vers les trois autres, les sourcils sévères. L'alcool semblait concerner uniquement les jeunes et je n'avais pas soupçonné que nos trois acolytes puissent s'adonner à la boisson. Jack et Billy montaient pas à pas, en regardant les pierres sans rien dire. Don leva la tête et rit en me regardant.

Arrivé en haut, je m'installai au côté de George sur la grande roche plate au-dessus du vide. Je bus une longue rasade, puis relevai la tête : nous surplombions non seulement la petite vallée d'où nous venions, mais aussi un plateau immense, qui étendait à perte de vue le vert profond de ses eucalyptus. George tendit le bras, et m'indiqua en la suivant de son doigt une zone de végétation d'un vert imperceptiblement plus sombre, qui courait en demi-cercle à quelques kilomètres de notre observatoire. Dans mes jumelles, je reconnus des figuiers géants qui poussent en bordure de rivière, identiques à ceux dont j'avais remarqué la majesté le matin.

– Borromula, où on était ce matin, annonça George lorsque son doigt atteignit l'extrémité gauche de la bande sombre.

1. Dalabon : *whip snake* ou « serpent fouet ».

Puis il pointa vers la droite, un peu en arrière de la ligne de l'escarpement.

– Bodeidei. Et il y a une out-station, juste derrière, mais pour l'instant on ne peut pas t'emmener. Tu ne dois jamais aller derrière ses roches vers le sud, continua-t-il en indiquant une zone boisée en retrait, au sommet de l'escarpement. C'est un lieu très important, un endroit du Nayuhyungi, il ne faut pas y aller, ça peut faire des gros problèmes. Si tu viens avec tes gens, il faudra bien leur expliquer de ne pas y aller, de ne pas regarder, et les surveiller.

– J'ai compris, soufflai-je, en acquiesçant d'un hochement de tête.

– Bon. Maintenant, reste assis ici, ne bouge pas. On t'appellera.

Il se leva et disparut avec les autres derrière les blocs de pierre. Sans les voir, j'entendais des éboulements des cailloux sous leurs pas et distinguais les échos de leurs voix renvoyés par le cirque. Ils descendaient par une autre voie. Soudain, émergeant derrière un gros rocher, une trentaine de mètres plus bas, la tête de Jack apparut, suivie des trois autres. Ils s'assirent en tailleur dans un renfoncement de la roche, et me firent des grands signes. Puis George se mit à chanter. Sa voix forte portait et résonnait dans tout le cirque, accompagnée par les claquements des bouts de bois que Don et Billy avaient ramassés. Jack frappait ses cuisses au rythme de la litanie de George, que les milans et les perruches multicolores semblaient recueillir pour l'emporter plus loin, au-delà de la rivière et de ses grands arbres feuillus. George racontait pour sûr l'histoire d'ancêtres animaux, qui avaient un jour créé pour l'habiter ce nid de pierre aux accents préhistoriques. L'histoire semblait longue, et George chanta très longtemps, secondé par la cadence des trois autres qui reprenaient les couplets en fredonnant. J'aurais pu croire qu'ils m'avaient bel et bien oublié si leurs regards, de temps à autre, n'avaient risqué un clin d'œil pour attraper le mien, vérifiant que leur unique spectateur suivait toujours. Le soleil déclinait quand la voix de George laissa place au silence. Pendant plusieurs minutes il contempla la vallée avec un sourire serein et satisfait. Puis il leva la tête.

– Balang. Viens ici !

Je descendis dans la direction qu'ils avaient empruntée pour les rejoindre sur une petite plate-forme rocheuse, sous une excavation qui ménageait une petite grotte, comme un abri où deux ou trois personnes auraient pu se tenir assises ou allongées. George pointa fièrement la voûte. Sur la roche couleur rouille, mes yeux distinguèrent un à un, en rouge hématite, des pochoirs de mains de toutes tailles, soufflés à la bouche. Je savais pour l'avoir lu que ce type d'inscriptions rupestres remonte à plusieurs dizaines de milliers d'années. À certaines mains il manquait un pouce ; des mains de Mimis, à quatre doigts, m'expliquèrent-ils. D'autres, minuscules, devaient avoir appartenu à des enfants tout petits qu'on avait, des millénaires en arrière, hissés jusque-là et aidés à maintenir leurs doigts posés ouverts contre le plafond de l'abri où l'on pouvait dormir ou s'abriter par temps de pluie. À côté des mains, George me pointa un pigeon, un varan, un oiseau de savane, des silhouettes de Mimis, qui dataient en principe d'une époque un peu moins ancienne. La paroi exhibait la mémoire des longs millénaires d'usage de ce refuge.

– Il y a très longtemps, des Mimis vivaient ici, commença George. Avec les gens du Nayuhyungi. Ce sont elles qui ont fait ces peintures[1]. Aujourd'hui, leurs dessins sont toujours là, ils n'ont pas bougé. Sur les rochers dans la plaine, il y a des Mimis derrière les pierres, nous on sait où elles sont, on n'a pas oublié. Il ne faut pas les toucher ou les déranger. Sinon, ça peut créer de gros problèmes. Des choses très importantes.

Au sol, Billy et Don avaient disposé des pointes de flèches et un beau couteau en silex oubliés dans les failles de la roche par des Ancêtres des millénaires précédents.

George jeta un œil vers le soleil.

– Il n'est pas très tard. On rentre à Weemol ce soir.

Dans le noir, les interminables pistes chaotiques me parurent bien plus longues qu'à l'aller, mais je conduisis sans me presser le 4 × 4 au toit de toile, savourant les chants et les palabres de mes amis et du vent sous les étoiles.

---

1. D'une manière générale, ce qui dépasse la mémoire orale est considéré comme le fait des Mimis, de même que les menus phénomènes quotidiens inexpliqués (disparitions d'objets...).

17

Philip et June

Vers le début de l'année suivante, George m'annonça que Djoly avait fait le nécessaire et que je pouvais désormais emmener les touristes à l'escarpement de Kotpela. Le cirque et les peintures valaient la peine d'un long trajet par Borromula. Je filais donc, très tôt le matin, vers l'ouest à partir de Bodeidei, dépassais la bifurcation vers Kliklimarra. Nous pique-niquions au bord du grand billabong de Gopuliu, une étendue d'eau immense et immobile, peuplée d'oiseaux et d'innombrables arbres morts aux silhouettes squelettiques.

Sans le savoir, je dépassais sur mon trajet l'out-station de Philip. Un matin, accompagné de Don et de deux clients, je distinguai deux silhouettes sombres qui marchaient dans le bush en bordure de piste, sur la grande plaine aux termitières après le passage de la rivière de Galparran. Comme nous approchions, je vis que l'une d'elles était celle d'un enfant. Les deux ombres avançaient, torse nu, sous le soleil déjà chaud, d'une démarche souple et allongée qui leur donnait des airs d'échassiers. Lorsque je ralentis, deux grands sourires se tournèrent vers la voiture, et je reconnus Philip, portant en bandoulière un antique fusil 308 de l'armée britannique, et son fils Adrian.

– Hi Balang ! Hi Wamut !

– Vous allez où ? Vous voulez qu'on vous dépose quelque part ?

– Non, non, on se balade. Je lui apprends à chasser, à suivre des traces. Il apprend les histoires des terres des autres clans dalabons. Lui, les terres de sa mère sont vers Kotpela, les terres des Blaldja, comme son grand-père Djoly, mon rembara. Et toi, Balang, où tu vas ?

– À Kotpela ! On rentre ce soir ! intervint Don.

– Mmmm... OK, je vous attendrai à la rivière Galparran. Je rentrerai à Weemol, il faut que je parle avec Dudley. Mais ma femme June et mes filles sont à l'out-station, à Dalangarr. Est-ce que tu pourras me ramener là-bas demain, Balang ?

– Demain c'est pas possible, on va à Kliklimarra avec mes deux invités, dis-je en pointant le couple de visiteurs. Mais après-demain, c'est OK.

– OK ! À ce soir !

Au retour nous trouvâmes comme prévu Philip et le petit Adrian assis au bord de la rivière, une rangée de poissons pendus sur une branche de bois dont ils tenaient chacun un bout. Je déposai tout ce petit monde à Weemol.

– À demain, Balang ! me lança Philip. Prends ton fusil, on chassera un petit buffle ou une vache sauvage !

– OK, Balang, pas de problème ! Après-demain ! Je reviens après-demain !

Le surlendemain, Rémi s'était chargé de rembarquer les clients. Je n'avais pas de visiteurs prévus pour les semaines suivantes, j'étais libre comme l'air. En fin de matinée, je me rendis donc comme prévu à Weemol et trouvai le village déserté pour la virée quotidienne à la shop. Je décidai d'attendre et m'installai sur le bord de la terrasse devant la maison de George, regardant les gamins qui avaient grimpé à l'arrière de la voiture et jouaient à la balançoire pendus aux tubes métalliques qui soutenaient le toit de toile.

Un homme surgit silencieusement de derrière la maison. Lorsqu'il s'assit à mes côtés je reconnus le vieux Jimmy. Il me sourit, sortit nonchalamment de sa poche sa boîte de Log Cabin[1], et roula une cigarette.

– Bonjour, Balang. Je suis Narridj. Balang Left-Hand, et Gala, et

1. Marque répandue de tabac très épais, vendu dans des boîtes en métal rondes, comme les boîtes de cirage.

mon frère Narridj et Burlain[1] nous ont beaucoup parlé de toi, à moi et à Djoly. Tu sais, avec Djoly, on est content que tu sois là, de ce que tu fais. Ton camp est bien. Djoly est un homme très important, dans la région, parce que ses terres sont ici, il est dalabon. Mais même ailleurs, partout, il est très important. Et il y a aussi son frère, Bengadi, David, le joueur de molo. Il accompagne ton frère George lorsqu'il chante.

J'allais apprendre un peu plus tard que David Blanasi était célèbre auprès des connaisseurs de musique aborigène en Australie et même dans le monde entier. Tous les ans, il remportait le premier prix pour son jeu de molo au festival annuel de Barunga[2], qui rassemblait des hommes de tout le territoire d'Arnhem. Les années passant, on l'avait tout simplement tacitement consacré « meilleur joueur de didjeeridoo ».

– Il faut que tu saches aussi que June, la femme de Philip, Narridjane, est la fille de Djoly.

Les précisions de Jimmy éclairaient pour moi les pièces éparpillées d'un grand puzzle que j'amassais depuis presque cinq ans, et qui s'articulaient soudain comme par magie. Le vieil homme abandonna un instant sa cigarette pour me regarder bien en face.

– Avec Djoly et David, on viendra te voir. On doit être à toutes ces cérémonies qu'il y a en ce moment. Des trucs très importants.

J'acquiesçai de la tête.

Le ronron sourd du moteur du tracteur se fit entendre, et l'engin rouge apparut au loin sur la piste conduisant à Bulman. Il vint près de moi se débarrasser de son chargement : une trentaine de personnes entassées dans la remorque, chargées des éternels sacs plastiques blancs débordant de paquets de pain, de thé, de boîtes de corned-beef et de bonbons pour les enfants. Ceux-ci dévalaient de la benne en laissant tomber sur le terre-plein boueux jouxtant la maison les emballages des eskimos dont ils se barbouillaient les joues. Jimmy avait disparu aussi discrètement qu'il était apparu, avec sa part d'information sans doute demandée par Djoly. Ils obéissaient à des

1. Don, Billy et Jack.
2. Barunga est une communauté de la même taille que Beswick à peu près, et située à quelques dizaines de kilomètres de Beswick en direction de Katherine sur la highway.

règles d'approche très codifiées, utilisant intermédiaires et messagers, avant le contact direct. Je trépignai de rencontrer Djoly dont on me parlait tant, mais il me fallait attendre qu'il vienne à moi.

Philip agita les bras dans ma direction avec un grand sourire et s'approcha.

– Bonjour, Balang ! On va à Dalangarr alors ? Tu prends ton fusil et on se fait un buffle ? J'ai toutes les provisions pour ma famille, mais pas de viande.

Il pointait au sol une pyramide de bidons métalliques : farine, sucre, lait, thé, tabac. Une lampe torche surplombait l'édifice. Nous chargeâmes le tout dans la voiture. Billy et Jack s'installèrent avec Philip. Don devait retourner à Bulman et George avait un business à finir avec Jimmy.

Nous fîmes halte au camp, où je chargeai mon pique-nique, mes couteaux à dépecer et ma carabine 300 Magnum. Philip parcourut le camp, qu'il n'avait jamais visité, impressionné par les peintures de George, de Neal Manyita et de Billy de Maningrida. Puis nous filâmes comme d'habitude sur la trentaine de kilomètres de pistes qui séparait Bodeidei du billabong de Gopuliu. De là, Philip m'indiqua une trace de piste sur le terrain sableux. Un quart d'heure plus tard, après avoir traversé une large zone plate déboisée, dont Philip m'expliqua qu'elle était la piste d'atterrissage de l'out-station, nous débouchâmes sur Dalangarr. L'out-station se composait alors de deux maisons de pierre surplombées par un gros réservoir d'eau perché sur une plate-forme. Une pompe servait à tirer l'eau d'un puits récemment creusé, et un générateur fournissait l'électricité qui alimentait l'éclairage, mais aussi une immense chambre froide de vingt mètres carrés, complètement disproportionnée pour la dizaine d'habitants de la station[1]. Le seul point de liaison avec le reste du monde était une radio comme la mienne, branchée sur une batterie et reliée au standard de VGY.

Sous l'auvent d'une des maisons, deux vieilles femmes se tenaient

1. Les choix d'ATSIC en matière d'équipement des out-stations sont souvent mal orientés, la Commission ignorant dans l'ensemble les conditions réelles sur place. D'autre part les budgets alloués ensuite chaque année par l'ATSIC pour l'entretien et le développement des out-stations sont livrés aux décisions d'un gérant blanc, sans contrôle en amont. Les choix sont souvent malheureux, d'autant que la corruption est courante.

assises au milieu des bidons de farine et des pots de thé vides. L'une d'elles gardait sur ses genoux un bambin d'à peine un an. Des enfants jouaient en contrebas, et je reconnus Adrian, qui me fit signe. Il était rentré la veille, profitant de la voiture de Bryan Manyita, qui se rendait à Momop. Comme mes trois compagnons m'invitaient à descendre de la voiture pour être présenté aux deux vieilles dames sur la terrasse, j'aperçus une longue et fine silhouette féminine qui semblait émerger de nulle part, et qui approchait des maisons. La jeune femme marchait la tête très haute et le dos très droit, posant lestement ses pieds sur une ligne qu'on aurait dite tracée devant elle et balançant ses bras en un rythme ample et régulier. Sa robe rouge à fleurs jaunes qui claquait au vent laissait voir des mollets pas plus épais que mes poignets. Son regard croisa le mien, et en un éclair cette princesse du bush disparut derrière la maison dans un claquement de porte. Philip rit en haussant les épaules.

– Narridjane, June, ma femme.

Des années plus tard, June et moi évoquâmes ensemble cette toute première rencontre. Elle m'expliqua comment, à l'approche de ce Blanc inconnu dans son out-station, elle avait pris peur, et avait couru pour s'enfermer avec ses filles dans sa maison.

L'une des deux vieilles femmes toussait sans arrêt. Jack me la présenta comme Kamagn, Flora, la femme de Djoly, grande et mince comme sa fille June. L'autre, de même stature, était la femme de Jimmy. Elles levèrent vaguement les yeux vers moi, avant de replonger dans leurs activités. L'une pétrissait un damper et l'autre tournait sur sa cuisse de la ficelle de put-put[1].

Philip m'emmena à une trentaine de mètres. Le coteau sur lequel était bâtie l'out-station s'y affaissait soudainement en une petite gorge. Perchés sur des plates-formes de pierres, nous surplombions le lit d'une rivière qui, invisible depuis l'out-station, étalait son ruban argenté entre les bancs de sable. L'eau semblait peu profonde et le courant presque nul. Sur les berges abruptes, une végétation épaisse de grands figuiers engloutissait au loin les courbes de la rivière. Je me tournai vers Philip.

1. Traditionnellement on obtenait de la ficelle en roulant des fibres de l'écorce de l'arbre appelé le « put-put ».

– Cette rivière...

– Dalangarr River, précisa-t-il.

– ... elle va jusqu'à Borromula... ?

– Oui oui, répondit-il sans sourciller, jusqu'à Borromula.

– Ces grands arbres... on les voit du sommet du rocher de Kotpela ?

– Oui, Balang. Pourquoi ?

– Comme ça... D'ici au grand rocher de Kotpela, c'est loin ?

– Non, pas loin... Je peux t'emmener si tu veux.

J'avais soudain réalisé l'inutilité du détour par Borromula : se rendre à Kotpela en passant par ici serait bien plus rapide.

– Tu crois que ce serait possible que je passe par ton out-station avec mes gens ?

– Mmm, oui, Balang... Si tu nous préviens et que tes gens font attention, je pense que c'est bien. Ils pourront voir mon out-station, comment je suis installé avec ma femme et mes enfants...

Affalés sous la véranda, chacun piocha dans son déjeuner. Je dépaquetai avec précaution mes sandwichs au fromage de leur cellophane et je me préparai méthodiquement un Nescafé tandis qu'ils versaient leur thé sucré au lait dans de grands verres en plastique jaune, sans doute leur dernière trouvaille à la shop. J'appréciais plus que tout leur tolérance. Leur regard sur mes sandwichs, mon café, mon swag[1] et ma moustiquaire quand nous partions pour un bivouac où ils dormaient sur le sable, restait exempt de toute critique ou jugement. Parfois, un enfant me questionnait sur l'usage de tel ou tel objet. Il écoutait la réponse avec un étonnement émerveillé, satisfait et parfois amusé de savoir comment j'utilisais cette chose étrange, mais sans jamais émettre de réflexion moqueuse ou jalouse. Les Blancs, eux, ne témoignaient pas d'une telle sagesse. Ils avaient construit pour les Aborigènes des maisons à l'image des leurs, fourni des générateurs, des chambres froides vite laissés à l'abandon, faute d'éveiller un intérêt suffisant pour justifier un effort d'entretien. Les contribuables australiens blancs voyaient ainsi leurs impôts dilapidés... Quelques années plus tard, Dalangarr se verrait même dotée d'une antenne satellite et d'un poste de télévision, à l'image tremblotante faute de mode d'emploi. Les anciens

1. Matelas roulé dans une toile de canevas.

nomades contemplaient toutes ces installations d'un œil amusé, mais distant, ignorants de la valeur que nous leur accordions. Auprès d'eux, je me sentais toujours à l'aise, comme si nous nous étions tous connus dès l'enfance.

L'après-midi, nous prîmes place dans le Toyota, Philip à l'avant, Billy à l'arrière avec les enfants – Jack était resté discuter des dernières nouvelles avec les femmes. Nous quittâmes l'out-station, et Philip me guida à travers le bush, son doigt tendu posé sur le tableau de bord. Une demi-heure plus tard, nous dépecions un jeune buffle pendu par la tête à sa poulie, à la grande joie des enfants qui exultaient à la vue de cette bonne viande qui les régalerait pendant plusieurs jours. Nous le partageâmes équitablement. Ce fut le début de notre amitié.

18

Rencontres et séparations

Chaque année, il me fallait mener un nouveau combat contre les éléments pour ramener le camp de Bodeidei à la vie après un sommeil de cinq mois. Début novembre, au moment des premières pluies, j'empaquetais dans des cartons toute la literie, la décoration, tout ce que l'humidité aurait pu endommager. J'empilais le tout dans un gros « container » hermétique, que j'avais fait venir tant bien que mal jusqu'à Bodeidei. L'ensemble de la structure, des toitures, et même du mobilier restait en place. Je couvrais les meubles et le gros électroménager de bâches et surélevais chaque élément sur des pierres plates pour éviter que l'eau ne les endommage. Malgré ces précautions, rien n'empêchait l'herbe de pousser, les guêpes impériales[1] de coller leurs cocons de glaise un peu partout, l'humidité de gâter les peintures et les vernis. Avec l'aide de quelques amis, je devais consacrer plusieurs semaines à la réinstallation et à la remise à neuf de l'ensemble. Mes retrouvailles avec le camp étaient toujours empreintes d'une légère appréhension : la queue d'un cyclone avait pu arracher des toiles, faire céder les piliers sous le poids de la pluie sur les toits... En général, je ne trouvais pas de gros dégâts. Mais mes économies fondaient de mois en mois, et il n'était plus question de financer de grosses réparations ou des agrandissements coûteux. Mon objectif – couvrir les frais de fonctionnement les plus ordinaires du camp – représentait un idéal quasiment hors de portée. Le nombre de clients augmentait doucement, mais le camp fonctionnait largement à perte.

1. Très grosses guêpes de couleur orange très vif, peu agressives.

Cependant ces mésaventures financières ne minaient pas mon moral. Au mois d'avril 1994, je bondis une fois de plus vers Arnhem le cœur content dans mon gros camion 4 × 4 surchargé d'équipement et de matériaux hétéroclites. Mon retour à Weemol était toujours émouvant. J'essayais de joindre George et la troupe en appelant depuis Darwin la cabine téléphonique de Weemol pour les prévenir de mon arrivée, mais elle ne fonctionnait que rarement. L'effet de surprise était donc garanti. Chaque année, lorsque le village apparaissait au détour du dernier virage, des enfants prévenus par le bruit du moteur du camion qu'on entendait de loin couraient déjà sur la route dans ma direction. Sur les terrasses, les adultes se levaient à grands cris, d'autres sortaient des maisons en courant. Nous nous retrouvions tous sous les bambous pour les effusions d'usage et l'échange des dernières nouvelles. Comme d'habitude les enfants avaient grandi, la communauté comptait de nouveaux bébés.

Cette année-là, je retrouvai tout le monde en pleine forme. Cependant, en garant le camion sous l'acacia, mes yeux s'arrêtèrent sur des taches couleur vert vif dans l'herbe derrière le préau de la petite place : des cannettes de VB[1], récentes. C'était la toute première fois que je trouvai le sol de Weemol jonché de restes de beuverie.

La saison avança tranquillement, ponctuée par les visites de quelques clients, en nombre croissant tout de même. George avait renoncé à rencontrer chaque groupe comme il l'avait projeté : il était trop occupé par ses responsabilités traditionnelles. Jack, fatigué, restait souvent au village. Don et Billy, en revanche, m'accompagnaient toujours à Kliklimarra et Kotpela. Je voyais désormais régulièrement Philip, qui se joignait à la troupe avec le grand et le petit Wamut, et ses deux filles, merveilles d'espièglerie et de joie de vivre, qui m'appelaient « Dedi[2] » puisque j'étais Balang, et se disputaient ma compagnie avec insistance.

1. Victoria Bitter, marque de bière australienne, sans doute la plus répandue.
2. Kriol : de l'anglais *daddy*, « papa ».

Une nuit fraîche de juillet, autour de 22 heures, un 4 × 4 s'arrêta sur le terre-plein en bas du camp. Philip en sortit le premier, en tenue de cérémonie, peint et couvert d'un pagne rouge.

– Balang, mon rembara veut te parler.

J'acquiesçai et l'invitai à s'installer près de la chaleur réconfortante du feu de camp. Jimmy s'extirpa à son tour de la voiture pour nous rejoindre, suivi de Djoly et d'un autre homme âgé, grand, aux gestes lents et posés et aux cheveux raides tout blancs. Le chauffeur, un homme jeune dont le visage restait caché dans l'ombre, ne quitta pas son volant.

– Tu connais Narridj..., s'enquit formellement Djoly en désignant Jimmy. Et voilà mon frère, Bengadi.

L'homme aux cheveux blancs me regarda bien en face, les coins de ses lèvres légèrement retroussés en une esquisse de sourire bienveillant et amusé.

– Je suis David Blanasi, souffla-t-il de sa voix rauque et basse mais très douce, baissant insensiblement la tête pour me saluer.

Djoly parla en dalabon quelques minutes. Du haut de son mètre soixante-cinq, son visage aigu, sa voix nasale et posée et ses petits yeux pénétrants contrôlaient cette rencontre dont il avait décidé le jour, l'heure et le contexte. Désarmé, j'essayais de m'accrocher aux sons de sa langue inconnue, observais les visages et cherchais les regards.

– Bengadi[1] dit qu'il a beaucoup entendu parler de toi et de ce que tu fais, que tu n'es pas un Munanga comme les autres, et que tu as sa protection. Il s'est déjà mis d'accord pour ça avec Balang Left-Hand, traduisit Philip d'un trait.

– Djoly, où est George ?

– Il est déjà parti, avec d'autres hommes de Maningrida, il a un business à finir. Il sera absent pendant toute la lune, il reviendra seulement quand elle sera pleine. On reviendra aussi. Mais pour l'instant, il faut que tu nous aides. C'est pour ça qu'on est venus. Il faut qu'on soit là-bas avant demain matin. On n'a pas de diesel. Et on n'a pas non plus à manger, il nous faudrait des réserves parce qu'on ne pourra pas chasser ou faire des courses pendant la cérémonie. Ceux de là-bas auront du daga, mais on doit en amener aussi.

1. Philip parle ici de Djoly, qui est Bengadi également.

Je les regardai tour à tour. Tous soutenaient mon regard, confiants.

– Je peux vous aider pour ce soir, annonçai-je finalement. Je peux vous donner vingt litres de diesel, un bidon. Mais après ça, je ne peux ni vous en donner ni vous en vendre, j'ai besoin de fuel pour mes voitures et mon générateur, je ne suis livré qu'une fois dans la saison et je ne peux pas aller en chercher moi-même à Katherine. Pour la nourriture c'est pareil. Je dois donner à manger à mes clients. Mais je peux vous donner un bidon de farine et de la viande de buffle. J'en ai assez.

L'expérience m'avait appris à poser des limites à ma générosité pour assurer ma survie. Dans une société où les biens n'ont de valeur qu'au moment précis où on les utilise et où leur possession n'est pas associée au mérite, les demandes ne connaissent pas de principe régulateur : tout objet dont il n'est pas fait usage dans l'instant peut légitimement être revendiqué. Les Blancs sont ainsi souvent transformés, malignement ou non, en vaches à lait. Mais un refus n'entraîne jamais de rancune et, là encore, règne une magistrale tolérance.

– C'est bien, c'est ce dont on a besoin. Pas de problèmes, Balang, souffla Djoly. Il n'y a pas des cérémonies tous les jours, de toute façon.

Rémi avait posé un bidon de fuel près de la voiture et revenait avec un pot de dix kilos de farine en fer jaune, et des sacs plastiques pleins de viande congelée. Les quatre hommes se levèrent, et Philip m'embrassa.

– Balang, il faut que j'aille à cette cérémonie. C'est important. Mais Jack et Don restent à Weemol, pour s'occuper de toi et de tes gens.

– Merci, Philip.

Je regardai leurs silhouettes fines s'éloigner dans la lueur vacillante des flammes. Les faisceaux des phares de la voiture réapparurent, et dans un vrombissement le 4 × 4 s'engouffra sur la très vieille piste qui partait derrière le camp pour rejoindre la côte, vers Maningrida. Pour autant que je sache, ils arrivèrent sans encombres. Je suivis longtemps des yeux la lumière jaune qui s'amenuisait doucement. Ma rencontre avec Djoly et David bouclait le cercle de mes relations avec les anciens.

Le lendemain, à Weemol, je trouvai Maggie, Jack et Don fumant en silence leurs cigarettes sous les bambous.

– Ils sont venus chercher George, m'annonça Maggie. Il reviendra dans un mois.

– Mmm, je sais. Djoly, Jimmy, David et Philip sont passés au camp hier soir.

– Balang..., commença Maggie très sérieusement.

– Oui ?

– Balang, il faut que tu ailles à Dalangarr avec Jack et Don. Là-bas, il y a June et plein de monde. Ils doivent tous revenir ici. Après, on ira tous sur mes terres, à Moban. Balang, tu sais l'olmen de Barraponda, ce Kamarrang à qui tu as acheté les peintures, celui qui a un bras paralysé ? Mmm... Il est mort, ce matin, bobala. Mais il va falloir attendre George pour la cérémonie.

Traditionnellement, la famille gardait le corps du défunt plusieurs jours sous un abri de branchages avant de le mettre en terre, pour laisser le temps aux groupes voisins d'être prévenus et d'arriver. Puis on enterrait le corps sur place sans réceptacle, pour le déterrer quelques lunes plus tard et disposer certains de ses os dans une bûche creuse, le *ngorrkon*, que l'on plaçait ensuite sur les terres du défunt. L'État australien, pour des raisons d'hygiène sans doute, impose désormais un séjour à la morgue, et la dépouille est ramenée lorsque la famille est prête pour la cérémonie. Puis un trou profond est creusé à la pelleteuse et le corps y est déposé, enfermé dans un cercueil réglementaire qui reste aux frais de la famille, ce qui soulève des problèmes. Dans chaque communauté, l'emplacement obligatoire pour les tombes a été désigné, et la cérémonie du ngorrkon n'a plus lieu que très rarement. Le cimetière de Weemol est un carré de terrain insignifiant à quelques kilomètres du village, près de la piste qui mène à Bodeidei : George m'y avait conduit au tout début de nos relations. À l'époque, il était encore plat et presque vide ; peu à peu les monticules de terre signalant les tombes s'additionnaient.

Après l'olmen de Barraponda, ce fut au tour de Flora, la mère de June, celle que j'avais entendue tousser sans arrêt lors de mon passage à Balangarr, de mourir de tuberculose et d'être ensevelie un mois plus tard. J'eus l'impression ce jour-là que la disparition d'Andrew avait marqué le début d'une longue série, et que je devrais désormais compter avec la mort parmi les événements quotidiens de la communauté. Mais chez les Aborigènes, on ne parlait de la mort ni avant ni après. Une fois les cris et les larmes dissipés, tout se passait comme si un tel malheur ne risquait plus jamais d'arriver. Le mal était comme conjuré par le silence.

Je réalisai mieux cette règle du mutisme un soir à Katherine, avec George et Maggie. Ils séjournaient en ville pour faire passer une visite médicale à leur nièce Tamara et à leur petite-fille Rosita, et logeaient au Corroborree Hostel, un hôtel destiné à accueillir les habitants des communautés[1]. Le soir je leur avais rendu visite, et nous bavardions devant leur petite chambre, quand soudain des cris monstrueux s'élevèrent dans le noir de l'autre côté de la rivière. Je me précipitai, pour trouver une jeune femme aborigène d'une trentaine d'années étendue au sol sur le dos, les yeux révulsés. Son nez et sa bouche saignaient un mélange de sang et de bière. Penchées sur elles deux femmes à genoux pleuraient en hurlant. Elle était déjà morte. Une ambulance ramassa le corps quelques minutes plus tard, et je m'enquis auprès de l'infirmier de la cause du décès.

– L'alcool, articula-t-il. Ça arrive souvent. Le corps n'en peut plus, il craque.

Assis devant leur chambre, George et Maggie avaient compris. À mon intention George porta son regard en coin sur les deux fillettes et posa un doigt sur ses lèvres : le drame ne concernait pas le monde des enfants. Nous n'évoquâmes plus jamais l'incident, ni ce soir-là, ni plus tard.

1. Le Corroborree Hostel appartient à une association aborigène qui propose des hébergements bon marché où l'accueil est amical.

19

Du madj

Les mois passaient au rythme des virées dans le bush et des visites des clients, dont le nombre restait insuffisant. Je raclais les fonds de mes tiroirs-caisses, minimisant les dépenses en vivant de presque rien en dehors de la présence des visiteurs. L'enthousiasme des Anciens à les accompagner ne décroissait pas, leur plaisir à participer aux excursions dans le 4 × 4 grand ouvert restait entier. De temps en temps pourtant, Don déclinait une invitation. « Il faut que j'aille à la shop, Balang », se défendait-il. Je compris vite que la prévision d'un arrivage de cartons verts le retenait à Weemol de temps à autre. Je le retrouvais le soir quelque peu éméché, mais toujours en état : ses écarts restaient raisonnables. Le geste néanmoins était là, et il préférait de plus en plus souvent ses beuveries sur le ciment des terrasses aux virées dans le bush.

– On leur *donne* à boire ! s'insurgeait George. Nous on sait qui c'est. C'est ce métis de Bulman, il n'a même pas de famille ici. Il est d'Alice Springs. Il vole tout le monde, il prend l'argent de la communauté. Et il amène de l'alcool et de la *ganja*[1]. Don et Jack sont stupides, ils n'écoutent pas, ils ne voient rien, ils ne comprennent pas. Mais moi, je sais[2].

---

1. Marijuana.

2. La vente de l'alcool est interdite dans les communautés aborigènes, puisque comme partout ailleurs en Australie elle n'est autorisée que sous licence spéciale. En revanche les habitants peuvent apporter de l'alcool et la consommation est autorisée. La consommation et la vente de marijuana sont interdites dans le Territoire du Nord.

Année après année, je réalisais l'importance des trafics autour des communautés aborigènes. Leurs villages représentaient un potentiel considérable en termes de ressources minières, d'électorat, et de clientèle facile pour les entreprises véreuses qui travaillent avec les gérants blancs des communautés. Le Northern Land Council et l'ATSIC multipliaient les meetings pour exiger des Aborigènes qu'ils prennent décisions et initiatives dans des domaines pour eux étrangers, incompréhensibles et dénués d'intérêt. Ces meetings, conduits par des employés en col blanc qui ignoraient le mode de vie réel des communautés, prenaient l'allure de longues palabres où les discours en anglais, parfois très maladroitement traduits en kriol, sonnaient creux faute d'éclairer le sens et l'impact des projets examinés. Après des heures de discussion, une parodie de vote servait à établir légalement une décision, un contrat.

Les Anciens, qui autrefois parlaient haut et fort pour défendre leurs terres, devenaient moins nombreux chaque année, et la voix des jeunes, incertains et malléables, pesait de plus en plus lourd. Déployant son arsenal de jeunes avocats avides de réussite, d'anthropologues au savoir quadrillé, de Toyotas flambant neufs et d'avions charters pour transporter les familles qu'on estimait concernées, le Land Council orchestrait les réunions selon des principes fluctuants. Les compagnies privées, minières ou autres, ne lésinaient pas sur les moyens pour défendre leurs intérêts. Les Blancs douteux qui souhaitaient s'introduire sur les terres pour quelque affaire frauduleuse distribuaient de l'argent cash et des cartons de bière : les propriétaires traditionnels se voyaient arrosés de toute part, et les vigilances diminuaient. Les avertissements de mon vieux Billy résonnaient de tout leur sens : méfie-toi des Blancs et des cols blancs.

Même les Anciens de Weemol, aveugles de naïveté, ignoraient ces manipulations et s'engourdissaient doucement. Dans la région, loin du noyau dur des Anciens de Beswick, où Djoly, David et Jimmy se battaient contre ces manipulations, seul George comprenait et refusait. Il dénonçait inlassablement les trafics et les profits, les appropriations foncières ou artistiques. Il s'insurgeait de trouver à Katherine ses beaux molos posés à côté de bouts de bois creusés à la machine et peints en série dans une boutique à la moquette feutrée, étiquetés trois cents dollars avec son nom et une fausse signature[1]. Naturellement le propriétaire mielleux ne lui avait offert que soixante dollars par instrument. Il s'étonnait de voir à la télé des avions Qantas affublés de peintures prétendument aborigènes, qu'en spécialiste il reconnaissait comme de grotesques caricatures. Il percevait confusément combien l'image des Aborigènes, leur culture, pressée comme un citron, apportait à l'Australie et aux Australiens blancs, sans qu'eux en retirent autre chose que l'alcool et la drogue, le diabète, le cholestérol et les soucis.

Depuis le début de mon amitié avec Philip, j'avais pris l'habitude, lorsque je passais à Weemol, de m'arrêter d'abord à la première maison, à droite en entrant dans le village, pour lui dire bonjour avant d'aller chez George. À chaque fois c'était une cavalcade d'enfants qui sautaient sur les marchepieds pour m'embrasser avant même que je n'aie eu le temps de freiner, et Philip ne manquait jamais de sortir sur le pas de sa porte pour m'accueillir. Un soir d'octobre, quelques semaines avant mon départ annuel vers la France, il arbora une mine sérieuse.

– George doit te parler, m'annonça-t-il. Vas-y maintenant, je te revois quand tu repars.

Je trouvai George et Maggie sous les bambous, surveillant la place à la ronde d'un œil sombre. George parlait fort d'un ton tranchant à qui voulait l'entendre. À mon approche il leva distraitement les yeux vers moi sans interrompre sa tirade. Je le voyais de plus en plus régulièrement s'échauffer de la sorte en des accès de fureur désespérée.

– Il faut faire quelque chose, répétait-il à Maggie qui acquiesçait d'un silence sérieux. Tout le monde, tout le monde boit ! *Du madj*[2] ! Du madj grog. Du madj vidéo, du madj rak'en'ral. Tout le monde est saoul ! Même Philip, il commence à boire, ajouta-t-il comme à mon attention. Mais moi, je sais. C'est Ross, le Blanc, l'ami

1. George, ne sachant ni lire ni écrire, signe en dessinant son nom en capitales d'imprimerie.
2. Kriol : de l'anglais *too much*, « trop ».

de mon beau-frère Tess [1], il lui amène de l'alcool, et il en vend aussi à Bulman, la nuit, et tout le monde boit.

Il marqua une pause, se renfrognant derrière son menton plissé et sa lèvre inférieure levée.

– Balang, poursuivit-il sur un ton subitement posé en se tournant vers moi, Burlain arrive demain, avec l'avion. Il va mieux. On va l'amener à Moban, il va se reposer, manger du buj daga. Ça va lui rendre des forces.

Jack était tombé malade : un cancer du foie. Il avait commencé par faire quelques courtes visites à l'hôpital de Darwin, puis ses séjours là-bas s'étaient allongés, et depuis quelque temps il n'en sortait plus du tout. Son fils Richard nous donnait des nouvelles. Si je me réjouissais de le revoir, compte tenu du diagnostic, la perspective de son rétablissement me semblait hasardeuse, mais là encore un silence de plomb pesait sur la question. Je hochai la tête en silence.

Le lendemain, George, Don, Billy, Richard et moi étions affalés sur les bancs sales de l'espèce d'abribus qui servait de salle d'attente, sur la bande d'atterrissage et qui nous ménageait au moins un peu d'ombre, guettant en silence le murmure de l'avion tout en contemplant les graffitis gravés ou peints un peu partout sur les cloisons de taule.

– Le voilà ! Le voilà ! intervinrent joyeusement Don et Billy d'une seule voix.

Dans le grand ciel immobile, le petit avion tournait autour de la piste pour se poser.

Nous nous approchâmes de l'appareil, formant un demi-cercle autour de la minuscule portière du petit œuf de ferraille blanc. Dans un grincement, l'habitacle s'entrouvrit pour laisser doucement

1. Tess Camfoo, d'origine métissée, est marié à Nelly, une sœur de peau de George, mais a reçu une éducation occidentale partielle. Toute sa vie il a travaillé aux côtés des fermiers blancs de la région, en tant que « manager », opérant la liaison avec les familles aborigènes. Pour plus de détails sur la vie de Tess Camfoo, consulter Gillian Colishaw, *Tex and Nelly Camfoo, Love Against the Law*, et du même auteur, traitant de l'histoire de la région Bulman-/Weemol en général, *Rednecks, Eggheads and Blackfellas*.

apparaître Jack. Notre vieux Burlain, aussi sec qu'un tas d'os et les traits tirés, nous offrit un sourire quand même content. La mort se lisait déjà sur son visage. Il tenait difficilement debout et nous nous empressâmes de l'aider à s'extraire de l'appareil.

Nous assîmes Jack sur la banquette avant du 4 × 4, entre George et moi qui le maintenions de notre mieux. Les trois anciens entonnèrent leurs chants comme d'habitude, mais je crois que ni eux ni Richard ne gardaient d'illusions. À Weemol, on l'installa sur une chaise en plastique à l'ombre des bambous pendant que les autres préparaient la voiture de George pour le trajet vers Moban.

– Demain je vous rejoins, Burlain, on ira chasser et les gamins pêcheront, annonçai-je avec tout l'entrain possible. Tu pourras te reposer chez Maggie, et après, plein de buj daga !

Il posa sa main sur ma jambe et un sourire doux fendit ses joues rétrécies.

– Je suis content que tu sois encore là, Balang. J'avais peur que tu sois déjà reparti dans ton pays. Là, je suis un peu fatigué... Mais après on ira dans le bush tous ensemble...

Don et Billy l'aidèrent à se hisser dans le 4 × 4, près de George et Maggie, avec Richard, sa femme et ses enfants à l'arrière. Je l'embrassai.

– Bye Burlain ! À demain à Moban !

– Bobo Balang !

Le lendemain, c'était trop tard. Il mourut dans son sommeil au milieu de la nuit moite.

20

Une idée de George

En passant par Weemol pour me rendre à Moban le matin, je compris que c'était fini pour Jack en apercevant George et Maggie sous leur véranda. Ils m'expliquèrent que le corps était déjà reparti vers Katherine. Ensuite il reviendrait pour être mis en terre, mais George craignait des complications : certains voulaient enterrer Burlain à Weemol, d'autres à Barunga.

– Si c'est à Barunga, nous on n'y va pas, trancha George. Tu retournes dans ton pays dans trois semaines ? Tu ne seras pas là pour la cérémonie..., remarqua-t-il.

Je baissai les yeux.

– Balang... Tu as pensé à ce que je t'ai demandé ?

La veille, tandis que nous attendions sur l'herbe pelée du terrain d'atterrissage l'avion de Jack, George m'avait présenté une telle requête que j'en étais resté médusé, incertain de ce que je devais en penser. « Balang, quand est-ce que tu vas m'emmener sur tes terres, voir ta famille, les tiens ? m'avait-il soudain demandé. Tu connais mes terres maintenant. Il faut que je voie les tiennes. » Cette nouvelle interrogation me prouvait que c'était sérieux.

– Oui, George, j'y ai pensé... On pourra en parler demain soir. Je viendrai en fin de journée.

Ce jour-là, j'appréciai plus que jamais le retour à mon oasis paisible de Bodeidei. Rémi, tournant une page, m'avait quitté à la fin de la saison précédente. Personne ne l'avait remplacé. Une dame de

Katherine venait m'aider en extra lorsque je recevais des clients. Le reste du temps, je vivais seul avec les ânes et un vieux buffle qui avait élu son domicile près de la source de Bodeidei, et que j'avais baptisé Charlie. Il boitait de la hanche droite, aussi malgré son volume et l'envergure de ses cornes ses charges ne présentaient-elles pas de vrai danger. Il rôdait la nuit entre les huttes, claquant lourdement ses gros sabots sur les dallages des allées, glissant parfois un œil dans une tente à la grande frayeur des clients. Le matin, je le trouvais souvent couché à l'entrée de ma chambre.

Chaque soir, solitaire, je guettais l'arrivée de Vénus, puis du Scorpion et du Sagittaire qui venaient s'inscrire dans la myriade d'étoiles de mon ciel limpide et lumineux. Ce soir-là, la Croix-du-Sud[1] s'inclinait très bas vers l'horizon, marquant l'approche de la saison des pluies. Les mots de George me trottaient dans la tête : « Quand est-ce que tu m'emmènes sur tes terres, Balang ? » Après tout, il s'était démené pour m'expliquer les siennes, m'instruire de chaque rocher, de chaque histoire. Notre relation se consolidait, chaque jour nous échangions un peu plus, en paroles ou en actes. Il me racontait sa culture mais aussi sa vie, son enfance loin des Blancs sur la côte près de Ramangining, ses premières rencontres avec les Européens. Depuis qu'ils étaient entrés dans sa vie, les Occidentaux représentaient une source de malheurs et de conflits constants. Et pourtant, il persévérait dans son désir de découvrir et de comprendre ce monde ennemi, sans doute précisément dans un espoir désespéré pour se rendre maître de ce qui dans sa vie avait toujours représenté des menaces et des contraintes. Ce que pouvaient pour lui représenter mes terres, ma famille, restait pour moi un mystère insondable. Mais j'avais lu dans ses yeux la profondeur de son souhait, et je pris ma décision : je ferais tout mon possible pour lui offrir ce voyage.

La journée du lendemain passa très vite, occupée en rangement et empaquetage. Je savourai aussi ces longues journées de labeur solitaire. Je débarquai à Weemol en fin d'après-midi. Sur leur ter-

1. La Croix-du-Sud, constellation célèbre de l'hémisphère sud, qui figure sur le drapeau australien, permet de repérer le sud toute l'année en utilisant les positions respectives de différentes étoiles.

rasse Maggie et George s'activaient respectivement au tressage de paniers traditionnels et à la peinture de molos. Depuis quelques années j'achetais à bon prix tous les objets de leur fabrication pour en garder une partie et revendre le reste aux visiteurs de Bodeidei. J'avais considérablement rehaussé les tarifs, si bien que les productions augmentaient et que les gros revendeurs de Katherine, Darwin ou même Sydney s'étaient retirés du marché. Maggie me montra fièrement un panier tressé en fibres put-put, qui ressemblait à un travail au crochet, souple et avec une bandoulière pour porter sur l'épaule.

– Ça, François, c'est un *dilly bag*[1], un vrai !

– Il est vraiment bien. Ça sert à quoi ?

– Oh ! à tout, on peut tout mettre dedans, enfin pas des prunes, pas des myrtilles, pas des tomates[2], enfin pas ce qui est trop petit, ça tomberait par les trous[3], ou comme le miel[4] ça coule. Pour ça il faut les paniers en pandanus, il n'y a pas de trous. Mais on peut mettre des ignames, des grosses pommes de terre ou des fleurs de nénuphar, ou des courses de la shop, mon courrier[5], mon argent, mon paquet de tabac.

– Toi, tu vends le sac pour acheter le tabac ! rétorqua George avec un ricanement aigre. – Il secouait la tête, le menton plissé. – Moi je suis fort ! Le tabac j'ai arrêté, ça fait longtemps. Tout l'argent des molos, c'est pour la nourriture ou la voiture.

– C'est pas tes affaires, olmen ! C'est entre ton frère et moi, tu n'as pas besoin de t'en mêler. Tiens, François, regarde ces colliers, surenchérit-elle en sortant du petit cabas de toile qui lui servait de

1. Kriol et anglais : petit panier traditionnel pour la cueillette.

2. Maggie désigne là les baies du bush que l'on dénomme par comparaison à des fruits occidentaux. En l'occurrence, les fruits cités sont tous très petits, comme la plupart des fruits du bush.

3. Les paniers en put-put ressemblent à du travail au crochet.

4. Le miel produit par les abeilles natives, inoffensives, qui nichent dans des arbres morts ou dans le sol, est le mets du bush préféré de la plupart des aborigènes. Traditionnellement le miel constituait la seule source significative de sucre.

5. Les habitants de Weemol reçoivent chaque semaine leur courrier par avion postal. Les lettres qu'ils reçoivent concernent surtout leurs comptes bancaires, leurs allocations, des annonces officielles, etc. que beaucoup d'entre eux ne savent pas lire et qu'ils ont tous beaucoup de mal à comprendre.

sac à main un chapelet de colliers en coquilles d'escargots et de glands de toutes tailles peints aux couleurs traditionnelles.

Je pouffai de rire en regardant George aligner son dernier trait. D'un geste satisfait, il attrapa son molo pour le poser contre le mur près de quatre autres.

– Balang... ? Pourquoi est-ce que tu veux venir dans mon pays ?

– Balang, ici tu n'as pas tout vu. Je ne t'ai pas tout dit. Quand tu reviendras de ton pays après la saison des pluies, on va t'amener dans une cérémonie. J'ai parlé à Djoly, Jimmy et David. Et il faut aussi que je t'amène sur mes terres, voir ma famille et mon Nayuhyungi, à Ramangining. Des choses très importantes. Maintenant j'ai besoin de savoir moi aussi d'où tu viens.

– Si je t'amène, c'est au moins pour trois semaines, presque une lune. Parce que c'est très loin, toute une journée d'avion.

Il sourit.

– Tu sais Balang, quand j'étais jeune, je suis parti très loin d'ici. Avec Djoly, David Blanasi et mon autre frère David de Ramangining[1]. Des Blancs nous ont emmenés pour jouer de la musique : d'abord Sydney, Brisbane, puis la Nouvelle-Guinée, Singapour, Hong-Kong, et jusqu'en Amérique, au Mexique, en Allemagne, partout, dans le monde entier on a joué notre musique, tout le monde nous écoutait, partout. – Il s'arrêta et fronça les sourcils. – C'était peut-être en... peut-être en 75 ? reprit-il avec un regard interrogateur dans ma direction.

C'était la toute première fois que George évoquait cet épisode de sa vie, pourtant marquant. Il avait dû naître un peu avant 1940. En 1975, il aurait eu trente-cinq ans : la date semblait plausible. Plus tard, j'allais découvrir des documents, livres et disques, où le petit groupe figurait comme une référence majeure.

– Après ce voyage, j'étais fatigué. Et puis *du madj ambag*[2] avec ces Munangas. Ils ont fait un disque, avec notre musique, mais nous, on n'a rien eu. J'ai décidé de ne plus repartir. Par contre Djoly, son frère David et mon frère David ont continué... Pour ce voyage, Balang, il faudra être trois.

1. George parle de David Gulpilil, son frère de peau, acteur célèbre notamment pour son rôle dans *Crocodile Dundee* I.

2. Kriol : de l'anglais *too much humbag.*

– Trois ? – Je haussai un sourcil, incrédule. – Ça va vraiment coûter beaucoup d'argent, Balang.

– Je sais, dit-il en souriant. Mais il faut un chanteur, un joueur de molo et un pour les clap-sticks. Mais tu sais, Balang, on sait peindre, on sait danser, chanter et jouer du molo. Tu peux organiser quelque chose avec tes gens, ou avec ton ami, ce Jean-Paul.

Je parlais souvent à George de Jean-Paul. Pour l'avoir rencontré lors de l'inauguration, George se souvenait de Jean-Paul comme d'un homme qu'on écoute et qui décide, un *big man*, comme il les désignait. Son plan pour son voyage en France était précis et réaliste. Son parcours me fascinait. Je savais comment il avait combattu sa vie entière pour la survie de sa culture, en organisant les cérémonies ou en enseignant aux enfants dans les écoles des settlements, à Barunga et à Beswick, où il travaillait en même temps comme charpentier. À la lueur de son regard, je sentis que ce périple dans le monde blanc s'inscrirait dans sa lutte pour sa tradition et s'animait pour lui du même espoir que l'accueil d'Occidentaux à Bodeidei. Il s'agissait de faire connaître sa culture, de convaincre le monde entier de son importance et de sa valeur. Dans ses yeux brillaient la vigueur de ses croyances, sa confiance en ses racines et en leur vérité. Les certitudes de George lui conféraient ce charisme et cette intégrité magistrale qu'il avait toute sa vie opposés de front aux Blancs et à leur monde.

– Je vais voir ce que je peux faire, acquiesçai-je finalement. À mon retour après les pluies, on en reparlera. On pourrait emmener Philip ? Ça serait bien d'avoir un plus jeune avec toi...

George hocha la tête doucement en souriant.

– Et pour le joueur de molo..., repris-je en hésitant.

Je l'observais, indécis ; je pensais à David Blanasi. George sourit encore.

– Je lui parlerai, dit-il, à David...

– Je vais m'arrêter chez Philip, en repartant pour lui en parler aussi. C'est OK ?

– OK Balang.

Chez Philip, comme d'habitude, une flopée de gamins bondit vers la voiture en hurlant : HOY ! HOYYY ! Dans l'encadrement de la porte, Philip, les yeux embrumés de sommeil, me salua de la main en souriant.

– Hi Bra ! Comment ça va ?

– Très bien, très bien, Philip et toi ?

– June, lança-t-il derrière son épaule. Balang est là. Viens lui dire bonjour !

Derrière les persiennes rouillées June n'avait pas perdu une miette de mon arrivée. En présence de Philip elle sortit me dire bonjour, risquant un regard derrière la mèche de cheveux crépus qui voilait son front.

– Hi Narridjane ! Comment ça va ?

Elle me gratifia comme d'habitude d'un « Ça va, Balang... » chantant et nonchalant, à la fois timide et désinvolte. L'instant d'après, elle s'éclipsa vers la pénombre de la grande pièce qui leur servait de maison. Matelas et couvertures jetés pêle-mêle y occupaient toute la place, avec une télévision posée à même le sol.

– Je reviens habiter à Weemol, Balang. Il y a trop de problèmes à Dalangarr, avec Lauchlan et Dudley[1]. C'est bien, comme ça on pourra faire plus de choses ensemble.

– Justement. Philip, Balang m'a demandé de l'emmener dans mon pays, en France. J'ai dit oui, et j'ai dit que je voulais que tu viennes aussi.

Philip me regardait bouche bée.

– Les filles ! Adrian et Junior ! Venez ici ! June ! Vous avez entendu ? Balang va m'emmener dans son pays, en France, annonça-t-il fièrement.

Il se tourna vers moi.

– Quand ?

– Pas l'année qui vient, mais avant le début de l'autre année, je pense. Je te dirai.

Les filles trépignaient, s'accrochant à ma taille et se pendant à mon cou et à mes épaules.

– Et nous ? Tu nous emmèneras ?

– Peut-être, un jour, mais quand vous serez plus grandes.

– Merci Balang, articula solennellement Philip en me donnant son accolade rituelle. Merci.

---

1. La cohabitation de plusieurs familles est toujours problématique car elle ne correspond pas aux habitudes traditionnelles.

21
Triste soirée

Cette année-là Philip, June et les enfants s'installèrent au camp, près de la source, pour les dix derniers jours avant mon retour en France : ils m'aidaient aux derniers travaux de fermeture et préféraient l'isolement de Bodeidei aux « ambags » de Weemol. La veille de mon départ, je les déposai chez eux à Weemol, avec leurs matelas et leurs couvertures, puis me dirigeai vers la maison de George pour passer quelques heures autour du feu avant de partir, comme chaque année.

De toutes mes soirées à Weemol, celle-ci fut l'une des plus tristes. En débouchant sur la place, je trouvai Don et Billy errant de part et d'autre entre les maisons, trébuchant à chaque pas, répétant à la ronde des apostrophes inarticulées, canette de bière à la main. George et Maggie, furieux, se renfrognaient sur leur terrasse. Les deux silhouettes gesticulantes s'approchèrent de moi et Don m'attrapa pour me serrer dans ses bras.

– I love you, Balang, I love you !

– Moi aussi, moi aussi, Balang, renchérit Billy.

Bouleversé, j'observai les deux visages, à la recherche des lueurs des regards de mes amis, mais en vain. Je ne reconnaissais ni l'ironie du rodéo-man ni l'insouciance du chasseur. Mes deux complices s'étaient noyés dans la liqueur jaune. Comme je m'approchais de la terrasse, George et Maggie, d'une seule voix tranchante, repoussèrent au loin vers la lumière froide du lampadaire les deux ombres maigres et titubantes. George fulminait.

– Ils sont tous idiots ! Stupides ! Tous saouls ! Tous saouls, à

Bulman, à Weemol, partout ! Depuis ce matin, toute la journée, toute la nuit. Même dans les out-stations, il y en a qui boivent, à Dalangarr ils avaient amené de l'alcool l'autre jour. Les vieux, les jeunes, tout le monde boit ! Du madj ! Ils prennent trop la *Munanga wei*[1], ils perdent leur culture, les enfants feront pareil, c'est fini maintenant, tout va s'arrêter ici. J'ai essayé de me battre, mais je ne peux pas, trop dur. Binij na.

Plus tard dans la soirée, June et ses deux filles se glissèrent timidement près de la lueur de notre feu.

– Philip est saoul, me confia doucement Ingrid d'une voix blanche, en glissant sa main dans la mienne.

– Saoul ? Mais je vous ai déposés il y a moins de deux heures !

– Je sais, dit June, son regard plus sombre que la nuit plongé dans la braise du foyer. Mais une voiture est arrivée de Barunga. Avec des cartons de bière.

– Mais enfin ! Depuis quand ils boivent tous comme ça ?

– Oh ! ça fait longtemps... Aux meetings, répondit George avec lassitude, à Bulman ! Et puis il y a tous ces trafics... Tess et Ross, et puis ce nouveau Blanc. Il vient de ton pays, je crois. Il a un taxi. Il dit qu'il vient pour transporter des gens, mais à chaque fois il amène des cartons et des cartons, plein son coffre.

– Mais depuis combien de temps ?

– Oh, ça fait longtemps, Balang !

Le menton de George se plissait de dépit. Puis son regard accrocha le mien et y trouva une colère qu'il y rencontrait pour la première fois.

– Mais ne fais rien, Balang, pas la peine. On va régler ça, à notre façon.

– Les problèmes ici entre les familles, c'est votre business, Balang. Mais ce Français de Katherine, il est Munanga, c'est les Munangas qui doivent régler ça. Il faut en parler à la police.

– On en a parlé à la police, mais ils disent qu'ils peuvent rien faire.

1. Kriol : de *way*, « manière », « chemin » ; *Munanga wei* et *Blekbala wei* désignent respectivement toutes les habitudes, manières, pratiques, conceptions des deux cultures.

– Il faut les appeler sans arrêt pour porter plainte, Balang, ils finiront par faire quelque chose.

– Ils disent qu'ils n'ont pas assez de détails. Qu'ils ne peuvent pas savoir quand il vient et quand il repart. Moi je ne sais même pas comment il s'appelle, ou le numéro de sa voiture.

À Bodeidei, les chants de la source et du vent dans les feuilles murmurèrent toute la nuit pour me consoler, mais en vain. Sur l'horizon, des éclairs de chaleur secouaient le ciel terne. Au matin, je clouai les dernières taules sur les dernières portes, pour empêcher buffles et ânes de s'installer dans mes quartiers en mon absence, et cadenassai le container où j'avais entassé tout l'équipement. Chaque année j'avais le sentiment d'y enfermer ma vie pour la retrouver intacte après la mousson, comme on rouvre un livre posé depuis longtemps. Sous un ciel très lourd j'empruntai dans mon camion la piste de Weemol pour la dernière fois de la saison.

Je trouvai la maison de Philip grande ouverte, portes battantes, et Philip qui dormait recroquevillé contre le mur sur la terrasse jonchée de canettes, de bouteilles et de verre brisé. Don et Billy ronflaient un peu plus loin sur la terre battue entre les détritus et les tonneaux-poubelles alentours. Confusément, je cherchai dans les deux visages boursouflés le souvenir de ceux qui avaient chanté pour moi quelques années plus tôt sous le ciel bleu de Kotpela. June et les enfants s'étaient réfugiés chez George et Maggie. Les filles me sautèrent au cou comme d'habitude. Elles savaient que l'heure était celle des adieux. Je trouvai Maggie abattue sur sa chaise, avec dans ses yeux ce qui ressemblait à une vraie tristesse de me voir partir.

– Attention là-haut, bobala, me dit-elle de sa petite voix en pointant un doigt vers le ciel.

George avait adopté une pause plus digne. Assis très droit sur son fauteuil de jardin, il tapotait le sol du bout d'un gros bâton et parcourait la place d'un regard de maître, sa lèvre inférieure légèrement relevée.

– C'est maintenant que tu t'en vas ? Bon, allez, bobo alors, lança-t-il en ne me regardant qu'à peine.

Je m'approchai de Maggie et l'attrapai par les épaules.

– Maggie, je vais te dire au revoir selon mes coutumes !

Je lui plaquai une grosse bise sur chaque joue. Interloquée, elle resta immobile quelques secondes, cherchant une réaction à adopter. Les enfants riaient aux éclats et George avait tourné la tête précisément à l'opposé, ignorant la scène. Puis j'embrassai June, George, et tous les enfants un par un, heureux de les approcher de plus près. En redémarrant le camion souleva un nuage de poussière qui effaça très vite la volée des gamins qui agitaient leurs bras dans le rétroviseur.

J'avais pris l'habitude, en conduisant vers Katherine, de m'arrêter à Beswick, où vivaient à l'époque Djoly, David et Jimmy. J'apportais et recueillais les dernières nouvelles, et déposais parfois une tortue ou un poisson offerts par George. À l'occasion, je servais aussi de moyen de transport pour rapatrier une nièce, un petit-fils ou même toute la famille. Chacun avait des parents un peu partout, et les déplacements entre Bulman, Beswick, et Barunga étaient quotidiens.

Ce jour-là, je décidai de m'arrêter aussi au poste de police de Maranboy. Dans les années 1940, cet ancien centre minier avait accueilli de nombreuses familles aborigènes qui travaillaient et vivaient là. Situé à distance presque égale entre Beswick et Barunga, le lieu sert aujourd'hui de commissariat. Il n'abrite plus que les deux policiers en poste sur la région, logés dans des préfabriqués agrémentés de quelques cellules bouclées par d'épaisses grilles, au milieu des bâtiments poussiéreux et des machines rouillées de l'ancienne mine. Les deux officiers de la paix sont en charge d'un travail colossal : ils représentent la loi dans les deux communautés voisines, où l'alcool et la violence sévissent jour et nuit, les communautés plus éloignées comme Bulman, et leurs out-stations, et enfin les fermes situées jusqu'à Mataranka[1]. Le binôme est toujours composé de jeunes hommes grands et costauds, jovials et avenants, célibataires animés des meilleures intentions et d'une ferme volonté.

1. Petite ville située sur la Stuart Highway à une cinquantaine de kilomètres après le croisement pour la Central Arnhem Road. Les policiers de Maranboy ne sont pas en charge de la ville elle-même, mais des stations situées dans le bush à l'Est de cette portion de la Stuart Highway.

Mais quelques mois d'isolement, la difficulté de la tâche et les relations ardues avec les populations avoisinantes suffisent en général à anéantir leur énergie. Ils quittent le poste après un ou deux ans, heureux de retrouver le calme d'une position citadine ou d'entreprendre autre chose avec les primes accumulées au cours des mois passés dans le bush. J'établissais facilement le contact avec ces jeunes policiers. Ils me gratifiaient toujours d'un passage par Bodeidei lors de leurs visites à Bulman, et partageaient souvent un dîner et une nuit au camp, apportant leur part de nouvelles et discutant les derniers événements.

Ce jour-là, la porte s'ouvrit sur le mètre quatre-vingt-dix d'Aaron et son grand sourire. Les policiers semblaient toujours heureux de me trouver sur leur seuil.

– Hi ! François ! Qu'est-ce qui t'amène ?

Au fond du bureau, John se détourna de l'écran de son ordinateur.

– C'est la fin de la saison ! Fini le boulot, il repart faire la fête à « Parisss » !

Pour eux ma vie représentait une espèce d'idéal, partagée entre les plaisirs du bush et ceux de la civilisation.

– Mmmouais, c'est ça, dans une semaine, retour à la grisaille et à la pollution ! rétorquai-je, avec une moue ostensible.

En réalité, j'appréciais largement cette alternance et un peu de vie à Paris me faisait toujours plaisir.

– Café, François ?

– Oui, merci, John. Aaron, j'ai un service à te demander... Il y a un Français, à Katherine, qui a un taxi. C'est une regio MO[1], comme moi. Il amène de l'alcool à Bulman et à Weemol.

– Oui, François, on sait... Il en amène aussi à Barunga et à Beswick. Mais on peut rien faire. Il vient ici en toute légalité, il a toujours des propriétaires traditionnels avec lui, il n'y a pas de problème de permis. Et va prouver qu'il vend l'alcool... Il faudrait

1. *Regio* est le diminutif pour « registration », ou immatriculation. L'immatriculation « MO », Metropolitan Omnibus, délivrée pour les véhicules de transports en commun, donne lieu à des règles et des contrôles extrêmement rigoureux pour le véhicule et ses conducteurs, notamment concernant la question de l'alcool.

qu'on le prenne sur le fait mais c'est pratiquement impossible, tout le monde le protège, pour avoir son carton. Le seul truc, c'est que comme c'est une MO, il a pas le droit de transporter de l'alcool. Mais tout le monde ment, on n'arrive jamais à savoir quand il va passer. Si tu veux savoir, il conduit un Toyota Land Cruiser blanc, et sa compagnie de taxi est basée à Katherine, dans la Second Street, à côté d'une boutique de location de vidéo.

À Katherine, je retrouvai comme presque chaque semaine le Pine Tree Motel. Dot, toujours impeccable, m'attendait, bien que j'aie oublié de réserver ma chambre. Après une douche fraîche, je me sentis d'attaque pour une promenade jusqu'à la boutique de vidéo, au coin de la rue.

La maison avait une apparence très ordinaire. Un taxi était garé sous le porche en tôle, derrière le portail. Comme je fouinais près de l'entrée du garage, un moteur ronfla dans mon dos. La voiture s'arrêta juste derrière moi, et je collai le nez à la vitrine de vidéo, fronçant les sourcils de l'air de celui qui cherche quelque chose. Du coin de l'œil, j'observai le jeune couple, d'apparence plutôt avenante, décharger de leur coffre les lourds sacs plastiques blancs de Woolworth, avant de disparaître vers l'intérieur de la maison. Ils me gratifièrent d'un « Bonsoir » souriant que j'ignorai ostensiblement. J'avais juste eu le temps de mémoriser le numéro de la plaque du taxi et le nom sur la boîte aux lettres.

Le soir même, j'appelai George à la cabine téléphonique de Weemol pour lui fournir le signalement exact de la voiture, le numéro d'immatriculation et le nom du bonhomme. Nous convînmes qu'il contacterait Maranboy dès le lendemain pour porter plainte contre le trafiquant, puis qu'il observerait ses allées et venues et tâcherait de mettre John et Aaron au courant en temps voulu de ses passages devant la Police Station. Les bruits courent vite dans les communautés et je ne doutais pas que George saurait obtenir les renseignements nécessaires.

QUATRIÈME PARTIE

ÉCHANGES

Chant pour arrêter le vent violent

Manapurra manaa (4 fois)
Mangarlka whoura whoura (4 fois)
Dwowaipalpi yaligarra (2 fois)
Dwowaipalpi nangueaa (2 fois)

« Arrête, vent, tu es trop fort
Détourne-toi, vent trop fort
Retourne sur ton chemin
Retourne d'où tu viens. »

22

Les préparatifs

Depuis l'ouverture du camp, la durée de mes séjours dans la grisaille parisienne s'était considérablement rallongée. Je passais plusieurs mois chaque année dans la capitale, multipliant les opérations médiatiques et professionnelles, développant les contacts commerciaux.

Cette année-là, j'étais si impatient que je débarquai chez SETI-Asie à l'improviste. Jean-Paul interrompit sur-le-champ une réunion pour me saluer.

– Ah, le Bushman ! Tu pourrais prévenir ! Comment ça va ?

– Très bien, tout roule, comme d'habitude. – Jean-Paul savait pertinemment que ma situation financière devenait intenable et que mes moyens étaient inexistants, mais il savait aussi que je n'ai jamais considéré l'argent comme un souci qui m'empêchait en rien de profiter de la vie. – Il faudrait fixer une date pour discuter le plus vite possible.

Il haussa légèrement un sourcil curieux.

– Ah, ah ! Quelque chose d'important ?

– Oui, oui, une bonne nouvelle.

– OK, dans dix jours.

Je profitai de ce délai pour aller passer une bonne semaine chez ma mère à Lodève. Je ne manquais jamais mon pèlerinage annuel dans ma ville natale. J'y retrouvais les lieux et les copains de ma jeunesse, mais aussi une flopée d'amis rencontrés récemment et passionnés par l'Australie et mes activités. Un certain nombre d'entre eux avaient d'ailleurs fait le voyage jusqu'à Bodeidei.

À mon retour, je pris d'abord rendez-vous avec Peter, le directeur de la division française de Qantas. Nous nous étions rencontrés pour la première fois un peu après l'ouverture du camp, et j'étais certain de trouver chez lui un soutien absolu dans l'organisation du voyage de George. Il me laissa à peine le temps d'exposer les détails du projet.

– C'est génial, conclut-il dans son français impeccable après mon très bref exposé. De quoi est-ce que vous avez besoin ?

– Quatre billets Darwin-Paris aller-retour. Ils sont trois et il faut que j'aille les chercher. Je rentrerai avec eux pour recommencer directement la saison.

– Aucun problème. Quoi d'autre ?

– Cent kilos d'excédents de bagages pour transporter des objets d'artisanat, pour l'exposition qui aura lieu en même temps.

– Très bien. Autre chose ?

– Non, c'est tout.

Un large sourire éclairait mon visage lorsque je sortis de son bureau. Le projet de George me tenait à cœur, et j'étais désormais confiant pour la suite. Arrivé chez SETI-Asie, j'appelai successivement les responsables de la commission touristique du Territoire du Nord et de la commission touristique australienne qui se montrèrent immédiatement séduits. Puis je poussai la porte du bureau de Jean-Paul juste à l'heure du rendez-vous. Il m'écouta longuement, en silence, tandis que je lui exposais mon projet en détail :

– George veut voir mon pays, donc il faudra passer au moins une semaine à Lodève. Et puis il faudra leur montrer un peu Paris, ils voient la tour Eiffel à la télé sans arrêt. Le reste du temps on se déplacera dans plusieurs villes où j'aurai organisé des rencontres, puisque George est partant pour jouer de la musique et chanter, avec Philip et David. Et j'emmènerai une petite expo à chaque fois. Un voyage d'à peu près trois semaines. Et puis il faudrait faire quelque chose à l'ambassade d'Australie, pour le symbole...

Assuré du soutien de Jean-Paul, je ne vis pas passer la fin cette année 1995 et le début de 1996 qui s'écoulèrent comme l'éclair, partagés entre la mise en place du voyage et les visites aux agences spécialisées sur l'Australie pour les convaincre, à force de projections diapos et de récits dithyrambiques, de m'envoyer à Bodeidei tous les clients qu'ils sentiraient ouverts à l'expérience – à vrai dire, sans le soutien inconditionnel de l'ensemble de ces vendeurs spécialisés, Bodeidei Camp aurait sans doute été contraint de fermer ses portes l'année suivante. Les grands traits du projet de voyage, que j'avais intitulé les Rencontres 97, étaient tracés. J'avais choisi six villes françaises, plus Luxembourg et Bruxelles, pour organiser les événements qui justifieraient les participations des sponsors. Ces derniers avaient tous confirmé leurs engagements. Le bouquet final serait une semaine passée dans la région de Lodève. Je me réjouissais tant de ce séjour avec mes trois amis que mon investissement pour sa préparation et sa réalisation était total. George me donnait enfin l'occasion de lui rendre un peu de ce qu'il m'offrait chaque jour.

Au printemps, mon camion blanc révisé et chargé à bloc comme d'habitude, c'est avec enthousiasme que j'attaquai une nouvelle fois les pistes rouges d'Arnhem.

Au passage à Maranboy, je tombai sur John et Aaron qui m'annoncèrent, contents, que, grâce à des plaintes successives et à des détails fournis par George, ils avaient finalement réussi à intercepter le fameux taxi français en flagrant délit de transport d'alcool. Privé de sa licence MO, l'homme était désormais hors d'état de nuire.

À l'approche de Beswick, je ralentis et scrutai les terrasses : les familles changeaient souvent de logement et je n'étais jamais sûr de la maison dans laquelle je retrouverais mes amis. Ce jour-là, avant même mon entrée dans la communauté, une poignée de petites ombres s'agitèrent pour saluer le camion depuis la maison du vieux Jimmy. En approchant je reconnus Angela, Ingrid et le petit Wamut, qui se précipitèrent vers l'intérieur de la baraque pour en ressortir aussitôt en criant, suivis de Philip et June, Jimmy et sa femme. Philip avait donc préféré la promiscuité et les « ambags » de Beswick à l'isolement de Weemol pour passer cette saison des pluies. Ils m'accueillirent avec de grands sourires contents, mais je notai immédiatement les deux cicatrices profondes et récentes qui barraient le nez et la lèvre de Philip et un vide béant à la place de deux de ses incisives. Je lançai un regard en coin à June qui baissa la tête.

– Quand tu arrives là-bas, va directement à Weemol, George veut te parler, me dit le vieux Jimmy.

J'acquiesçai avant de me tourner vers Philip, que j'avais décidé d'attaquer de front.

– Philip, tu bois toujours…

– Non, Balang, non, protesta-t-il. C'est fini. Stupide. J'arrête. Trop d'ambags ici, je retourne à Weemol. Binij na.

– OK, vous venez tout de suite ?

Les enfants avaient déjà rassemblé quelques affaires et trépignaient sur les sièges arrière du camion.

– Seulement les enfants [1]. June et moi on descendra la prochaine fois. J'ai un meeting après-demain…

Je tournai vers Jimmy un regard dubitatif. Celui-ci approuva de la tête.

– Je vous ramène la semaine prochaine alors.

J'embrassai tout le monde avant de reprendre la piste avec les enfants.

Comme chaque année, la pluie avait creusé de nouvelles ravines et aspérités sur la piste entretenue et nivelée plusieurs fois au cours de la précédente saison sèche [2]. Au niveau de la station de Conway [3], une ondée légère nous surprit, qui se mua en grosse averse, puis en

1. Il est tout à fait habituel que des enfants passent un moment dans une communauté loin de leurs père et mère de sang : ils sont alors accueillis par des grands-parents, oncles, tantes ou autres parents plus ou moins éloignés qui les prennent en charge. Jusqu'à sept ans, ils vivent chez leur père et mère, mais au fur et à mesure qu'ils grandissent, c'est la communauté des hommes qui va se charger de leur éducation, entièrement orale : règles de la Loi, statuts sociaux, etc., jusqu'à ce qu'ils aient dix-huit ans et que leur initiation soit complète. Ses parents de peau s'occuperont de lui au même titre que ses parents de sang : les enfants n'ont à ce niveau pas de restriction, ils ont toujours une famille quelque part, un gîte, de la nourriture, et sont toujours bien reçus.

2. Chaque année la piste entre Bulman et Beswick est nivelée après la saison des pluies puis encore une fois vers le mois d'août. C'est un travail qui mobilise un homme et sa machine pendant plus d'une dizaine de jours.

3. Station importante, voisine de Mainoru, dont les bâtiments se situent une bonne centaine de kilomètres après Beswick.

orage après Mainoru. Le camion dérapait vers les bas-côtés et glissait dans les creeks. En fin d'après-midi, bien plus tard que prévu, nous atteignîmes un Weemol désert et silencieux, plongé dans la pénombre d'une fin de journée nuageuse. Au bruit du moteur, des portes s'ouvrirent sur des sourires et des signes de mains, derrière le rideau grisé de la pluie. Je garai le camion au plus près de l'auvent de chez George et Maggie, pour laisser les enfants débarquer leurs affaires au sec [1]. Maggie riait de joie et tapait dans ses mains. George se leva du matelas où il se reposait, et me tendit la main. Je les pris tous les deux tour à tour dans mes bras et nous nous embrassâmes pour nous saluer : le pli était donné.

Les effusions consommées, George retrouva très vite sa mine sérieuse. D'un geste il m'invita à m'asseoir sur un cageot en plastique qui traînait sur la terrasse, tandis que lui et Maggie prenaient place sur leurs chaises de jardin. Les sourcils un peu froncés de George m'annonçaient quelque chose d'inhabituel. Il posa ses mains sur ses genoux, se recula dans son fauteuil et poussa un grand soupir. En déglutissant je réalisai que ma gorge s'était nouée d'inquiétude.

– Qu'est-ce qu'il y a, Balang ? Dis-moi !

– C'est... tu sais ?

– Qui ?

– Il est...

– Mort ?... Qui est mort ?

L'incertitude me paralysait. De son menton à la fossette un peu plissée, les yeux tristes, George me pointa la maison d'en face. La panique me coupa le souffle.

– Don ?

– Non...

George baissa vers le ciment un regard las.

1. George et Maggie, Philip et June, sont deux couples de Balangs et Narridjanes. June et Maggie, toutes deux filles de Djoly, l'une de sang (June), l'autre de peau et de « lait » (Maggie), se considèrent comme des sœurs proches. Les enfants de June et Philip appellent George et Maggie « Dedi » (kriol pour « Papa ») et Maggie « Mami » (kriol pour « Maman »). Aussi c'est naturellement chez George et Maggie qu'ils s'installent en l'absence de leurs parents de sang.

– Don est à l'hôpital. À Katherine. Il y va de temps en temps. Il est malade.

– Qui ?

George montra de nouveau la maison du menton.

– L'autre. Ce Narridj... Ce chasseur[1].

Consterné, je ne trouvai rien à répondre.

– On ne comprend pas, bobala..., continua Maggie. On l'a retrouvé un matin comme ça, il était mort. Il était pas si vieux ! C'est James, son fils, qui l'a retrouvé. Il est venu nous voir tout de suite.

– Oui, juste comme ça, reprit George. Le docteur blanc parle encore du cœur. Mais nous, on ne sait pas. C'est quoi, cette maladie de Munanga, le cœur ?

– On n'avait pas toutes ces maladies avant que les Blancs arrivent, renchérit Maggie. Seulement maintenant. C'est bizarre qu'il soit mort comme ça, on ne comprend pas.

– Oui, on ne sait pas, on ne comprend pas.

George secouait lentement la tête de droite à gauche, les yeux toujours rivés au ciment de la terrasse. Maggie fumait sa cigarette en silence, laissant la tristesse et un grand vide s'installer très profond en moi. Je pensai à la dernière partie de chasse avec Billy l'année dernière. La série des disparus défilait derrière mes paupières fermées : hommes ou femmes, pas un n'avait vécu plus de cinquante-cinq ans.

– Il y a de plus en plus de grog, cette année. Même les femmes... Donna. Et notre neveu, Dany Boy... Il s'en fout, il commence à suivre le chemin des Munangas. Il dit qu'il les aime pas, qu'il veut pas aller à l'école parce qu'il préfère la *Blekbala wei*[2], mais buljit, il sniffe du pétrole et il fume de la ganja, ça, c'est la Munanga wei. Il ne comprend pas, il n'écoute pas, il n'a plus le respect de nous les Anciens. De temps en temps, je ressors mon bâton, il comprend. Mais pas longtemps. Après, il oublie... Et puis les meetings... Main-

1. Le tabou qui interdit la prononciation du nom du mort rend malaisée l'annonce différée et hors contexte d'un décès. Après la première mise au courant des codes tacites viennent facilement suppléer à l'utilisation du nom du défunt.

2. Kriol : « manière des Noirs ».

tenant les métis de Katherine, ces Jawoyns [1], ils veulent s'unir avec nous. Plus forts tous ensemble, buljit, ce qu'ils veulent c'est les royalties des buffles, des mines et des touristes. Mais avec Maggie et John Daly-Waters on va arrêter ça. Il est bien, John... il a été élevé par des Blancs, parce qu'un de ses grands-pères est blanc, mais il est vraiment d'ici. Il est jeune mais il nous écoute. Dommage que des fois, il boive... Toi aussi, il faut que tu nous aides, Balang...

Seul dans mon camion, je franchis tant bien que mal sous la pluie les derniers kilomètres vers Bodeidei. J'avais remballé la nouvelle guillerette du voyage en France, bien trop légère pour l'occasion. Ce soir-là, un vent violent et moite et une pluie torrentielle illuminée de temps à autre par les éclairs remplaçaient l'habituelle magie nocturne de Bodeidei.

Au cours des semaines et des mois suivants, le grand vent de la saison fraîche chassa les nuages, coucha les grandes herbes, et quelques mois plus tard les lueurs des feux de savanes dansaient sur la voûte étoilée des nuits sèches et froides. Le cycle des saisons avait emporté les orages, et avec eux les inquiétudes, évincées par le beau temps et les excursions dans le bush. Le nombre des réservations avait doublé par rapport à l'année précédente, et je pouvais espérer que les recettes couvriraient presque les dépenses. En revanche, l'absence de mes deux compagnons disparus creusait un grand vide lors des balades, avec ou sans clients. Quant au vieux Don, il buvait maintenant régulièrement. Lorsqu'il séjournait à Weemol, je le trouvais saoul comme une barrique deux jours sur trois, affalé sur le ciment de sa terrasse, sale et malodorant. Il passait de plus en plus de temps à Beswick, où la bière arrivait encore plus facilement et où les alcooliques comme lui représentaient la majorité de la population. Philip buvait également. Vers le milieu de la saison, George

1. Les Jawoyns sont un groupe dont les terres traditionnelles se situent autour de Katherine. Ils sont donc propriétaires de la plus grosse attraction touristique régionale, les Gorges de Katherine. De nombreux Jawoyns sont de descendance mélangée et ont reçu une éducation occidentale. Ils ont constitué une association qui gère les bénéfices des terres jawoyns et contrôle l'ensemble des activités sur ces régions. Malheureusement le profit et la corruption régissent les décisions plus que le sens de l'équité et du partage.

et moi arrangeâmes une stratégie de chantage : la sobriété de Philip jouerait comme condition à sa venue en France. L'engouement de Philip pour le projet eut raison cette année-là de son penchant pour la boisson, et pendant quelques mois il ne participa plus qu'à quelques beuveries occasionnelles. À partir du mois d'août il m'accompagna de nouveau régulièrement à Dalangarr, à Kotpela et à Kliklimarra, à la grande joie de toute sa famille.

23

Cérémonie de nuit

Un soir de juillet, comme je dînais en compagnie de six visiteurs sous la grande tente-salle-à-manger, un bruit de moteur en bas du camp interrompit les conversations. C'était George, qui monta doucement s'asseoir près du feu de camp. Je recommandai à mes convives de poursuivre leur dîner, et me levai pour le rejoindre. Pour se déplacer à cette heure il avait pour sûr une bonne raison, un message important.

– Hi Balang.

– Hi Balang. Qu'est-ce qui se passe ?

– Balang... Je t'ai beaucoup parlé... Tu as vu plusieurs cérémonies, à Mont Catt, à Barraponda, à Weemol, des cérémonies publiques avec les enfants et les adultes, quand des gens sont morts.

Il marqua un silence. Il parlait lentement en regardant les flammes, son front large et ses mâchoires massives empreints d'un sérieux sans fond.

– Je dois te laisser. Je vais partir ce soir. Mais demain, on reviendra te chercher, et on t'emmènera à Nimbigurruk, le site de cérémonie près de Moban. Il y aura Djoly, David, Jimmy. Et d'autres que tu ne connais pas.

J'approuvai de la tête.

– Je dois y aller, Balang, il faut qu'on parte tout de suite. Attends-moi ici demain, avant que le soleil se couche.

Par chance, les clients repartaient le lendemain matin en avion – George ne s'était pas inquiété un instant de mes disponibilités.

Le lendemain au soir tombant, comme prévu, le moteur brinquebalant du Toyota de George se fit entendre derrière la colline. Sur la banquette passager, un homme était assis : je reconnus David. Sans couper le moteur, George me signifia d'embarquer à côté d'eux et redémarra immédiatement. Ils observèrent quelques minutes d'un silence souriant, fredonnant vaguement un air traditionnel. Je jetai un coup d'œil vers George, qui se concentrait sur les ornières de la piste. La confirmation de son voyage en France, au début de la saison, l'avait aidé à retrouver son souffle et son énergie et à surmonter le chaos environnant. Nous débattions les modalités de l'événement au quotidien, nous délectant de l'évocation d'un plaisir à venir. Il avait forcément parlé à David du projet. Ce dernier se tourna subitement vers moi.

– Comment ça va, Balang ?

– Très bien, très bien. Et toi, Bengadi ?

– Bien... Un peu fatigué... Hier soir... Pas tellement dormi...

J'avais appris à mieux connaître David que j'avais croisé régulièrement au cours des derniers mois. Discret et sensible, il gardait un calme et une bienveillance imperturbables en toutes circonstances, avec les Blancs comme avec les Noirs. Pourtant son ironie douce mais mordante laissait transparaître l'inquiétude qu'il partageait avec George : lui aussi refusait l'alcool et ses déchéances, observait la débâcle des jeunes et des moins jeunes, l'agonie des valeurs et des pratiques d'une tradition qui lui tenait tant à cœur.

George l'interrompit, et ils échangèrent quelques phrases en dialecte. Puis George s'adressa à moi.

– Balang, Bengadi est en train de réfléchir, pour visiter ton pays. Il y pense. Il t'en parlera après la cérémonie.

Je souris. Je reconnaissais bien là leur penchant pour la réflexion et les intermédiaires.

À Weemol, George bifurqua en direction de Moban. Après plusieurs kilomètres, il quitta la piste pour couper droit en plein bush. Quelques minutes plus tard je discernai les lueurs de plusieurs feux de camp, puis les formes grises de voitures stationnées à proximité des foyers. Je reconnus le 4 × 4 de Djoly. George arrêta son Toyota à côté. Sans rien dire mes deux acolytes quittèrent le véhicule et je les suivis en silence vers les feux et leurs ombres.

Ce soir-là, j'entrai dans un cercle de silence que rien encore ne m'autorise à rompre. Dans les yeux de ceux avec qui j'ai partagé ces quelques heures incroyables, je croise, encore aujourd'hui, un petit éclair brillant : c'est celui de la complicité d'un secret partagé. Mais aucun de nous ne se permet jamais une évocation ou même une allusion.

Nombreux sont les Blancs qui assistent à des cérémonies publiques, des enterrements surtout. En revanche il est plus rare que l'un d'entre nous soit convié à ces autres cérémonies, celles de la nuit, et la tentation de projeter nos propres fantasmes de superstition sur l'inconnu et l'incompris d'une culture étrangère est puissante. À ces élucubrations audacieuses je préfère le silence et une approche humble de ces pratiques dont le sens profond nous échappe. Ni rites ésotériques, ni séances de transe, les cérémonies ressemblent pour moi à de grandioses pièces de théâtre. Plus qu'une force mystérieuse ou magique, le spectacle dégage une puissance simple : la beauté d'une mise en scène expressive. Vêtus de leurs plus belles couleurs et de leurs parures de plumes, les hommes rejouent en musique et en danses, pour leurs fils, les scènes originelles des lieux. Car les cérémonies sont d'abord une école, un cycle d'initiation destiné aux jeunes hommes, qui y apprennent la Loi et l'histoire de leurs terres et de leurs Ancêtres.

Cette saison-là s'écoula doucement, au rythme nouveau des Anciens qui m'avaient intégré à leur cercle restreint. Djoly, David et Jimmy appréciaient visiblement mon silence observateur. Ils m'invitaient désormais à chaque rassemblement d'importance, traditionnel ou politique. Le cœur gros, j'avais renoncé à la compagnie de Don, qui dans son coin persévérait dans ses beuveries. La perspective du voyage en France animait en permanence mes relations avec George et Philip. Il fallait boucler l'organisation, leur procurer des passeports, s'assurer des modalités et des dates de nos retrouvailles lorsque je reviendrais de France début mars. Après avoir tout mis en place, je volerais sur Darwin pour les rejoindre à Katherine et prendre l'avion avec eux. Vers le mois de septembre George avait caressé l'idée d'emmener Djoly également. Il en parla régulièrement pendant plusieurs semaines, puis subitement n'y fit plus la moindre allusion. Un jour je le questionnai directement.

– Djoly ne peut pas quitter la région, avoua-t-il, son regard sombre scrutant le ciment de la terrasse. Il faut qu'il aille à l'hôpital à Katherine, régulièrement. Un problème de reins.

Les yeux de George brillaient de tristesse et d'appréhension. Ces maladies de Blancs, malgré le sempiternel remède des visites à l'hôpital, ne lui disaient plus rien qui vaille. Je m'efforçai de sourire et posai ma main sur son épaule.

– Tant pis, on ira tous les quatre, tu verras, ce sera bien. J'ai vraiment hâte d'être là-bas avec toi. Merci, George. C'est grâce à toi que je suis là, que je vis ici. je ne serais peut-être pas resté si je ne t'avais pas rencontré.

Il me rendit mon sourire.

Dans un grand bruit de porte, Maggie déboula sur la terrasse en criant.

– François ! Elle arrête pas, cette Peggy, elle ennuie tout le monde. Elle rentre dans la maison, dans la cuisine, elle mange tout, n'importe quoi ! Mais elle est trop grosse maintenant ! Et elle est trop forte, on peut rien faire. Elle fait peur aux enfants, même les chiens elle leur fait peur. C'est toi qui l'as amenée, aide-nous !

En riant aux éclats je risquai un pied dans la maison. Peggy était une truie sauvage que nous avions attrapée deux saisons plus tôt, avec le grand Wamut. À l'époque elle n'était pas plus grosse qu'un chat, mais nourrie de poubelles bien garnies elle avait vite grandi et pris du poids. Depuis que nous l'avions ramenée je ne manquais jamais, dès que je la voyais, de l'approcher pour la gratter derrière l'oreille du bout d'un bâton. En quelques minutes à peine elle se couchait et s'endormait. Maggie prétendait en riant que je parlais le langage des cochons.

Les enfants, surtout ceux de Philip, développaient un goût fâcheux pour la capture de bébés animaux d'espèces variées, qu'ils prétendaient transformer en animaux de compagnie. Ânons, poulains, canetons, petits crocodiles ou petites tortues, bébés dingos ou même buffles nouveau-nés se voyaient du jour au lendemain séparés de leurs mères et livrés aux mains perverses des enfants bien intentionnés mais parfaitement ignorants de la fragilité des petites créatures. Le plus souvent les pauvres bestioles mouraient en moins d'une semaine. Ceux qui survivaient, perdant l'attrait de leur jeune âge, devenaient vite des fardeaux, comme Peggy, dont on se serait passé plus que facilement.

Très régulièrement Ingrid, Angela et Junior venaient me voir avec un bébé animal pour me persuader de le garder avec moi au camp. J'aurais volontiers pris sous mon aile ces pauvres petites choses vouées à un triste destin, mais mon absence de cinq mois chaque année m'interdisait de telles adoptions. Un matin de juin cette année-là, pourtant, ma fermeté s'évanouit devant une petite femelle dingo pas plus grosse que mon poing que Wamut avait glissée dans ma main. Je l'appelai « Mimi », comme les esprits. Les dingos sont des animaux étonnants. Ces canins originaires d'Asie n'aboient pas, mais hurlent comme des loups, et leurs réactions évoquent souvent celles des félins. Mimi resta avec moi longtemps, libre d'aller et venir à sa guise mais m'accompagnant partout. Elle se ruait sur moi et adorait jouer. Chaque année, lorsque je quittais le camp, j'avais le cœur gros, doutant de la revoir ou qu'elle me reconnaisse à mon retour après ces longs mois d'absence. Mais dès que je revenais, Mimi surgissait de nulle part pour me faire la fête. J'étais heureux : j'avais gagné une compagne fidèle sans pour autant lui voler sa liberté et sa vie sauvage.

Mais Mimi était un dingo, et on ne change pas un dingo : un jour, sans trop serrer heureusement, elle attrapa à la gorge une des petites filles de Lily, et je n'eus pas d'autre choix, pour éviter un autre jour plus grave accident, que de l'abattre.

24

Le voyage

L'obtention de passeports pour les trois voyageurs constitua l'une de nos préoccupations majeures cette année-là. Les démarches se révélèrent plus compliquées que je ne l'avais prévu, et suscitèrent de nombreuses et joyeuses expéditions vers Katherine ou Darwin avec mes trois acolytes.

Pour Philip, tout se déroula à peu près normalement. Né à Katherine dans les années 1950, il avait déjà fait faire un permis de conduire et on trouva vite les références qui avaient servi à son établissement. La date de naissance indiquée semblait peu plausible, mais nul ne s'en préoccupa. Pour David, les choses étaient déjà plus compliquées : il était beaucoup plus âgé. Mais lui aussi était né dans la région de Katherine et l'épluchage des vieux registres se révéla fructueux. George en revanche est né dans le bush, et y a vécu loin des Blancs jusqu'au début de son adolescence. Naturellement incapable d'indiquer l'année précise de sa naissance, il redoublait de précisions quant au lieu où il avait vu le jour et énumérait inlassablement les noms aborigènes des sites alentour, ce qui évidemment n'éclairait en rien les employés de l'état civil. Finalement, à force de fouiller les archives de Darwin, quelqu'un dégota un certain « George » né à peu près dans la région indiquée à une date plus ou moins proche. George signa tous les papiers en dessinant en capitales son nom, « GEORGE », dont on l'avait affublé adolescent lorsqu'il travaillait à la station de Mainoru et qu'il apposait maintenant sur tous ses chèques et autres documents officiels. Quelques semaines plus tard je récupérai son passeport dans ma boîte postale à Katherine.

George examina avec un plaisir fier le mince carnet bleu et ses enluminures dorées, feuilleta les premières pages. Il s'arrêta quelques secondes sur la photo puis me tendit le livret.

– Balang, tu peux me lire ce qu'il y a marqué ?

Je lus à haute voix tous les détails qui concernaient censément sa personne. George se mit à rire doucement, puis plus fort.

– Qu'est-ce qu'il y a ?

– C'est pas moi, Balang ! C'est pas mon nom, je ne suis pas né à cet endroit, ce n'est pas moi !

Il riait de plus belle :

– C'est pas grave, vu que de toute façon je ne peux pas lire ce qu'il y a marqué dessus !

Je restai au camp un peu plus longtemps que prévu et ne quittai la région qu'une fois réglées les questions des passeports et des visas. À Weemol, la perspective du voyage au mois de mars égaya quelque peu le rituel toujours émouvant des adieux.

– Bobala, tu pars dans ton pays, soupira Maggie comme tous les ans. Tu reviens après les pluies...

– Tu oublies qu'il revient me chercher pour m'emmener dans son pays ! rétorqua vivement George.

– Oh ! Bobala ! C'est vrai, j'avais oublié !

Et Maggie partit de son grand rire joyeux comme elle le faisait souvent.

– Je t'appellerai un peu avant, Balang.

À peine m'étais-je éloigné de quelques dizaines de kilomètres, une pluie violente noircit le ciel pour inonder la piste en un véritable déluge. À la rivière de Mainoru, je trouvai plusieurs véhicules stationnés sur chaque rive, conducteurs et passagers préférant attendre sagement quelques heures pour traverser après la crue. Mais la perspective de passer la nuit sur le bas-côté ne m'enchantant pas, je pris le risque de lancer immédiatement mon véhicule à travers le courant tourmenté des soixante-dix centimètres d'eau tiède et boueuse. Les pneus accrochèrent de justesse la dalle de béton à quelques mètres de l'autre berge, juste à temps pour stabiliser le véhicule dont l'arrière-train commençait à dériver en travers dans le courant.

Quelques dizaines de kilomètres avant Beswick, le ciel avait changé d'humeur, subitement comme à son habitude dans la région, et s'était défait de ses nuages pour reprendre ses tons bleus. Je ralentis en apercevant Don assis sur la rambarde en bois face à la shop, jambes ballantes et cigarette au bec.

– Hi, Rodéo-Man !

– Hi, Balang ! Tu vas sur Katherine...

Ses traits étaient tirés et il dégageait des odeurs de bière. Malgré le foulard rouge et la chemise à carreaux je ne retrouvais plus le Don que j'avais connu.

– Bobo, Don...

Il tourna vers moi son regard perdu.

– Take care.

– No worries, Balang. Toi aussi, take care.

Sans me retourner je repris le volant, et démarrai vers la maison de Philip et June qui séjournaient ici depuis quelques semaines. Ingrid et Angela m'accueillirent à grands cris.

– Balang, Balang ! Tu nous ramènes à Weemol ?

– Non, ce n'est pas par là que je vais, je vais sur Katherine. Je repars dans mon pays !

June, Jimmy et Philip étaient sortis de la maison. Le regard de June était triste.

– Balang. Mon père est à l'hôpital de Katherine pour une semaine..., me souffla-t-elle.

– Hi, Bra ! Je t'attends ici alors ? Avec David ? coupa Philip. Tu nous appelleras avant, hein ?

– Philip... tu rebois...

Son sourire se figea, et il baissa la tête.

– Un peu, Balang, pas vraiment beaucoup.

J'embrassai tout le monde. Jimmy grimpa dans le camion et je filai vers la maison de David, qui m'accueillit avec son invariable « B'jour, Balang » traînant et rieur. Il peignait ses molos installé sous l'auvent de sa véranda. Son style caractéristique, bien différent de celui de George, avait rendu ses instruments célèbres dans le monde entier.

– Tu pars dans ton pays ?

– Je reviens vous chercher en mars.

– Je serai là. Balang, Djoly est à l'hôpital à Katherine. Il est pas trop bien. Tu vas aller le voir ?

– Oui.
– OK, Bobo Balang.
– Bobo Bengadi.

À l'hôpital de Katherine, dans une chambre aux peintures passées qu'il partageait avec quelques autres hommes de sa couleur, je trouvai Djoly trônant sur un lit trop haut pour lui. Son corps noir menu emmailloté dans la blancheur des draps et sa casquette sans visière qu'il portait toujours, lui donnaient un air étrange et comme irréel. Il sourit. Je m'assis sur la chaise près du lit et attrapai sa main.

– Comment va ton frère [1] ?

– Très bien, très très bien, je l'ai quitté ce matin, il pense à toi, tout le monde pense à toi.

– Mmm. Tu rentres dans ton pays. Tu emmènes mon frère [2] et mon rembara [3]...

J'acquiesçai de la tête.

– Philip, il boit trop... June reste à Beswick à cause de moi, mais c'est pas bon pour les enfants. Ramène-les dès que tu peux. Tu sais, Adrian s'est mis avec une fille, et elle a trouvé un enfant [4], il va naître bientôt, je crois. Mais, *rong skin* [5].

– Je ne savais pas, Djoly. On ne m'avait rien dit.

– Mmmm... Parce que rong skin. June et Philip ont laissé faire, ils n'ont pas vu. C'est trop dur maintenant, les enfants voient la télé, ils suivent leur propre voie, ils n'écoutent plus les anciens... Quand tu reviendras de ton pays, je viendrai à Weemol, il faut qu'on parle avec ton frère et avec Jimmy et David.

---

1. George.
2. David.
3. George. « Rembara » désigne soit le beau-père, soit le gendre selon le contexte.
4. En kriol, on emploie le verbe qui veut dire « trouver » pour parler du fait d'avoir un enfant.
5. Kriol : de l'anglais *wrong skin*, « mauvaise peau ». La femme d'Adrian est Narridjane alors qu'il aurait dû choisir Kodjane ou Bengane (voir note 2, p. 101-102). Ces mariages hors normes traditionnelles posent ensuite un problème pour déterminer la position des enfants dans le système de parenté et de clans.

Je serrai sa petite main osseuse et l'abandonnai avec tristesse dans cette chambre à laquelle il semblait si étranger.

De retour au cœur de l'hiver français, je passai d'abord quelques jours entre Montpellier et Lodève, avant d'affronter de nouveau la fraîcheur et l'effervescence de la capitale. Rue Galande, le vieil immeuble qui abritait les locaux de SETI-Asie fourmillait plus que jamais. Je retrouvai Jean-Paul affairé à ses éternels dossiers.

Cet hiver-là passa très vite à recontacter tous les sponsors et obtenir les dernières autorisations. Je consacrai une partie de mon séjour à une grande tournée dans toutes les villes où nous avions choisi d'organiser des rencontres. À mesure que la date du voyage de mes acolytes d'Arnhem approchait, je réalisais que je ne parvenais guère à me figurer la tournure qu'il allait prendre, alors qu'eux, au contraire, abordaient l'expérience avec une sérénité et un naturel désarmants.

Dès mon arrivée à Darwin à 5 heures du matin, comme d'habitude, je fonçai sur Katherine immédiatement au volant d'une voiture de location. Pas de temps à perdre : nous décollions de nouveau dans l'autre sens le lendemain. Quelques dizaines de mètres après le panneau de l'entrée de la ville, près du monument aux morts[1], je trouvai George assis en tailleur sur l'herbe du bas-côté, adossé au petit sac polochon qui lui servait de bagage. Il portait un T-shirt rose vif qui tranchait avec goût sur son teint ébène et son pantalon noir, et s'était coiffé et rasé de près. Je klaxonnai : les sourcils froncés vers le lointain de la route, il guettait l'arrivée de mon gros camion blanc. Lorsqu'il me reconnut à travers les vitres un peu teintées de ma voiture d'emprunt, son visage s'éclaira d'un grand sourire. Il enjamba le fossé et s'assit sur le siège passager.

– Je suis prêt, je t'attendais.

– Je vois, Balang ! Et David et Philip ?

– À Beswick. David n'a trouvé personne pour le déposer. Philip, je ne sais pas, il boit beaucoup, m'informa-t-il. Tu fais comme tu veux, Balang, avec Balang.

1. L'Australie a participé aux deux guerres mondiales et à la guerre du Vietnam.

– Bon, ben, on va à Beswick, on verra.

George jeta un coup d'œil aux trois petits sacs de voyage posés sur la banquette arrière.

– Des habits, des affaires de toilette. Un sac pour chacun. Des pulls, des chaussures. Il fait froid à Paris.

Il hocha la tête.

– George, tu es allé chez le coiffeur !

Il réprima un sourire et détourna la tête en faisant mine de suivre des yeux un passant sur le trottoir de l'autre côté de la grande rue.

À Beswick, nous trouvâmes la femme et les enfants de David bavardant sur la terrasse de leur maison. À notre arrivée, David, tiré à quatre épingles, apparut sur le seuil de la porte d'entrée et s'avança vers la voiture de sa démarche de gentleman.

– Hi, Balang. On y va ? Je suis prêt !

– Hi, Bengadi.

– Où est Philip ? s'enquit George avec sérieux.

David pointa une maison en briques grises très en retrait de la route, quelques centaines de mètres plus loin. Je proposai de nous y rendre tous ensemble. David adressa quelques mots à sa famille en langue Maeli[1] avant de s'installer à l'arrière avec les sacs.

– Allez, Balang, on s'en va. Trop d'ambags ici, ça va me faire des vacances. Ils veulent tout, les jeunes, ils ne savent pas travailler mais ils veulent tout. Du madj Munanga wei...

La maison grise en question, silencieuse, présentait une mine morose et une terrasse déserte. À mon coup de klaxon, la tignasse bouclée du petit Wamut apparut dans l'embrasure de la porte. Un instant après June, Ingrid, Angela et Junior nous accueillaient avec force démonstrations de joie.

– June, où est Balang ?

– Mmm... Je ne sais pas, Balang... Ce n'est plus mon problème, articula-t-elle posément.

Indécis, je scrutai ses traits sombres.

– Je ne sais pas où il est. Ce n'est plus mon problème, répéta-

1. David appartenait au groupe de langage maeli, qui occupe avec les Rembarrngas comme George et les Dalabons la moitié de la Terre d'Arnhem. Ils se distinguent des autres groupes aborigènes d'Australie.

t-elle. Il boit trop. Je l'ai fait partir d'ici. Il reviendra quand il ne boira plus. Peut-être.

– Moi je sais où est Dedi !

Ingrid avait mis sa main dans la mienne.

– Tu peux m'emmener ?

À l'exception de June, qui disparut de nouveau dans la maison, tout le petit monde s'entassa dans la voiture. Depuis la banquette arrière, la tête glissée entre les deux sièges avant, Ingrid me dirigea doucement vers le quartier des célibataires, de l'autre côté de la communauté. Un long bâtiment en parpaings bruts servait de dortoir à ceux qui vivaient seuls. Je suivis Ingrid, qui s'extirpa du véhicule et s'avança vers la maison. Une odeur de fauve et de tabac froid me prit à la gorge lorsque je pénétrai la pénombre de la grande pièce vide. À l'intérieur, tout seul, affalé sur une vieille mousse grise de crasse, un Philip hagard et bouffi complètement amorphe fumait une cigarette. Il leva lentement vers Ingrid un regard vide.

– Dedi..., c'est Balang qui est là. Il vient te chercher...

– Hi Bra... Je suis prêt, souffla-t-il d'une voix rauque en grimaçant un sourire.

Je sursautai.

– Non, Philip ! Mais non, tu n'es pas prêt ! Regarde-toi ! June t'a viré, tu vis comme une loque dans ce taudis avec les alcooliques de la communauté ! Tu n'es pas prêt, je ne t'emmène pas comme ça.

Philip avait baissé les yeux et passait une main hésitante dans le paquet de ses cheveux sales.

– Et Wamut, et Ingrid, et Angela ? Et le bébé d'Adrian ?

– Je sais, je sais, murmura-t-il finalement d'une voix qui s'étranglait.

– Non ! Non, tu ne sais pas. Si tu savais, tu ne serais pas dans cet état.

Il ne répondit rien mais baissa la tête encore plus. Je sortis pour attraper dans la voiture le sac qui lui était destiné et le balançai sur le lino du dortoir.

– Tu as tout ce qu'il te faut là-dedans, des habits propres, des chaussures, et de quoi te laver et te raser. Je te donne une heure.

Je claquai la porte, remontai dans la voiture très silencieuse, et démarrai en direction de la maison de June. Nous retrouvâmes celle-ci assise sur un bidon de farine, un thé à la main. Je m'assis près d'elle sur la terrasse, une fille sur chaque genou et Wamut affalé sur mes épaules.

– Je prends Philip, June. Il ne boira pas de tout le voyage. Au retour tu verras comment il est...

– Très bien, Balang, comme tu veux. Ce n'est plus mon problème...

David et George buvaient aussi un dernier thé avant de partir.

– June, où est Don ?

Les gamins pointèrent en cœur une maison bleue sur pilotis et m'accompagnèrent jusque-là.

Clope au bec comme d'habitude, Don sirotait lui aussi un thé sur sa terrasse. Sur son visage se lisait une fatigue profonde.

– Hi Don, mon vieux Gala ! lançai-je de loin, approchant en mimant des pas de danse qu'il m'avait appris.

Je l'entendis rire vaguement.

– Hi Balang ! Déjà rentré ?

– Non. Je viens chercher George, Philip et David, on va dans mon pays cette année, tu sais [1].

– Ah oui... C'est vrai... Vous revenez quand ?

– Dans trois semaines.

– OK, Balang, quand tu reviendras, tu me ramèneras sur mes terres. J'essaie de moins boire tu sais. Du madj. Il faudra que tu m'emmènes à Bengay, je veux revoir les peintures des Mimis.

Je m'efforçai de sourire, mais le retour sur les terres signifiait souvent la fin de la lutte.

– OK, Don, on va faire ça, avec plaisir, moi aussi j'ai envie de retourner à Bengay avec toi...

– Et avec les touristes ! On pourra ramener des barramundis, des varans...

Ses traits éprouvés esquissèrent un sourire, et son regard s'anima un instant d'une ancienne lueur.

– Oui, Don... Au mois prochain alors...

1. Il n'avait pas été question que Don se joigne au trio car ce dernier n'avait jamais été très versé dans la connaissance et les pratiques traditionnelles. Dans cette mesure, Don ne nourrissait aucun ombrage de ne pas faire partie du voyage.

Je l'embrassai sans rien dire et le quittai sans me retourner.

J'allai récupérer George et David. Un peu plus tard, Philip nous rejoignit, lavé et vêtu de propre. Il monta dans la voiture et nous pûmes enfin démarrer en direction de Katherine.

Hormis un instant de panique lorsque George se trouva coincé dans l'étroite cabine de toilette, le vol se déroula sans encombres. Après un copieux repas, une bonne nuit et une séance chez le coiffeur, Philip se trouvait beaucoup mieux. Le joyeux trio, confortablement installé côté hublots, anima le compartiment de commentaires enjoués tout au long du voyage. Lorsque l'appareil entama sa descente vers la brume pluvieuse du petit matin de la région parisienne, leurs trois nez s'écrasèrent contre les vitres épaisses.

– Alors, voilà tes terres, Balang, prononça George solennellement, heureux de s'approcher du sol qui m'avait vu naître et grandir.

À Roissy-Charles-de-Gaulle, quelques jeunes amis qui connaissaient bien les trois voyageurs pour être venus au camp plusieurs fois m'attendaient derrière les portes automatiques. Après les embrassades sincères des retrouvailles, nous chargeâmes nos cent kilos de bagages dans la camionnette qu'ils avaient louée, et nous plongeâmes d'emblée dans l'agitation de ce matin de semaine parisien.

– Les voitures sont toutes petites ! s'exclama Philip en se penchant par la vitre du camion surélevé, qu'il referma d'ailleurs avec empressement en toussotant.

– Il y en a trop..., marmonna George.

– Ben oui, c'est pour ça qu'on ne peut pas rouler ; regarde, on est encore arrêté, remarqua David avec une sorte d'étonnement résigné.

Après vingt minutes de bouchon, nous nous installâmes à l'hôtel que j'avais réservé place Gambetta. Ils profitèrent avec le plus grand plaisir de la confortable salle de bain, ainsi que du petit déjeuner buffet où ils se servirent copieusement. Ils avaient dormi dans l'avion et semblaient peu sensibles au décalage horaire. Aussi, nous décidâmes de sortir tout de suite.

À peine descendus dans la rue, les trois compères emmitouflés dans leurs anoraks s'empressèrent de commenter la fraîcheur de l'air. Alignés au bord du passage clouté, ils attendaient mon signal pour traverser. Lorsque je baissai les yeux, je découvris trois paires de pieds nus à même le macadam presque gelé du trottoir. Les yeux de George suivirent les miens, et il éclata de rire.

– J'ai oublié, Balang ! On a tous oublié !

– Aussi, c'est pour ça que j'avais si froid ! remarqua Philip avec bon sens.

Les premiers jours, nous utilisâmes beaucoup les transports en commun, de manière à goûter la saveur de l'atmosphère parisienne. Le premier contact avec le métro fut difficile. Ils ne descendirent qu'à contrecœur dans la lumière artificielle où régnait cette odeur étrange et indéfinissable de caoutchouc chaud et de renfermé. Dans les couloirs, ils ne lâchaient pas mon bras, lançant de toutes parts des regards méfiants.

– Alors c'est pour ça qu'ils descendent tous dans ces caves ? conclut George. Ils veulent voyager plus vite, en haut il y a trop de voitures, donc ils voyagent sous la terre.

Ses grands yeux guettaient chaque détail, ne laissant rien passer. David le rêveur restait très calme, semblait ailleurs, il accrochait ici et là un détail et souriait pour lui-même. Ses tournées nombreuses, dans le monde entier, lui avaient rendu les grandes villes familières, mais comme il le répétait souvent lui-même, il connaissait surtout les hôtels, les taxis et les salles de concert [1]. Philip adoptait des poses désinvoltes, mais ses mouvements de surprise un peu nerveuse et ses yeux ronds comme des billes trahissaient ses étonnements.

– D'où viennent tous ces Blekbalas ? Ils ne sont pas aborigènes... me demanda George après un premier bain de foule.

J'esquissai de mon mieux un résumé de l'histoire coloniale, et expliquai les grands traits de la situation des différentes populations noires en France.

– Les pauvres, conclut George avec sérieux. Ils n'ont plus de terres, plus de Nayuhyungi !

– Oui, les pauvres... Nous au moins, on a nos terres, notre culture, reprit un Philip quelque peu condescendant.

---

1. Sur l'initiative d'imprésarios blancs, David Blanasi s'est produit dans le monde entier tout au long de sa vie.

– Buljit ! trancha George. Arrête de boire, et après tu pourras parler des Noirs qui ont perdu leurs terres !

David approuva, et Philip se renfrogna un moment.

Dès le premier matin nous avions retrouvé Jean-Paul chez SETI-Asie pour un déjeuner. Mes trois acolytes passèrent le seuil de l'agence au son du molo, frappant les clap-sticks, et retrouvèrent avec étonnement une poignée de visages familiers : un certain nombre des employés avaient séjourné à Bodeidei. Le déjeuner organisé par Jean-Paul dans un restaurant chic du 5ᵉ se déroula à merveille, George, Philip et David observant et imitant comme un seul homme mes attitudes et manipulations de couverts.

La suite du voyage s'inscrivit dans cette même tonalité d'échanges et de bonne humeur. Nous étions convenus tous ensemble d'un programme qui permettrait d'engager un dialogue avec le public. Chaque soirée commençait par une présentation des trois invités, suivie d'un peu de musique traditionnelle puis d'un diaporama livrant un aperçu de leur environnement. Le reste du temps était consacré aux questions, toujours nombreuses, qui conduisaient parfois fort tard ces rencontres initialement prévues pour durer environ deux heures. George en général répondait. David de temps à autre, sans que l'on sache vraiment pourquoi, entonnait un air de molo, immédiatement repris par George au chant et Philip aux clap-sticks. Nous arpentâmes la France, le Luxembourg et la Belgique, pour une dizaine de ces rencontres très réussies pour la plupart. Le public éclatait régulièrement en applaudissements et certains auditeurs nous attendaient à la sortie pour rencontrer les visiteurs, avoir l'honneur de leur serrer la main et les congratuler chaleureusement.

Après cette petite tournée qui s'acheva dans la région de Toulouse, le reste du voyage était réservé aux visites et aux découvertes : les vraies vacances allaient commencer.

Au centre aérospatial, où nous passâmes une matinée, nous nous amusâmes tous beaucoup autour du dispositif qui permet aux visiteurs d'être photographiés vêtus d'un faux scaphandre et dans un environnement lunaire. Chacun emporta son cliché. Puis, après le déjeuner, la camionnette quitta la ville pour s'engager sur des routes plus étroites à flanc de colline.

– Où on va ? s'enquit George intrigué.

– Surprise, Balang...

J'avais organisé pour mes amis une visite privée des célèbres grottes de Gargas, au cours de laquelle ils pourraient examiner les véritables peintures rupestres du site, parmi lesquelles figurent notamment des impositions de mains[1]. Lorsque le jeune étudiant en archéologie qui devait nous servir de guide nous ouvrit une entrée béante et sombre comme un tunnel, George me lança un regard méfiant.

– Tu nous emmènes encore sous la terre... Et sans lumière[2]...

– Sur tes terres, je t'ai toujours suivi, George, je n'ai jamais posé de question, je t'ai fait confiance. À toi maintenant !

George se redressa, se tourna vers les deux autres, et leur adressa quelques phrases en kriol, en retroussant sa lèvre inférieure et en pointant du menton l'obscurité de la grotte.

– On te suit, Balang, annonça-t-il finalement. Mais que personne ne fasse de bruit. Il ne faut pas déranger les Mimis.

Je priai le jeune archéologue de ne pas multiplier ses commentaires et de faire le silence pour préserver la tranquillité des Mimis, et nous pénétrâmes à petits pas dans le gouffre noir, en nous tenant par la main. Après de longues minutes, le groupe s'arrêta derrière le guide face à un pan de mur très lisse. La torche pointée du jeune homme dessinait sur la roche un grand cercle plus clair. Au centre du cercle, inscrites en traits aussi nets que sur le grès de l'escarpement de Kotpela, une série de silhouettes de mains se détachaient comme si on les avait tracées la veille. Le souffle court de surprise et les yeux grands ouverts, George scrutait les dessins sans mot dire. Philip et David, un peu en arrière, restaient aussi bouche bée. Après presque une minute, George se baissa pour mieux voir et tendit doucement sa propre main, les doigts écartés, jouant avec les ombres pour comparer la forme à celles de la paroi.

– Je savais, Balang. C'est ça. Notre Nagorrko[3], nos Nayuhyungi

1. À Gargas, les visiteurs n'ont en principe accès qu'à des reproductions des œuvres rupestres originales.

2. Les Aborigènes sont très peu familiarisés avec l'obscurité. Dans le bush le feu de camp est entretenu toute la nuit et dans les maisons ils gardent en permanence une veilleuse allumée.

3. Ancêtre créateur.

pipul, les deux premiers hommes et les deux premières femmes[1], ils sont tous venus ici aussi. Partout dans le monde. Nos Mimis ont dessiné ici aussi. Mais les doigts, regarde[2]. Des moignons. Comme les hommes d'avant, les hommes crus. Chez nous, les doigts sont normaux, c'est quand ces hommes étaient comme nous. Ils sont venus ici quand ils n'étaient pas encore finis.

Il se releva doucement et s'adressa longuement à David en dialecte, chuchotant si bas que même Philip ne put suivre leur conversation. Les deux anciens entonnèrent alors un chant en murmurant. Au son doux de leur mélodie, nous rebroussâmes chemin pour remonter vers le halo de lumière éblouissante à la sortie du tunnel.

Comme je m'apprêtais à remonter dans le véhicule, David attrapa son molo à l'arrière, puis rejoignit George qui s'était installé en tailleur au bord de la route sur un pan d'herbe surplombant le coteau. Philip les imita, et la vallée entière résonna soudain du son grave du molo, de la voix de George et des claquements métalliques des clap-sticks que Philip s'était empressé de récupérer dans la camionnette. Complètement absorbés, ils jouèrent un long moment, les yeux perdus sur le damier en gamme de verts et de bruns que dessinaient les champs en contrebas. George se tut finalement et le silence revint.

– Balang, nous avons chanté pour tes Mimis, celles d'ici. Nous les avons remerciées et nous avons chanté pour qu'elles sachent qu'on n'a pas voulu les déranger. Maintenant, Balang, je sais qu'ici vous avez les mêmes Mimis, les mêmes Nayuhyungi pipul que nous. Votre histoire, on la connaît.

L'archéologue et le journaliste qui nous avaient accompagnés étaient médusés. Devant nous, George venait de ranimer d'un sens plein des peintures pour nous muettes : comme si une culture préhistorique vivante rencontrait nos signes préhistoriques depuis longtemps figés.

---

1. Dans la mythologie dalabon, les premiers êtres humains, désignés comme « gens du Nayuhyungi » (*Nayuhyungi pipul* en kriol), sont deux hommes yirridjas et deux femmes duwas.

2. À Gargas les impositions montrent des mains aux doigts repliés. Ce phénomène n'a jamais trouvé d'explication définitive.

Le lendemain, sous un soleil pascal, nous nous élançâmes sur les routes sinueuses du centre de la France pour rejoindre Lodève. Comme je m'arrêtais pour la énième fois à un péage en quittant un tronçon d'autoroute, George m'interrogea, incrédule :

– C'est de l'argent que tu donnes comme ça tout le temps, Balang ? Tu dois payer pour conduire sur la route ?

– Oui, c'est ça. Tu as le choix entre des petites routes gratuites et des grandes routes payantes, mais les grandes routes ça va plus vite.

Il hocha la tête en relevant vaguement sa lèvre inférieure.

– Mmmm... On devrait faire ça sur la piste vers Weemol...

Ils partirent tous les trois d'un grand rire. Sous le grand ciel bleu, la campagne rayonnait et me devenait très familière. Nous approchions du Larzac.

– C'est mieux ici que les grandes villes, remarqua George comme nous traversions des villages.

– Je suis sûr qu'on peut pêcher et chasser, souligna David.

Je confirmai d'un hochement de tête.

– Il y a des tortues et des barras ? continua-t-il, enthousiaste.

– Ah non. Mais il y a plein d'autres poissons, plus petits que le barra.

– Et quel animal on peut chasser par ici ? reprit Philip.

– Ben... par exemple des gros cochons, un peu comme les vôtres, mais différents.

La camionnette s'élançait sur la grande descente surplombant une vaste plaine couverte de vignes et d'oliveraies, parsemée ici et là de bourgades aux toits rouge vif. Au loin, entre les collines, je pointai pour mes amis le village de Lodève. Je ralentis pour leur indiquer tout en conduisant les repères personnels de ma région, les coins de chasse de mon grand-père, et les chemins truffés de souvenirs. Mes amis buvaient mes paroles et semblaient noter chaque détail comme je l'avais fait moi-même sur chacun des sites qu'ils m'avaient fait découvrir. Derrière un tournant la terre tout à coup se para des tons ocre caractéristiques de la région.

– C'est comme la Terre d'Arnhem ! s'exclama David.

– C'est pour ça que tu aimes nos terres ! Ça te rappelle chez toi ! conclut George gaiement.

Pour la première fois depuis le début du voyage, George entonna un air en tapotant le tableau de bord. À l'arrière, David soufflait dans son molo en s'arc-boutant contre les cloisons de l'habitacle pour ne pas chavirer dans les virages et Philip rythmait le tout tant bien que mal. Toutes vitres ouvertes, nous entrâmes en musique au village de Lodève.

Nous profitâmes là plusieurs jours de la grande maison en pierre de mes amis les David, que George et Philip connaissaient pour les avoir rencontrés au camp, multipliant les balades et rencontres afin que mes trois amis découvrent les beautés de ma région. Les matinées étaient consacrées à la peinture, aux chants et aux histoires, en compagnie de tous ceux qui venaient leur rendre visite.

Une soirée avait été organisée à la mairie du village. À la fin du cocktail servi en début de soirée, et lorsque la salle fut comble, je m'avançai sur la petite scène aménagée pour l'occasion, préparant mon discours d'introduction. Je cherchais des yeux les trois invités qui avaient disparu. Soudain, une porte latérale s'ouvrit en claquant, et ils entrèrent l'un après l'autre, vêtus de leurs pagnes rouges traditionnels, le torse couvert de marques d'argile blanche. George marchait la tête haute, clap-sticks à la main, David le suivait en balançant nonchalamment son molo posé sur son épaule et Philip fermait la marche. Ce soir-là, George se dépensa sans compter pour communiquer à un public blanc, et ami, la quintessence de son art et de sa culture. Sous le tonnerre d'applaudissements qui clôtura la soirée, ses yeux brillants me prouvèrent une fois de plus que ses efforts se voyaient récompensés au centuple par la chaleur et l'admiration de l'auditoire.

Le séjour à Lodève se ponctua également de pèlerinages sur les lieux de mon enfance. Un matin nous nous rendîmes au cimetière où je montrai à George le caveau familial. Le rassemblement des membres d'une même famille dans un tombeau unique impressionna beaucoup les trois visiteurs, qui passèrent leurs mains sous leurs aisselles pour les apposer tour à tour sur la dalle du caveau, marquant de leur odeur l'esprit de mes aïeux[1].

Un autre matin, je les emmenai rue Saint-Alban. L'étroite ruelle

1. C'est un geste que les Aborigènes font systématiquement sur les tombes.

pavée, enserrée entre deux rangées de hautes maisons de pierres multi-centenaires, avait abrité ma naissance, mon enfance et les premières années de ma jeunesse. Jacques et Brigitte, amis éternels de la famille de ma mère, ouvrirent sur leurs grands sourires du Sud leur lourde porte de bois : c'est dans leur maison, où les parents de Brigitte avaient bien souvent hébergé ma future mère, que j'avais vu le jour. J'entraînai George dans la petite chambre où j'étais né. Ému, George palpa les crépis de plâtre rugueux, puis s'assit sur le lit tout près de moi en me tenant par les épaules.

– C'est là, alors, c'est comme ton *driming*[1]. Maintenant, quand tu partiras, ce sera mieux, je saurai où tu es et pourquoi tu dois rentrer. Toi aussi tu as ta famille, tes terres, tes Mimis...

George avait fermement décidé d'insister sur la ressemblance entre mon histoire et la sienne. Cette tendance s'affirma encore lorsque ma mère – que George et Philip appelèrent naturellement « Mami » tout au long de l'entrevue[2] – au cours d'une après-midi chaleureuse dans son appartement ensoleillé à Montpellier, leur montra l'album de famille. George retint en particulier un cliché pris aux Nouvelles-Hébrides dans les années 1970. On m'y apercevait presque nu, cheveux et barbe longs et en bataille, la peau très bronzée, en compagnie d'indigènes avec qui j'avais alors vécu. Par une déduction mystérieuse, George en avait conclu que je n'étais devenu complètement blanc et occidental que plus tard, après avoir vécu presque noir, parmi des Noirs. Une autre photo montrait un adolescent, vêtu d'un tricot rayé, sac polochon sur le dos, à côté d'un gros cuirassé. J'avais effectué mon service militaire dans la marine, et George, qui avait travaillé comme docker au port de Darwin[3], ne rata pas l'occasion d'un nouveau parallèle.

1. Ici *driming*, terme kriol (de l'anglais *dreaming*), désigne le lieu et l'histoire assignés en propre à chaque individu à sa naissance.

2. Du point de vue des noms de peau, George, Philip et François sont tous trois frères. Aussi la mère de François et automatiquement celle des deux autres. Ils l'appellent donc naturellement « Maman » (*Mami* en kriol).

3. Il s'agissait de travaux obligatoires suite à une altercation avec un officier de police qui cherchait à lui enlever sa fille.

25

Retour en Terre d'Arnhem

Les jours s'écoulaient, et notre voyage touchait à sa fin. Mes amis regardaient souvent la lune, qui leur indiquait la durée de leur séjour. Ils évoquaient de plus en plus fréquemment les terres, leurs femmes et leurs enfants. Deux fois par semaine, nous appelions Maggie à Weemol. Elle tenait June au courant, et celle-ci téléphonait à la femme de David pour lui donner les nouvelles. Tout Weemol, Bulman et Beswick suivaient notre périple au jour le jour.

Un soir, comme nous avions retrouvé nos quartiers parisiens avant de reprendre l'avion, George, les yeux brillants, me prit à part très sérieusement : il voulait discuter.

– Je me fais du souci, Balang. Je m'inquiète pour les enfants. Tout va trop vite, ils prennent tous les mauvais côtés des Munangas, leurs nouvelles idées. Ils ne peuvent plus regarder en arrière. Ils ne savent plus la culture. Il faut les aider, je voudrais faire quelque chose. Est-ce que tu peux m'aider ?

– Je n'en sais rien, Balang, bredouillai-je, déconcerté.

– Balang, j'ai vu, ici, les gens comprennent, ils savent, ils écoutent. Ici les gens ont une culture. Tu peux m'aider.

– Je veux bien. Dis-moi seulement comment.

Il se frotta les yeux et le front comme je le voyais souvent faire pour réfléchir. Puis il leva sa paume à un mètre du sol.

– Tu sais, Balang, quand j'étais petit, comme ça, les anciens étaient vraiment sévères. Il fallait toujours écouter les vieux et faire ce qu'ils disaient. On allait aux cérémonies, on les suivait dans le bush. Aujourd'hui, binij. Les jeunes n'apprennent plus rien, ils ne regardent que la télé. Peut-être que quand on rentrera à Weemol, avec Maggie, June, Philip, on peut recommencer à leur apprendre. Maggie et June peuvent apprendre aux filles, et moi je peux apprendre aux garçons. Avec Philip.

– Leur apprendre la culture, les règles, la musique traditionnelle et tout ça ?

– Oui, oui, tout. Pour les garçons c'est la peinture, la danse, pour les filles les paniers, le buj daga et les *buj medisin*[1]. Et puis ils doivent tous apprendre le dialecte, et les noms de peau, qui ils doivent épouser, comment ils doivent parler à leur sœur[2], et tous les mining, Duwa-Yirridja mining, pourquoi la terre, pourquoi la lune, pourquoi on est nés... Tout ça on peut le faire à Bodeidei.

– Pourquoi Bodeidei ?

– Parce que ça sera bien, à Bodeidei.

– Oui mais... pourquoi ? Pourquoi Bodeidei ?

– C'est un bon endroit, Bodeidei.

– Bon. Qu'est-ce qu'il vous faudrait ?

– Un endroit et du matériel... peut-être une voiture pour aller dans le bush.

– Mmmm... Je vais en parler autour de moi. J'en discuterai avec Jean-Paul avant de repartir, il aura sans doute des idées. Mais je ne peux pas faire beaucoup plus que ça, Balang.

George ensuite me parla longuement de ses terres, de ses projets de me présenter à sa famille à Ramangining, de ce qu'il voulait faire avec les enfants, de ses anciennes tournées autour du monde et de combien le public et les amis d'ici lui avaient fait plaisir. Le voyage semblait lui avoir rendu une certaine sérénité, comme s'il était désormais conscient qu'il existait des hommes blancs capables de reconnaître sa culture, et de l'estimer à sa juste valeur. Son enthousiasme avait rebondi, et je le sentais prêt à affronter les troubles de Weemol avec un regard neuf. Notre relation s'était encore resserrée,

1. Kriol : de l'anglais *bush medisin*, « médecine » du bush, désigne l'ensemble des plantes médicinales.

2. Il existe des règles d'adresse strictes entre frères et sœurs, autrefois très respectées. Aujourd'hui les enfants les connaissent plus ou moins mais les respectent peu.

et il comptait désormais sur moi comme sur un partenaire presque infaillible.

De fait, ce séjour en Europe avait scellé la cohésion d'un noyau dur de supporters des Dalabons et de Bodeidei Camp. Je profitai de ces deux derniers jours passés à Paris pour aller sonder quelques amis sur la création d'une structure qui fédérerait le réseau de relations tissé au fil des années et permettrait de répondre à la demande de George. Cette proposition rencontra un accueil enthousiaste. Jean-Paul se montra plus que favorable et promit tout le soutien nécessaire.

D'autre part, la situation financière du camp s'arrangeait. Quelques-uns de ces amis se déclarèrent prêts à investir raisonnablement dans l'affaire même si c'était pour le moment à fonds perdus. La fréquentation du camp augmentait, et j'espérais atteindre un jour un seuil de vraie rentabilité. Certains aussi, retraités ou libres de leur temps, proposèrent de se joindre à moi pour les travaux d'ouverture cette année-là. J'allais donc bénéficier d'une main-d'œuvre abondante.

Je m'envolai donc vers l'Australie, après ces quelques semaines inoubliables, le cœur nourri d'un projet nouveau et grisant, et l'esprit allégé d'un souci financier devenu encombrant. George, lui aussi, me semblait serein. Comme Philip et David, il resta calme et silencieux tout au long de ce trajet de retour, rêvant à la France qu'il venait de découvrir ou aux étendues d'Arnhem qu'il allait retrouver.

Arrivés à Darwin, nous nous élançâmes aussitôt dans mon camion sur la Stuart Highway. Après Katherine, lorsque les roues du véhicule attrapèrent la piste rouge de la Central Arnhem Road, George entonna un chant traditionnel, suivi par David d'abord, puis par Philip.

À Beswick, David nous quitta avec un sourire rieur.

– Bobo, Balang. Merci. C'était des vraies vacances ! Je m'en rappellerai de ce voyage. J'ai vu beaucoup de choses !

Il haussa un sourcil vers quelques canettes vertes qui traînaient au bord de la terrasse où l'attendaient ses fils et sa femme.

– Allez, retour aux ambags, bobo, Balang.

Près de la maison grise, Junior, Ingrid et Angela attendaient déjà avec June sur la terrasse. Philip embrassa rapidement les enfants puis disparut dans la baraque. June s'approcha de moi sans rien dire.

– Tout s'est bien passé, June. Il a vu des choses qui le feront sûrement réfléchir.

Elle hocha la tête en souriant poliment.

– C'est bien, Balang. Mais ce n'est plus mon problème.

George n'était pas descendu du camion. Assis sur le siège passager, il fixait l'horizon vers l'est, fronçant imperceptiblement la lèvre inférieure en direction de Weemol. Je le déposai rapidement, en pleine nuit et sous une pluie battante, en déclinant sa proposition de dormir chez lui. Cette année-là, les précipitations avaient battu tous leurs records, et j'étais impatient de revoir le camp dont je n'avais aucune nouvelle : la piste vers Weemol étant restée impraticable durant de longues semaines, nul n'avait pu s'y rendre pour jeter un œil comme à l'habitude. Je trouvai mon camp éclairé par des milliers de lucioles vertes fluorescentes qui crépitaient entre les herbes plus hautes que moi. Mais je dus attendre le petit matin pour inspecter les lieux en détail : rien n'avait bougé. Je pus m'attaquer seul au débroussaillage, bientôt visité par Charlie qui apparut quelques heures après la première mise en route du générateur : le bruit sourd qu'on entendait de loin dans le bush lui avait indiqué ma présence.

Je rendis bien sûr dans les jours qui suivirent plusieurs fois visite à George que je trouvai à chaque fois près des bambous, entouré des enfants et des plus grands qui écoutaient inlassablement les récits du voyage. Mais j'attendais avec impatience l'arrivée de mes nouveaux actionnaires grâce auxquels George avait comploté de faire une petite farce.

Le mardi suivant à 10 heures, l'avion qui les amenait se posa sur la bande d'atterrissage de Bulman. Dès l'après-midi de ce jour-là, Bodeidei s'anima d'une active gaieté, chacun s'affairant aux travaux auxquels il excellait. Menuiserie, ingénierie mécanique, couture, mes partenaires ne manquaient ni de ressources ni d'initiative : en quelques jours le camp avait refait toilette et s'était même offert quelques améliorations notoires. J'avais troqué mes rapides dîners en solitaire pour de longues et sympathiques soirées, passées le plus souvent à discuter des moyens envisageables pour fournir à George le support nécessaire s'il persistait dans son désir d'enseigner de nouveau les traditions aux enfants du village.

Un après-midi, nous nous installâmes tous ensemble dans le Toyota, pour aller en discuter avec lui. Le temps était encore loin du beau fixe et nous entrâmes à Weemol sous de grosses volutes sombres. Près des bambous, autour du feu où bouillait un billy, George sirotait un thé avec toute sa famille. Maggie connaissait déjà mes amis pour les avoir rencontrés lors de leurs précédentes visites à Bodeidei. George se montra évidemment ravi de retrouver une fois de plus les visages qu'il avait croisés en Europe quelques semaines plus tôt. Il profita de l'évocation de la visite dans les grottes à Gargas pour surenchérir avec un enthousiasme fort crédible :

– Et Balang, dis à Maggie où tu m'as emmené quand on était là-bas ! Elle ne me croit pas ! Hein, Balang ? Quand on était sur la lune ?

Maggie fronça le sourcil en plongeant droit dans mes pupilles son regard inquisiteur. Je gardai mon sérieux tant bien que mal et balbutiai de longues protestations de sincérité en sortant de ma poche le petit carré de papier glacé où le visage de George apparaissait dans son scaphandre sur fond de ciel étoilé. Maggie l'attrapa et l'examina plusieurs secondes, complètement déconcertée.

– Alors c'est vrai ? bredouilla-t-elle entre frayeur et incrédulité. Vous alliez vous promener sur la lune ?

– Oui, enfin, seulement une seule fois...

Son expression glissa de la surprise à la colère.

– Et vous ne m'aviez rien dit ! Si j'avais su je ne l'aurais pas laissé partir ! Vous êtes complètement inconscients ! George a plein de petits-enfants dont il doit s'occuper, il ne faut pas l'emmener dans des endroits aussi dangereux !

George mit fin à ces réprimandes en éclatant de rire, et Maggie retrouva sa contenance grâce à une moue enfantine.

– Mais vous avez tout de même été dans des endroits dangereux, remarqua-t-elle comme pour justifier sa naïveté. Comme cette grotte...

– Oui, cette grotte, avec ces mains, ces mains en moignons..., précisa George pour l'assemblée.

Il reprit alors pour les grands yeux avides des enfants et les oreilles attentives des plus grands un récit très détaillé de la descente aux grottes de Gargas, du noir, du froid, de la découverte des impressions de mains. Je ne doutais pas que chacun des auditeurs ne l'eût entendu déjà une dizaine de fois. Mais l'attrait et l'étonnement semblaient aussi entiers qu'au premier jour.

– C'est là que j'ai compris, conclut George. Le Nagorrko, les quatre Nayuhyungi pipul, tout a voyagé jusqu'à la France, à l'Europe. C'est la même histoire là-bas et ici. C'est pour ça qu'on a chanté, après. Je l'ai dit à David et il a compris.

– Oui, François, reprit Maggie, c'est bien que tu lui aies montré ça. Quand George est revenu et m'a parlé de ces peintures, j'ai compris tout de suite. J'ai dit « Ah, alors ces Mimis ont voyagé, d'ici elles sont allées là-bas. » Maintenant je sais. Mais là-bas vous avez perdu la *keltja* [1], vous avez oublié. Nous on sait encore, nous les anciens.

– Oui, nous on sait. Moi je sais, souligna George. Je sais pourquoi les terres, pourquoi la lune, pourquoi les êtres humains... pourquoi nous sommes nés. Mais il faut apprendre aux enfants. Ils ne savent plus, ils oublient. Ils ne regardent plus en arrière. Quand j'étais à Barunga, les enfants apprenaient. À l'école il y avait de la keltja. J'allais à l'école, certains jours, l'après-midi et j'apprenais aux enfants. Et puis quand il y a eu ce Land Right [2], on est venus ici, et plus rien. Maintenant les enfants n'apprennent plus rien. Trop de télé, trop de rak'en'ral, trop de vidéo. L'école ne fait rien pour la keltja et il n'y a personne pour nous aider.

– Justement, Balang, hasardai-je. C'est ce que tu m'as demandé à Paris. Je m'en rappelle.

George s'interrompit pour lever vers moi son regard sérieux.

– J'ai parlé à des amis à Paris, poursuivis-je. C'est pour ça que Jacques, Gérard, Isabelle sont venus. Si tu veux apprendre aux enfants, on peut peut-être t'aider à organiser ça, mais il faut que tu nous dises ce que tu veux.

– Ce qu'il faut, c'est une école pour nous, affirma Maggie sans hésiter. Une école traditionnelle, pour la keltja !

– C'est ça, confirma George avec conviction, une école tradition-

1. Kriol : de l'anglais « culture », désigne en kriol l'ensemble des pratiques spécifiques à la tradition dalabon.

2. George se réfère au mouvement des Land Rights de 1976.

nelle ! Où les garçons apprennent la peinture et la danse, les filles les paniers et le dialecte, et les noms de peau... Les hommes enseigneront aux garçons et les femmes aux filles. June et Philip nous aideront. Il faut que les enfants aillent aussi à l'école à Bulman, précisa-t-il, mais après l'école blanche ils iront à l'école traditionnelle, par exemple le week-end. Les enfants doivent connaître les deux, la Blekbala wei et la Munanga wei, conclut-il en écartant magistralement les bras, paumes grandes ouvertes vers l'extérieur.

Dans l'assistance, les adultes hochaient du menton avec des regards et des murmures approbateurs. La ferveur de George était communicative.

– Et de quoi est-ce que vous auriez besoin ?

Derrière moi, Isabelle avait sorti calepin et stylo.

– Il faut du matériel, comme de la peinture et des crayons. Et un endroit pour s'installer et laisser le matériel, et une voiture pour pouvoir se déplacer dans le bush.

– Donc Balang, tu voudrais que je trouve un peu d'argent pour t'aider à faire cette petite école ? Et pourquoi vous ne feriez pas cette école à Weemol avec les enfants ?

– Du madj ambags ! s'exclama Maggie.

– Il nous faut un endroit, Balang, un vrai endroit. Comme ça tous les enfants pourront venir, avec tous les anciens, et les enfants apprendront vraiment.

– Bon. OK, Balang. Je pense qu'on peut faire ça...

De retour à Bodeidei, je passai un moment sur la colline en surplomb du camp, méditant sur ma nouvelle mission. La tournure des événements me comblait : la communauté semblait revivre, et le rôle qui m'était attribué me convenait parfaitement. Les projets de George et Maggie ne demandaient pas de gros moyens. D'année en année, j'avais constitué un carnet d'adresses de clients et de journalistes visiteurs de Bodeidei. Je supposais qu'un certain nombre d'entre eux accepteraient de participer et je réfléchissais aux meilleurs moyens de mettre en place le projet concrètement. J'étais prêt à soutenir de toutes mes forces cette volonté nouvelle susceptible de réorienter le devenir de la communauté.

Sur la terrasse, devant la salle à manger, j'en discutai encore avec mes amis. Le débat s'acheva tard dans la soirée et la fin de leur séjour s'anima d'une effervescente inédite. Le projet s'articulait, et nous ponctuâmes nos travaux au camp de plusieurs visites à Weemol pour exposer nos nouvelles idées à George, à Maggie et à toute la communauté. Nous avions opté pour l'établissement d'une Fondation, basée en Australie, qui rassemblerait des fonds sur place et en Europe avec pour premier objectif la construction à Bodeidei d'un nouveau bâtiment qui accueillerait leur école traditionnelle. À cela nous voulions ajouter le développement du marché des objets d'art vers l'Europe, avec des prix d'achat susceptibles d'attirer les artistes les plus jeunes, et un soutien sur le plan de l'hygiène alimentaire. George exultait.

Un matin finalement, seul sur le bord de la piste d'atterrissage, je regardai s'envoler le petit monomoteur qui emportait mes amis vers Darwin. Ambassadeurs de ce nouveau projet, ils avaient promis à George de défendre sa cause, pour l'aider à réunir le budget nécessaire. De mon côté, je retrouvai mes habitudes de solitaire à Bodeidei, mais quelque chose avait changé : George et la communauté avaient maintenant un projet qui me donnait en outre l'occasion de leur rendre une part de ce dont ils m'avaient fait don en m'accueillant parmi eux sur leurs terres.

26

Sur les terres natales de George

Quelques semaines plus tard arrivèrent deux stagiaires français qui s'étaient proposés pour m'aider cette saison-là. Grâce aux échos journalistiques de la visite de George en France, je recevais de plus en plus de demandes de jeunes volontaires prêts à donner leur temps pour participer aux projets de Bodeidei. Notre enthousiasme s'alimentait de visites à Weemol, où George parlait sans cesse de la nouvelle école.

Seule ombre au tableau : les nouvelles de Philip n'étaient pas bonnes. Il était retombé dans ses mauvais penchants. Toute la famille était toujours à Beswick. Je m'y étais arrêté plusieurs fois en allant sur Katherine. June paraissait très abattue, seule avec ses enfants face à la maladie de son père Djoly qui ne sortait guère de l'hôpital. Elle devait subir en outre l'insistance de Philip, qui lui rendait parfois visite complètement saoul pour essayer de la convaincre de renouer. Lors de mes escales à Beswick, je ne le rencontrais jamais. Mais je l'avais entrevu plusieurs fois parmi les silhouettes effondrées au milieu des cannettes vertes qui s'accumulaient au bord de la route quelques kilomètres après le village, juste avant le panneau annonçant le début de la zone Dry[1]. Bien qu'il ait évidemment reconnu mon camion, il n'avait jamais osé m'arrêter, ou même me saluer.

1. Beswick est une communauté *dry* (« sèche »), ce qui veut dire que la consommation d'alcool à l'intérieur de la communauté est réglementée. En conséquence les habitants se rassemblent pour boire quelques mètres avant le

Un matin de juin, je trouvai finalement June à Weemol avec Ingrid et Junior, Angela étant restée à Beswick chez une tante. Ils avaient débarqué la veille, et s'étaient installés chez George et Maggie. June me demanda de l'héberger au camp. Aucune maison n'était disponible à Weemol, et elle s'estimait plus en sécurité à Bodeidei, où Philip n'oserait pas venir la trouver. George chercha à me dissuader de l'accueillir : intervenir au sein des affaires de famille restait contraire à l'organisation traditionnelle.

– Mais François est Munanga ! Il fait ce qu'il veut, argua Maggie comme à son habitude, heureuse de porter un secours indirect à sa sœur[1] tout en s'évitant des complications.

Le soir même, June et les deux enfants s'établirent au camp. Avec l'aide de mes deux jeunes stagiaires nous montâmes en quelques heures un abri traditionnel de branches et de feuillage qui les protégerait du soleil la journée et de la rosée la nuit. Malgré la tristesse de June, elle et les enfants se révélèrent d'excellente compagnie. Lorsque les premiers clients arrivèrent, ils se joignirent à chacune des joyeuses expéditions vers Kotpela et leur ancienne out-station. Ce n'est que le soir, lorsque je les rejoignais autour de leur feu de camp, que la lueur amère qui brillait dans les grands yeux de June me montrait qu'elle pensait à Philip, seul à Beswick et probablement saoul à cette heure de la soirée. Plusieurs fois, nous parlâmes jusque tard, Junior et Ingrid endormis sur mes genoux. De sa voix grave et profonde, elle me racontait sa jeunesse, ses années d'école, et l'ancien à qui son père l'avait donnée lorsqu'elle était adolescente[2].

– Il était bien, ce vieux Balang[3], Balang[4]. Il me racontait plein

panneau indiquant le début de la zone « dry », là où la législation est encore la même que dans le reste de l'Australie.

1. June, sa sœur de peau.

2. Les filles étaient habituellement promises à des hommes beaucoup plus âgés, qui les prenaient très jeunes pour épouse. Souvent ces liaisons n'étaient pas consommées et il s'agissait plutôt d'une prise en charge mutuelle, la jeune fille portant assistance au vieillard qui en échange était chargé de compléter son éducation. Une fois le mari décédé, la jeune fille, en principe très jeune encore, prenait un mari de son âge.

3. Le premier mari de June.

4. François.

d'histoires, il me montrait tout. Et puis il est mort. Philip m'avait vue à Beswick quand j'étais encore petite et que lui était jackaroo. Il m'avait demandé à mon père, et celui-ci m'avait promise. C'était à Barunga. J'allais à l'école là-bas. C'est là que j'ai appris à lire. J'étais bonne à l'école, j'ai failli aller au collège. Mais j'étais assez grande pour rester avec Balang[1], alors je suis allée avec lui. Et puis, on est tous revenus ici, avec mon père, quand ils ont fait ces Land Rights. À Weemol et à Bulman, il n'y avait presque rien, même pas de maisons, mais des gens s'étaient installés, ça venait de commencer. On est partis à Gopuliu avec mon père et ma mère. À l'époque il n'y avait rien là-bas non plus. Et pas de pistes, rien que des sentiers de buffles ! C'est nous qui avons fait la piste, quand on allait là-bas en tracteur. Mais souvent on allait à pied. Depuis Weemol, il faut camper à Djimdjimwurrlk, et on arrive le lendemain à l'heure du déjeuner. Adrian était tout petit. Il a grandi là-bas, dans le bush. Ensuite il y a eu Angela, et Ingrid. Junior par contre n'était pas encore né, il était rien du tout ! C'était bien, dans le bush. On campait près du billabong, sous des abris en branchages. On avait seulement une radio, avec VGY. On est resté là plusieurs saisons... Pas d'alcool, pas de Blancs, pas d'ambags ! Après on s'est installés à la station...

Le regard de June se perdait dans les flammes.

– Puis ma mère est morte. Et Philip n'est plus là. Et mon père est malade...

– June, je crois que Philip peut revenir, murmurais-je sans trop savoir qui d'elle ou moi je souhaitais persuader.

Notre projet de Fondation avançait, et j'en tenais George au courant. Il était toujours enthousiaste. Certains jours pourtant, quand le vacarme d'une beuverie dans la maison d'en face ou une querelle quelconque avait troublé sa nuit, son énergie s'épuisait dans sa lutte en solitaire et son désarroi lucide me serrait la gorge.

– C'est fini, Balang ! Il n'y a plus personne ici ! Tous les anciens sont partis ! Burlain, Narridj[2], morts, Don alcoolique, Djoly est à

1. Philip.
2. Jack et Billy.

l'hôpital. Jimmy a eu une attaque cardiaque. David est reparti en tournée... Les jeunes se saoulent tous les week-ends, du vendredi soir au dimanche soir, sans arrêt. Ils ne font rien, ils ne savent rien. Il n'y a plus que moi ici !

Lorsqu'il était vraiment trop dépité, contrarié par ses gendres qui ne l'écoutaient plus ou énervé contre Maggie, George menaçait de s'en retourner vivre sur ses terres natales près de Ramangining, dans sa famille à lui. À l'en croire, là-bas, les anciens tenaient bon, nombreux, forts et respectés. Il parlait de plus en plus souvent de m'emmener là-bas pour me présenter à sa famille et me montrer son lieu à lui. Nous avions fini par convenir de nous y rendre après le départ de mes derniers visiteurs.

La saison avança tranquillement. Début octobre, mes stagiaires et les derniers clients repartis, je restai de nouveau seul au camp avec Charlie pour unique compagnie, sous des nuages noirs de plus en plus épais portés par le vent d'est. J'en profitai pour passer plus de temps à Weemol, où je me rendais presque tous les soirs. June y avait repris sa place dans la communauté et, en nouvelle chef de famille, menait sa barque entre les écueils et les coups durs. Philip lui avait téléphoné pour lui dire qu'elle lui manquait et les enfants aussi, et une étincelle brillait dans ses yeux noirs.

– Et il manque aux enfants, Balang. Ce serait bien qu'il revienne... Et à moi aussi il me manque... Et puis Narridjane[1] m'a proposé de nous héberger à Moban pour un moment. S'il revient, on sera mieux là-bas, loin des ambags et loin du grog. Narridjane m'a dit aussi que Balang t'emmenait sur ses terres à Ramangining ?

– Ben oui, cette fois-ci on y va vraiment, normalement on part demain...

Dès le départ de mes derniers clients, la semaine précédente, George avait remis le projet sur le tapis.

– Ça y est, tu es tout seul maintenant... Tu vas bientôt rentrer chez toi...

– Oui, bientôt...

– Combien de temps ?

1. Maggie.

– Je ne sais pas, Balang... Je peux rester un petit peu.

– Hmmhmm... ? Alors, on pourrait aller chez moi quelques jours ? Deux ou trois jours...

– Bobala ! intervint Maggie en levant au ciel ses petits yeux ronds. C'est pas mal, comme région. Seulement, trop de moustiques ! En cette saison, le pauvre ! Tu veux tuer ton frère !

Le lundi suivant à l'aube, j'allai chercher George que je trouvai sur sa terrasse en tenue des grandes occasions : pantalon, polo jaune d'or très propre et tennis, peigné et rasé de frais. Il m'accueillit d'un grand sourire content.

– Hi, Balang ! Tu es prêt ? Tu as tout ce qu'il faut ? Tu as pris un swag pour moi ou je dois prendre mon matelas ?

– J'ai tout ce qu'il faut pour nous deux, Balang.

Par la porte ouverte nous parvint une voix moqueuse :

– Ah ! Tu as bien pensé aux moustiquaires au moins ?

George releva sa lèvre inférieure en grognant d'exaspération.

– J'ai tout ce qu'il faut, Maggie ! Ne t'inquiète pas ! assurai-je, riant sous cape.

– Tu es prêt, Balang ? On y va ? s'impatientait George qui s'était déjà installé dans le camion pour les trois cents kilomètres de piste.

Dès la sortie de Bulman, sur la partie bien entretenue qui mène jusqu'à l'out-station de Barraponda, le doigt de George commença de se pointer ici et là. Virevoltant en girouette, il m'indiquait lieux et éléments du paysage que George éclairait de noms et de commentaires.

– C'est par là que je suis arrivé dans ce pays, Balang, quand j'avais douze ou treize ans. On a marché jusqu'ici avec mon oncle et mon petit frère. On voulait aller travailler à Mainoru. Là-bas ils avaient de la farine, du tabac. On venait de plus loin, de Ramangining, précisait-il en tendant son bras au nord-ouest. Mais trop de problèmes, mon père, mon grand-père, tous morts. Les *police patrols* nous cherchaient, ils ne voulaient pas qu'on reste là.

Lorsque les premiers fermiers s'étaient installés en Terre d'Arnhem, des conflits avaient éclaté avec les propriétaires traditionnels des lieux car ceux-ci abattaient du bétail pour manger. Donc, le gouvernement cherchait à rassembler les Aborigènes dans des stations ou settlements où ils ne dérangeraient plus le développement de la région.

– J'ai beaucoup marché par ici, en arrivant et plus tard quand je travaillais à Mainoru. Les anciens m'ont raconté toutes les histoires. Je sais où est passé le Gulubu, le Nolomorro [1], où sont passés ces quatre Nayuhyungi pipul, les premiers êtres humains. Près de la colline là-bas, il y a une source. C'est là que le Gulubu s'est arrêté, il a bu, il a dormi, puis il est reparti, vers l'ouest, vers le billabong de Moban, et après vers Momop, il a bu à la rivière là aussi.

Plus de quatre-vingts kilomètres après Bulman, un panneau signalait une bifurcation inattendue. Un sentier filait sur la droite de la grand-route pour conduire sans crier gare à l'out-station de Barraponda, perdue à des miles et des miles de tout autre lieu habité. Petite et pas plus épaisse que quelques feuilles de papier dans sa robe à fleurs trop grande, la vieille Bessy toujours hilare nous accueillit d'un grand éclat de rire accompagné de cris de joies stridents et enthousiastes. Elle pouvait avoir au moins soixante-dix ans, car comme George elle se rappelait précisément de ses premières rencontres avec des Blancs, lorsqu'elle avait une dizaine d'années. Malgré son âge, elle débordait d'énergie et ses petits yeux brillaient toujours de malice sous sa maigre tignasse blanche ébouriffée. Seule avec quelques-uns de ses petits-fils et leur famille au beau milieu des trois maisons, de l'école toute neuve qui n'avait jamais servi [2] et des antennes paraboliques qui lui fournissaient téléphone et télévision, Bessy nous témoigna son plaisir de recevoir de la visite en nous offrant le thé, et proposa même un morceau de queue de crocodile.

– Il va falloir bientôt retourner à Weemol, soupira la vieille dame en sirotant le liquide tiède. Il va pleuvoir, la rivière va monter. Il va falloir rentrer... Dommage. Moi j'aimerais bien rester ici, mais les jeunes n'aiment pas être ici quand il pleut. Et puis, presque plus de thé ! Il va falloir rentrer !

Soucieux de poursuivre notre périple, nous prîmes congé assez vite, non sans promettre une halte au retour et quelques grandes

1. Noms de kangourous mythiques dont les périples sur les terres dalabons constituent des épisodes mythologiques majeurs.

2. Faute d'instituteur et de présence régulière d'enfants.

boîtes de thé que nous nous procurerions à l'une des shops de Ramangining. Aux dires de George, la communauté, de taille comparable à celle d'une petite ville, comptait non pas une, mais deux supérettes bien achalandées.

Après quelques kilomètres sur la piste principale, un autre petit panneau indiquait une seconde bifurcation, cette fois sur la gauche, vers Ramangining. Les roues du camion s'engagèrent dans les deux longues ornières d'une piste très abîmée que les engins des travaux publics ne se donnaient visiblement jamais la peine de remettre à neuf. Le chemin pénétrait une forêt plutôt haute pour la région. George se mit à parler encore plus rapidement, se lançant soudain dans des tirades où les noms des animaux mythiques se mêlaient à ceux d'ancêtres disparus, entonnant ses couplets lancinants qu'il chantait très vite dans sa hâte de m'expliquer la suite, évoquant telle anecdote impliquant un parent disparu ou les premiers Blancs qui s'étaient introduits dans la région, pointant une plante rare et récitant ses noms en quatre langues[1]. Concentré sur les bosses et les creux de la piste, je l'écoutais tant bien que mal, répondant de mon mieux d'un hochement de tête ou d'un murmure à ses questions qui m'exhortaient à entrer dans sa ronde. La végétation avait changé : à l'horizon pointait la lisière d'un escarpement et la côte n'était plus très éloignée.

Soudain, George m'ordonna d'arrêter le camion. Sans rien dire il s'extirpa de la cabine, m'invitant à le suivre dans un bush touffu. Il s'arrêta devant une grande roche plate enfoncée au sol dont les formes rondes inattendues tranchaient sur les broussailles qui l'entouraient comme les étranges volumes des ciels bleus de Magritte.

– Il y a longtemps, quand les humains avaient la forme d'animaux, un kangourou et un dingo se sont croisés ici. Les kangourous venaient de l'ouest, les dingos venaient de la côte. Il y a eu plein de problèmes quand ils se sont croisés. Sous la roche il y a la tête d'un kangourou. Personne ne doit toucher la pierre. Des choses très importantes, il ne faut surtout rien déranger. Mais il n'y a plus personne ici, pour surveiller. C'est vide, complètement vide ! Depuis l'arrivée des Blancs, tout le monde est parti !

1. George connaît le nom de la plupart des plantes de sa région en langues rembarrnga, dalabon, djinang, et maeli.

George dégagea quelques broussailles et nous reprîmes la route dans le véhicule qui balançait sur la piste de plus en plus rocailleuse et étroite. Ici et là, il pointait un lieu en chantant et racontant son paysage.

– Cette pierre, Balang, c'est mon driming. Ce bush, c'est là que je suis né. Maintenant tu sais, indiqua-t-il laconiquement dans un bref instant de silence, avant de reprendre sa litanie.

Un long moment plus tard, la forêt s'ouvrit finalement et la petite piste déboucha au sommet de l'escarpement que nous longions depuis plus d'une heure. Quelque cent mètres plus bas s'étendait une plaine immense dont le vert vif courait se perdre dans la mer plusieurs dizaines de kilomètres plus loin. George me pointa une zone plus touffue, près de la base de l'escarpement où nous étions perchés.

– C'est là que je t'amène, Balang. C'est mon out-station.

– C'est pas très loin de la mer...

– Non, pas très loin... Mais on n'y allait pas très souvent. On venait plutôt par ici. Seulement de temps en temps, on se déplaçait jusqu'à Milingimbi. – Il tendait le bras au nord-est. – Il y avait une mission là-bas. On y allait pour vendre des peaux. Kangourous, serpents, crocodiles... En échange on avait la farine, le thé, le sucre et le tabac, et ils nous racontaient les histoires de la Bible. Mais mon père, mon grand-père, mon oncle, tout le monde savait que c'était buljit. Nous on sait, on connaît les histoires du Nayunghyungki, on sait pourquoi ces terres sont là, pourquoi la lune, pourquoi le soleil, pourquoi les animaux, les êtres humains... pourquoi on est né...

Sous ses sourcils un peu froncés, les yeux de George se perdaient vers la mer.

– Mais ça, la mission, c'était après qu'on eut vu ces premiers Blancs dans le bush, la bande à Billy Farrar[1], sur leurs chevaux. Au début on ne comprenait pas ce que c'était, ces bêtes à quatre pattes. On n'avait jamais vu des animaux comme ça. Pareil pour les vaches. On a tout de suite essayé de les tuer, avec les lances c'était pas facile mais on y arrivait... Et les Blancs ! On ne connaissait pas de couleur

1. Premier fermier à s'introduire dans la région.

différente. On a cru que c'était des fantômes[1]. Mais au début, on ne pensait pas qu'ils étaient aussi nombreux, on en avait vu quatre ou cinq, on pensait que c'était tout. Ils revenaient souvent – tout le temps. Ils nous poursuivaient parce qu'on tuait des vaches. Plein de gens sont morts... Un jour mon père a tué un cheval – il visait le Blanc mais il a eu le cheval. Ils l'ont poursuivi et lui ont tiré dessus. Il a réussi à se cacher dans un arbre creux et ils ne l'ont pas trouvé, ils sont partis. S'ils l'avaient trouvé, ils l'auraient tué...

Il s'interrompit et me considéra un moment.

– C'est drôle, Balang. Mon père se battait à mort avec les Blancs. Moi aussi, toute ma vie, j'ai été contre les Blancs. Parce qu'après ça, tout a été très vite. D'autres Blancs sont arrivés, les police patrols ont voulu qu'on s'installe ailleurs. On est allés à Mainoru, Beswick, Barunga. On habitait dans des maisons. Les enfants allaient à l'école. Tout le monde a suivi la Munanga wei. Fini le bush, fini tout ça ! Les Blancs nous commandaient comme des petits chiens... Moi, je me suis toujours opposé, toujours battu...

George scrutait la plaine en silence comme s'il cherchait à retrouver la forme exacte du paysage de jadis.

– Et maintenant, regarde : tu m'as emmené chez toi, je t'ai amené ici. Je te comprends, et tu me comprends, tu comprends nos problèmes. Tu veux même m'aider avec cette Fondation. Et pourtant tu es Munanga !

Il laissa s'écouler un silence émouvant avant de changer de sujet ostensiblement.

– Tu vois la bande claire, entre les arbres, en bas, tout prêt de mon out-station ? C'est l'aéroport de Ramangining. C'est sur mes terres traditionnelles. Ça fait du bruit, parce qu'il y a plusieurs avions réguliers tous les jours. Par contre il y a les royalties. Et l'out-station est vraiment bien, tu vas voir. Allez on y va.

Comme le camion zigzaguait sur la pente entre les termitières, les cycades et les palmiers de carpentaria, la rocaille de la piste s'affina graduellement pour se transformer en sable fin. Au pied de l'escarpement, la piste longeait l'aéroport, où j'aperçus plusieurs voitures. Depuis notre départ de Weemol nous n'avions croisé qu'un seul

1. Le temps fait blanchir la peau des cadavres. La couleur blanche est donc associée aux revenants.

véhicule. Un peu plus loin, campées dans une grande clairière, se tenaient les quatre ou cinq maisons qui composaient l'out-station de George. Aux bâtiments d'habitation, tout à fait comparables à ceux de Dalangarr ou de Barraponda, s'ajoutaient un puits et des blocs sanitaires, le tout d'apparence plutôt propre et en état. Entre les maisons, face aux terrasses, des taches noires indiquaient les emplacements de feux. L'out-station n'était équipée d'aucun système électrique. Assis dans l'ombre des vérandas, quelques hommes et quelques femmes âgées levèrent à peine un sourcil à notre arrivée. Sans esquisser le moindre signe de bienvenue, George s'adressa à eux à distance dans sa langue paternelle, le dialecte djinang. Après quelques minutes, il se tourna vers moi :

– Ma ! Ils sont tous à Ramangining. Ils devraient pas tarder à rentrer. Tu peux faire ton camp là en tout cas, m'informa-t-il en pointant une zone plate et herbue un peu à l'écart, en face des trois maisons principales.

Il attrapa son swag à l'arrière du camion, et disparut sans mot dire dans une des baraques. Comme je m'affairais à suspendre ma moustiquaire entre deux arbustes, un sourcil froncé au souvenir des moqueries de Maggie, je sentis quelques paires d'yeux m'observer depuis les terrasses. La douceur de fin d'après-midi, le soleil déclinant, les arbres et les silhouettes découpées sur un ciel qui commençait à rosir, tout me rappelait ma première visite à Weemol, en 1988, et cette curieuse intimité bienveillante d'une communauté à laquelle je me sentais encore complètement étranger. Là aussi, les feux s'allumaient un à un devant les maisons sans éclairage. Je construisis mon propre foyer avec un peu de bois mort ramassé alentour. Quelques minutes plus tard, dans un bruit de vieux moteur, deux phares jaunes débouchèrent d'entre les arbres qui bordaient l'out-station. Le calme du soir s'anima de voix enjouées et de claquements de portières : le gros des occupants du lieu rentrait de Ramangining. Un peu après, George s'avança vers mon feu.

– Balang ! Viens par là !

Je suivis George vers un groupe où il avait repris sa place, un peu en retrait du foyer principal. Trois femmes menues aux cheveux blancs baissèrent les yeux vers le feu, marquant de lueurs rouges leurs rides profondes. Deux hommes, âgés également, aux longs corps effilés repliés en position tailleur serrée, me saluèrent au contraire ouvertement de regards perçants et intrigués. Plusieurs jeunes hommes et jeunes femmes, assis tout autour du foyer, s'affairaient à la préparation de dampers ou de thé pour le dîner. George m'invita à m'asseoir près de lui, posa sa main sur mon genou et se lança dans une longue tirade en djinang. Je guettais les visages et les éclairs des regards, saisissant de temps à autre dans le flot régulier des sons étrangers les hoquets marqués de mon prénom toujours un peu distordu. Sous le ciel bien étoilé, je me laissais bercer vers une douce torpeur lorsque George me tira de ma rêverie.

– Balang, voilà mes oncles, mes tantes, prononça-t-il en kriol en balayant de sa main l'assistance à la ronde. Ils ne parlent pas anglais. Rien. Un peu de kriol, ils l'apprennent un peu quand ils viennent vers chez nous, mais rien. Le dialecte, tout le temps le dialecte, ils ne parlent que ça. Même les jeunes. Plusieurs dialectes, comme moi, parce qu'ils sont de plusieurs groupes. Mon père était Djinang, ma mère Rembarrnga. Mes parents m'ont appris leurs langues et toutes leurs histoires, toutes les histoires du bush. Et tous, là, continua-t-il en désignant encore l'assistance du menton, ils connaissent toutes ces histoires.

L'assistance, comprenant le kriol à demi-mot, approuvait vivement de la tête.

– Quand je viens, on peut parler de tout ça. Reparler d'avant, des histoires, d'avant les Blancs. Pas comme à Weemol, où les Anciens sont morts, les jeunes ne savent plus rien, c'est fini. Eux, ils savent tout, comment les quatre premiers Nayuhyungis sont arrivés, crus, comment les hommes sont devenus cuits...

Les anciens hochaient la tête en signe d'approbation, les jeunes écoutaient en souriant avec une indulgence mêlée de plaisir les histoires qu'ils entendaient depuis tout-petits autour du feu.

– Cuits... Vous avez cuit plus tard...

– Oui. Je peux te raconter ça maintenant.

Il s'adressa à l'assemblée en kriol, et celle-ci confirma l'autorisation.

– Au début, quand les quatre Nayuhyungis sont arrivés, et quand les animaux sont arrivés, tous les hommes étaient crus. Pas finis. Ils n'avaient pas d'oreilles, pas de nez, pas de bouche, rien. Ils ne voyaient pas, n'entendaient pas. Leurs mains et leurs pieds étaient des moignons. Comme dans cette grotte, chez toi, tu te rappelles ?

Ils n'étaient pas finis. Et ils dormaient dans l'eau. Le jour ils sortaient, ils vivaient hors de l'eau, mais le soir ils retournaient dormir dans les rivières, dans l'eau. Et ils mangeaient tout cru. Tout était cru.

Et puis cet oiseau, le berrep-berrep, ce pluvier, est arrivé. Il a volé les bâtons à feu au crocodile. C'était le crocodile qui les gardait, dans l'eau. Mais il se les est laissé voler. Le berrep-berrep est parti avec, il s'est envolé haut dans le ciel. Et là tout a pris feu. Les arbres, l'herbe, tout, toutes les terres ont brûlé. Et les hommes ont cuit. Ils ont eu des yeux, des oreilles, un nez, des mains, des pieds. Ils ne pouvaient plus dormir dans l'eau. Ils restaient dehors tout le temps. Et ils ne pouvaient plus manger cru. À partir de là, ils ont dû faire cuire tout ce qu'ils mangeaient. Parce que le berrep-berrep a volé les bâtons à feu. Si le crocodile avait réussi à les garder, on suivrait toujours sa règle. Mais maintenant, on suit la règle du berrep-berrep, son mining à lui, et voilà.

George parlait en me regardant, et la paume de sa main rebondissait de temps à autre sur mon genou.

– Et... tu crois que ce serait mieux que le crocodile les ait gardés ?

– Hein ? Non, pourquoi ? Il les a pris, c'est tout, maintenant on suit sa règle. C'est tout. Et toi ? Tu es Munanga. Tu connais l'histoire des Munangas ; comment ça a commencé, quels gens, où ? Moi je ne sais pas l'histoire des Blancs, votre Nayuhyungi. Je connais mon histoire, mais je ne sais pas la vôtre.

Des sourires malins brillaient dans les flammes, et quelques femmes gloussèrent des rires en cachant leurs bouches derrière leurs mains. George s'était tu, et tous les regards s'étaient braqués vers moi dans l'attente enjouée d'une réponse. Je rassemblai ma contenance et mes esprits, avant de commencer en bredouillant.

– Notre histoire ? L'histoire des Blancs ? Leur explication, comment le monde est arrivé, et les animaux et les hommes ? C'est compliqué, Balang...

– Oui, eh ben, par exemple, quels hommes ou quelles femmes sont venus en premier ? Tu dois bien savoir leurs noms ?

J'avais le prénom de Lucy sur le bout de la langue, mais il me devança.

– Peut-être Dieu, Adam, Ève, tout ça, ce que disent les missionnaires... Tu y crois, Balang ?

– Hmmm... Maintenant les Blancs ont aussi une autre histoire. Ça, c'est l'histoire de l'Église, mais il y a aussi la science, c'est différent. En fait nous aussi on vient de l'eau, Balang. On n'a jamais été crus, mais on s'est formés petit à petit. Au début il y avait des animaux vraiment minuscules, dans l'eau, tellement petits qu'ils auraient été invisibles pour nous. Puis des toutes petites bêtes sont apparues, grosses comme des insectes peut-être, mais toujours dans l'eau. Puis des petits poissons. Puis les poissons sont sortis de l'eau, et il y a eu des petites bêtes, comme des souris ou des rats. Et puis des plus gros animaux, et puis des singes, et puis les hommes, finalement.

Le cercle de visages perplexes restait pendu à mes lèvres, visiblement en attente de plus d'éclaircissements.

– Mais ça a pris *très, très, très* longtemps.

– Nous aussi, notre Nayuhyungi est il y a très très très longtemps, approuva George.

– Impossible de voir les transformations : elles ont eu lieu sur des milliers et des milliers d'années, des générations et des générations.

Les sourcils s'étaient froncés dans la confusion du dernier bout de phrase : ni « milliers d'années » ni « générations » ne se révélaient très évocateurs.

– Voilà, ça c'est à peu près l'histoire de la science. C'est plus compliqué, mais c'est un peu ça.

Le menton de George s'était imperceptiblement marqué de son pli dubitatif.

– Alors donc, l'homme vient du poisson ?

Soudain sa lèvre inférieure se redressa en un sourire jovial, et George partit d'un rire sonore et sincère, bientôt suivi par le reste de l'assistance.

– Buljit ! s'exclama-t-il en riant de plus belle.

Il posa une main sur mon genou et attrapa mon épaule de l'autre.

– Ah, vous, les Munangas ! conclut-il gaiement, avant de reprendre la discussion en djinang à l'intention du reste de l'assemblée.

Puis il reprit à mon intention en kriol.

– Voilà, Balang. Ma famille est contente de te connaître. Je leur ai expliqué ce que tu fais, à Weemol, à Bodeidei. Et je leur ai dit que je te donnais un nom : Raraming. C'est le nom de mon père. Comme je suis l'aîné, j'ai le droit de donner ce nom à une personne. Ils savent ce que cela veut dire, ce que ça représente.

Autour du feu les fronts acquiesçaient, et les femmes me dévisageaient, comme pour lire derrière les traits de ce Blanc différent qui s'aventurait jusque chez eux. Puis George reprit en dialecte. Aux gestes et aux intonations, je compris qu'il contait notre périple en France et sa rencontre avec ma famille. Plus tard, comme les ombres se levaient pour disparaître vers les vérandas où attendaient matelas et couvertures, je me laissai doucement gagner par la fatigue. Je me levai et posai une main sur l'épaule de George.

– Je vais me coucher, Balang. Je suis fatigué.

– Bonne nuit, Balang. Djud-djud ban !

– Djud-djud ban, Balang, reprit chaleureusement le chœur autour du feu.

Dans mon swag douillet, et exempt de moustiques malgré le siège que des armées entières de ces bestioles soutenaient aux portes de ma moustiquaire, je m'endormis au son des voix graves de ma nouvelle famille.

Je m'éveillai au ciel rosé du début du jour. Scrutant les cercles blancs de calcaire au fond du billy posé sur la braise, j'écoutai le silence de l'out-station où seuls les oiseaux ne dormaient plus. Sur les terrasses et autour des feux, des amas de couvertures laissaient de temps en temps échapper un grognement. Puis des tignasses s'en extirpèrent une à une lorsque le jour fut complètement levé. À peine debout, George me rejoignit. En déjeunant ensemble, nous discutâmes distraitement des événements de la veille, louant la qualité des installations et de la situation de l'out-station, la valeur de ses habitants et la chaleur de leur accueil.

– C'est chez moi ici, conclut George, les yeux dans le vague. Viens, il faut que je te montre quelque chose.

Je le suivis entre les maisons jusqu'à un petit abri traditionnel devant lequel il s'immobilisa. Quatre monticules allongés s'alignaient sous le toit de branchage, tous plantés d'une croix. Celui de l'extrême gauche s'ornait d'une couronne de fleurs en plastique très colorées. L'ensemble était visiblement nettoyé avec soin des mauvaises herbes et des toiles d'araignées. George fixait sans rien dire l'une des tombes, les yeux rêveurs, plongés sans doute vers un passé perdu depuis longtemps.

– Ce sont les miens, Balang : mes oncles et mes cousins. Mes oncles sont morts très vieux. Ce sont eux qui m'ont tout appris. Ils savaient tout, ils étaient forts. Ils ont vécu sans l'influence des Blancs. Les croix, là, ce sont les jeunes qui les ont voulues, pour ma sœur et ma belle-mère. Mais c'est pas grave, c'est bien. Au moins tout le monde s'occupe d'eux, pense à eux. Les enfants voient les tombes et on leur explique, comme ça ils connaissent leurs grands-parents. Tu sais, Balang, c'était vraiment un autre monde. Avec les Blancs, tout change tout le temps, les lois, les gouvernements... Dans notre monde, tout restait pareil tout le temps. Une seule Loi, une seule manière. Rien qu'une. Les Blancs ont tout changé. Ils ont même amené Dieu... et la Reine !

George avait repris une mine joviale, et mimait de ses mains la forme d'une couronne posée sur sa tête.

– Je ne sais pas d'où elle vient moi, cette Reine ! Elle est bien pour vous peut-être, mais pas pour nous !

Sa mine pataude et bourrue sous son diadème imaginaire eut raison de mon sérieux, et nous repartîmes en riant vers le billy, resté suffisamment chaud pour nous offrir un second thé.

– Tu sais, Balang, au début, quand ils nous ont emmenés d'ici pour aller dans les settlements, ça allait encore. Il y avait encore la keltja, le dialecte, les enfants apprenaient. Mais c'est après que ça s'est aggravé, quand cette *citizenship* [1] est arrivée. On a eu le droit de boire. Tous les jeunes sont allés au pub. Alcool toute la journée, saouls toute la journée. Au début on ne savait pas, on ne connaissait pas. Moi aussi, tu sais, je suis devenu un gros buveur à ce moment-là. Et puis j'ai commencé à comprendre. Cet alcool m'emmenait trop loin, il avait trop d'emprise sur moi, je perdais le contrôle. Il me tirait dans le mauvais sens. Quand j'ai réalisé ça, j'ai tout arrêté, alcool, tabac, fini. Je ne voulais pas abandonner tout ce que je savais, tout ce que j'avais appris plus jeune pendant les cérémonies. Je crois à moi-même, à ma propre culture, pas à celle des Blancs. La mienne,

1. Citoyenneté – la citoyenneté australienne a été accordée à tous les Aborigènes d'Australie en 1967.

c'est tout. Mais les autres ont continué à boire. Après la citizenship, il y a eu le Land Right, comme ils disaient. On a eu des gros meetings, et puis ils nous ont ramenés à Weemol. Il n'y avait rien, au début. Juste le vieux préau, sur la place, et un camion qui nous amenait le ravitaillement de temps en temps. Un carton par famille. C'était bien. Ensuite il y a eu des conflits entre les familles... Et puis les enfants ne sont plus allés à l'école. Je ne pouvais plus leur enseigner la keltja, comme je faisais à l'école de Barunga, car ils jouaient toute la journée. Et puis des Blancs sont arrivés avec l'alcool, et la ganja...

Dans les yeux de George, la tristesse sans fond faisait place à une sorte d'étonnement terrifié et incrédule face au récit du déchirement de sa culture et de son monde.

– Je ne comprends pas, Balang, pourquoi les Blancs ont fait comme ça. Pourquoi ils ont voulu venir ici, sur nos terres, pourquoi on n'a pas trouvé un moyen de partager entre les deux cultures.

Sa candeur le rendait si vulnérable que j'en détournai mon regard.

– Sans doute parce que les Munangas ont créé une grosse machine, Balang, qui écrase ceux qui ne courent pas assez vite devant elle. Et surtout, cette machine n'a pas de marche arrière.

Un peu plus tard nous rejoignîmes les anciens qui palabraient sous l'ombre accueillante d'un arbre de fer. Moitié en kriol, moitié en dialecte traduit par George, la conversation enjouée m'instruisit de leurs lieux de pêche et de chasse favoris, de la qualité du service des boutiques de Ramangining, des transports aériens et terrestres vers Darwin, et d'autres traits marquants du lieu. Elle nous mena un peu avant midi. Il fut alors temps de repartir pour rejoindre Weemol à une heure raisonnable, car George souhaitait s'arrêter en chemin pour couper quelques molos. Toute sa famille se rassembla autour du camion pour les adieux.

George se mit à chanter en claquant ses ongles contre le métal gris du tableau de bord, et ne décrocha pas un mot jusqu'à Emu Springs. La vieille Bessy n'était pas là : je poussai un soupir de soulagement car nous n'avions pas le thé promis. Nous reprîmes la route sans même descendre du véhicule et George commença de scruter les grands arbres de son côté de la piste. Il repérait les silhouettes longilignes des eucalyptus stringy bark, les « arbres ficelle » aux longs troncs gris droits et ligneux. Sur un signe, je m'arrêtai et garai le camion sur le bas-côté. Il attrapa sa hache à l'arrière et s'engagea droit dans le bush, examinant les arbres alentour, guettant celui dont quelques branches mortes indiqueraient la présence de termites. S'arrêtant finalement près d'un eucalyptus de diamètre respectable, il débarrassa le tronc de son écorce filandreuse, dont il arracha facilement toute une bande d'un coup de lame impeccable. Il tendit une oreille très concentrée vers la zone mise à nu et de l'ongle de son index gauche, aussi dur qu'une griffe de métal, envoya plusieurs pichenettes sur le bois tendre. Il hocha la tête et plissa légèrement le menton, puis se remit en marche en zigzaguant à travers la forêt et répéta l'opération plusieurs fois. Finalement le hochement de tête se fit plus jovial, et son visage s'éclaira d'un sourire : le son de l'ongle contre le tronc, ni trop aigu ni trop grave, venait de signaler un molo prêt à couper. Reculant d'un pas, il jaugea l'arbre d'un œil expert, envoya d'une seule main deux coups de hache à la base et à mi-hauteur de l'arbre pour marquer l'emplacement des coupes, puis s'employa avec vigueur à découper l'instrument. En un clin d'œil, l'arbre fut au sol et George soupesait le molo, regardait à l'intérieur, le tapait par terre puis y glissait une branche fine pour le débarrasser des déchets laissés par les termites. Enfin il souffla dedans un grand coup, brisant le silence du bush d'un beuglement sourd de trompe multimillénaire, et d'un air content embarqua sur son épaule l'instrument satisfaisant. Le manège recommença plus d'une quinzaine de fois. George rassemblait les molos par trois ou quatre autour d'un arbre lorsque nous ne pouvions plus les porter.

Après près de deux heures de découpe soutenue, et alors que j'aurais eu bien des difficultés à retrouver la piste et le camion, George rebroussa chemin, reprenant l'exact labyrinthe au long duquel il avait déposé les instruments. Après deux voyages chargés comme des mules jusqu'à la route, nous entassâmes une vingtaine de molos sur le toit du véhicule. Sur la piste, George chanta de plus belle : il avait avec lui de quoi se refaire financièrement.

Nous arrivâmes à Weemol un peu après la tombée de la nuit pour trouver le village scintillant de belles flambées. Sur sa terrasse, en compagnie de ses petits enfants, Maggie dînait d'un plat de viande à mi-chemin entre la soupe et le ragoût, chacun trempant des tranches de pain et piochant des cuillers dans une assiette creuse posée sur le ciment. Les enfants interrompirent le repas pour se lever et gesticuler à l'arrivée du camion.

Après un bref échange des dernières nouvelles, je filai vers le camp presque fermé pour y passer la dernière nuit de ma saison. Le lendemain, après que Maggie eut pointé son doigt vers le couloir aérien au-dessus de sa tête en chuchotant « Take care », après les effusions des plus jeunes et les bises timides des plus anciens, je filai sur Katherine en essuyant quelques grosses gouttes de pluie tiède.

– Alors quand tu reviens, on pourra commencer la Fondation ? s'était enquis George gravement.

Je le lui promis.

CINQUIÈME PARTIE

BIJNI NA

« Là-bas, près du billabong, sur les terres à Maggie, il y a le site des deux femmes : Kamagn et Galidjane Duwa, et il y a aussi le site des deux hommes, Burlain et Kodjok Yirridja. Ils se sont mis à marcher jour et nuit, et notre vie a commencé à pousser, tout ce que nous voyons autour de nous aujourd'hui. »

Le *Nayuhyungi* selon George

27

L'école

Année après année, l'alternance du bush et de la ville m'était devenue indispensable. Le changement radical de décor physique et social jouait comme une remise à zéro. Je reprenais chaque cycle frais, dispos et passionné. Cette année-là, j'occupai mes journées parisiennes à mettre en branle les rouages de la Fondation. Une fois qu'elle fut légalement enregistrée, j'ouvris un compte en banque et je préparai une lettre d'introduction à joindre au dossier de présentation rédigé au camp avec mes stagiaires, pour un « mailing » qui toucherait une centaine de personnes de ma connaissance parmi les plus sensibilisées. Jean-Paul m'avait ouvert ses portes en grand et je vaquais chaque jour à ma tâche à travers ses nouveaux locaux de la rue de Lisbonne dans le 8e arrondissement. La lettre suscitait une participation financière, en échange du titre de membre dont le bénéfice consistait surtout à être tenu au courant des activités de la Fondation et de l'actualité de la Terre d'Arnhem. J'eus très vite des réponses, et des chèques. Je me réjouissais de voir chaque semaine monter le solde du compte, et je l'annonçais fièrement à George à chaque fois que je pouvais l'avoir au téléphone.

Malheureusement j'entendais alors de plus tristes histoires. La santé de Don s'était largement dégradée, et lors de mon dernier coup de fil, Maggie m'avait annoncé son entrée à l'hôpital. Djoly n'était pas sorti non plus, mais il séjournait à Katherine, tandis que Don avait été envoyé à Darwin pour des traitements plus soutenus.

– Il faut qu'il revienne à Weemol, répétait Maggie, convaincue que le séjour à l'hôpital était cause de la maladie de son ami plutôt que l'inverse. Il faut qu'il reste ici. Tu verras, dès qu'il reviendra, ça ira beaucoup mieux. Et puis il faut qu'il reste avec George, qui est seul pour chasser maintenant.

Questionner Maggie ou George à propos de l'état et du traitement de Don ou de Djoly s'avérait inutile. J'obtenais moult détails quant aux êtres malins et aux vengeances claniques qui frappaient les membres de diverses familles. Chaque maladie, chaque décès était expliqué par une raison profonde, une faute individuelle ou familiale. Ce système constituait un véritable code juridique :

– Ils ne suivaient pas la tradition, répétait George avec une froideur sévère, lorsqu'il évoquait les décès accidentels fréquents de jeunes de Beswick ou de Barunga par exemple. Voilà ce qui arrive... C'est le *ragalk*[1] qui intervient, parce qu'ils ne suivaient pas la Loi. Moi je ne fume pas, je ne bois pas, regarde ! C'est pour ça que je suis en vie.

Et de fait, l'alcool, le pétrole sniffé ou la marijuana étaient souvent responsables des décès prématurés des membres de la communauté. Une fois de plus le raisonnement de George me laissait rêveur, car il avait, à sa manière, raison.

De retour à Darwin en mars, ma première visite fut pour le grand bâtiment blanchâtre du nouvel hôpital, bâti dans les années 1980, dans la banlieue de Casuarina[2], où se trouvait Don. Il n'égalait en rien le charme du vieil hôpital près du centre-ville dont les vieux bungalows coloniaux en bois s'ombrageaient de cocotiers et de bougainvilliers. Ici le gros bloc de six niveaux surplombait surtout les parkings attenants et les lotissements récents alentour, malgré une vue sur la mer à certains étages. Je me faufilai entre couloirs et ascenseurs jusqu'à la chambre 49 dont je trouvai la porte grande ouverte. Sous sa coiffe de boucles blanches, un visage noir marqué par les années, le vent du bush, la fatigue et la maladie, reposait sur l'oreiller tout blanc.

1. Être dangereux, de forme humaine, qui vit dans le bush et opère les vengeances claniques.
2. Zone importante et excentrée de l'agglomération de Darwin.

– Hi, Balang Franchoi..., murmura-t-il, en esquissant un sourire. Ses deux mains s'extirpèrent du drap pour saisir fermement une des miennes. Soudain son œil brilla.

– Balang... Il faut que je parte avec toi... J'ai besoin de manger du buj daga, les plateaux-repas ici c'est dégueulasse. Et puis je suis obligé d'appeler une infirmière pour qu'elle me descende à chaque fois que je veux fumer. D'ailleurs je n'ai plus de tabac.

Je lui laissai trois boîtes de Log Cabin en lui promettant qu'il rentrerait bientôt à Weemol. L'infirmière et le médecin m'avaient expliqué qu'il souffrait d'une leucémie et que dans une dizaine de jours, les traitements terminés, il serait envoyé en maison de repos à Katherine : de là, je pourrais plus facilement le faire sortir.

À Katherine je récupérai mon neveu Mathieu et Maïa, une étudiante qui m'avait contacté à Paris et s'était proposée pour m'aider cette année-là. La saison précédente avait marqué un progrès phénoménal du point de vue des activités touristiques de Bodeidei. J'avais perdu encore un peu d'argent, mais l'idée de ces séjours dans le bush était lancée sur le marché. Il me fallait maintenant constituer une bonne équipe pour maintenir le niveau d'accueil. Maïa était une recrue d'autant plus précieuse qu'elle connaissait bien le projet de la Fondation pour avoir participé à plusieurs réunions à Paris et qu'elle était prête à s'y investir sur le long terme : sa présence me rappelait le bon vieux temps des années avec Rémi.

Cette année-là, l'urgence était de se débarrasser rapidement des travaux de remise en place pour obéir au mot d'ordre de George et Maggie : s'occuper très vite de la Fondation, commencer concrètement quelque chose.

Des quantités d'eau phénoménales avaient transformé un peu partout la terre en une boue meuble et poreuse. Les pistes, complètement détrempées, étaient presque impraticables. Nous eûmes du mal à atteindre Gopuliu, et n'y parvînmes qu'au prix d'une longue expédition, à plusieurs véhicules. À l'issue d'une journée interminable qui s'étira en haltes, en embourbements, en incidents mécaniques et en avancées au pas derrière Philip qui pointait dans les herbes bien plus hautes que lui une piste tout à fait invisible, nous frayâmes finalement un chemin qui nous permettrait d'emmener jusqu'à Kotpela nos premiers visiteurs, attendus dix jours plus tard. Nous rentrâmes de nuit, épuisés et couverts de boue, June, les enfants, Maïa et Mathieu entonnant à pleine voix des comptines en kriol à l'arrière du 4 x 4. La seule chose qui me chagrinait dans ce joyeux tableau était l'absence du vieux Charlie. Dix jours après notre arrivée, il n'avait toujours pas reparu : le vieux buffle, avec son poids et sa hanche boiteuse, s'était peut-être enlisé dans toute cette boue. Je partis à sa recherche dès que l'état du terrain le permit et je gardai longtemps l'espoir.

Nous étions prêts à nous occuper de la Fondation. Dès notre première entrevue avec George et Maggie, nous nous étions accordés sur la date d'un meeting avec tous les membres de la communauté. C'est au cours de cette première « assemblée générale », attendue avec impatience, que les choix seraient faits.

Le jour J arriva très vite. Ce matin-là George avait convoqué tout le monde. Plus d'une vingtaine de personnes, soit la plupart des adultes de la communauté, prirent place sous les bambous. La réunion se révéla un franc succès. George expliqua le projet d'école traditionnelle, que la plupart des auditeurs connaissaient déjà : le bouche à oreille avait déjà bien rempli son rôle. Toute l'assistance approuva fort vivement, et après quelques palabres on s'attela à la détermination des détails de fonctionnement concret. George voulait un stock de fournitures telles que du papier, des crayons, de la peinture à l'eau ; et surtout, il voulait voir entamer la construction d'un local où les enseignants et les enfants pourraient s'installer et entreposer leur matériel. Enfin, il escomptait l'achat d'une voiture, mais je le raisonnai en expliquant que le budget de la Fondation ne le permettait pas pour l'instant. En revanche, nous pouvions envisager la construction d'un bâtiment de structure simple, si les jeunes de la communauté me prêtaient main-forte de manière significative. Il fut décidé sur-le-champ que deux jeunes seraient désignés pour m'aider. Et comme George souhaitait démarrer les activités immédiatement, Philip, Adrian et Dany, le neveu de Maggie, proposèrent de monter à Bodeidei, dès le lendemain, un grand abri traditionnel qui accueillerait élèves et enseignants dès que possible. Je suggérai de pallier à l'absence de véhicule en assurant moi-même le transport des élèves et des professeurs en déplaçant, si nécessaire, deux voitures, car je disposais désormais de deux 4 × 4 ouverts à Bodeidei.

J'ajoutai que nous nous chargerions d'organiser un goûter pour les enfants à chacune de leurs visites. Maggie proposa de mettre en place deux créneaux fixes par semaine : le jeudi après l'école, et le dimanche après-midi. La Fondation visait également une action sur le plan de l'hygiène alimentaire, et j'annonçai que désormais je prendrais auprès de chaque famille qui le souhaiterait des commandes de produits frais à ramener de Katherine, où les prix étaient bien inférieurs à ceux de la shop. La Fondation avancerait les fonds, mais les familles paieraient leurs achats, sans quoi elles se verraient exclues du programme. L'ensemble des participants à la réunion acquiescèrent vivement là encore, et Maïa consigna toutes les décisions.

C'était un samedi : si Philip, Adrian et Dany se présentaient comme prévu dès le dimanche, l'abri serait largement terminé à mon retour de Katherine le mardi suivant – j'avais prévu un aller-retour pour ramener Don, qui venait d'être transféré à la maison de repos –, il serait tout à fait possible d'organiser la première séance de l'école traditionnelle pour le jeudi suivant. C'est sur cette bonne nouvelle que l'assemblée se dispersa.

Je fis inutilement le voyage pour Katherine car l'autorisation de sortie de Don devait être signée par deux membres de sa famille proche – avec une attestation d'identité des parents en question. Bien décidé à m'en occuper, je pris les formulaires nécessaires et persuadai Don déjà prêt à partir de patienter encore quelques jours grâce à une boîte de tabac Log Cabin que j'avais pris la précaution d'apporter.

Avant de reprendre la route, je passai cependant à la maison de la presse pour rassembler les premières fournitures nécessaires à l'école, suivant la liste établie par Maïa. Nous achèterions le reste en gros à Darwin, où la Fondation bénéficierait de prix bien plus avantageux.

De retour sous les bambous, je trouvai George, Maggie, Philip et June en grande discussion à propos de l'école traditionnelle. George s'insurgeait une fois de plus : l'abri pour l'école n'avait pas été construit en mon absence. Philip, penaud, proposa de s'y atteler l'après-midi même. Il extirpa Dany et Adrian d'un film de kung-fu et je les ramenai vers Bodeidei.

Ils s'activèrent si bien que, le lendemain après-midi, Maïa et moi pûmes embarquer près d'une trentaine d'enfants et une demi-douzaine d'adultes de Weemol dans deux 4 × 4 pleins à craquer. Au camp Maïa avait installé un bidon de trente litres d'eau fraîche, des gobelets en plastique et des barres de céréales. Elle avait aussi rassemblé papier, peinture, crayons, molos et clap-sticks sur la table de la salle à manger.

À peine arrêtées sur le terre-plein, les deux voitures se vidèrent comme l'éclair dans une bouffée de poussière rouge. Quelques minutes plus tard, les gobelets et les emballages de barres de céréales commençaient de se répandre sur le sol un peu partout sur la terrasse. Je réunis adultes et enfants en cercle autour de moi, et fixai d'emblée les règles de savoir-vivre au camp de Bodeidei. Je formulai l'interdiction de toucher à quoi que ce soit sans autorisation et indiquai à la ronde l'emplacement de la poubelle. Les adultes hochaient la tête en fronçant les sourcils et pointaient sévèrement des papiers qui traînaient ici et là. Ingrid, Angela et Junior acquiesçaient ostensiblement :

– Là, on vous avait dit ! Pas de papiers par terre ! Ici on met tout dans la poubelle. Nous on connaît Bodeidei, on a l'habitude.

Les autres baissaient la tête, penauds de leur manquement innocent à une règle dont ils ne pouvaient soupçonner l'existence : à Weemol le contenu des bidons de détritus était régulièrement répandu au sol par les chiens.

Puis George rassembla les garçons d'un côté de l'abri, et Maggie les filles un peu à l'écart. Les activités de l'école traditionnelle commencèrent. Maggie, aidée des sœurs Alice et Bessy Kelly de l'out-station de Barraponda, amorça des paniers avec les fibres de pandanus qu'elles avaient apportées. Chaque petite fille s'en appropria un, l'amena à Maïa qui y accrochait une étiquette portant son nom. Les fillettes se rasseyaient ensuite autour des adultes, s'appliquant tant bien que mal à reproduire le tressage régulier et rapide des Anciennes, qui donnaient leurs instructions en dalabon. De son côté, George, secondé par Philip, nous avait demandé des feuilles et des crayons qu'il avait distribués aux enfants. Il peignait une écorce qu'il avait apportée, et en chantait les grands traits[1] tandis que les enfants de leur côté pouvaient dessiner librement en écoutant les paroles.

Très enthousiastes au début, les garçonnets se lassèrent cependant assez vite : le chant racontait l'histoire en dalabon, et ils n'en comprenaient pas un mot. De l'autre côté, les activités de vannerie ne motivèrent pas très longtemps non plus les petites filles. Après une demi-heure les enfants commencèrent de se lever fréquemment pour boire, et un certain nombre parmi les plus jeunes et les plus âgées semblaient avoir abandonné les activités, jouant ou discutant de leur côté.

George lâcha sa peinture.

– Ma ! dit-il en jetant un coup d'œil à la ronde. Balang, apporte-moi le molo et les clap-sticks. On va danser maintenant.

Il tendit le molo à Adrian, qui se révéla très bon joueur, et entonna immédiatement un chant rythmé par ses clap-sticks en exhortant garçons et filles à se lever pour danser. Les enfants gardèrent le nez au sol pendant quelques minutes, puis Dany, un danseur confirmé, se leva et esquissa quelques pas de la danse du barramundi. Un à un les plus petits le rejoignirent sur la piste, mimant ses mouvements maladroitement au début puis plus précisément alors que les chants se succédaient. George jubilait et ses rythmes s'endiablaient. Derrière June et Maggie, les filles s'étaient levées aussi et ondulaient en ligne, en grands mouvements souples des bras, à la mode traditionnelle. George répéta son répertoire plusieurs fois. Puis il termina un morceau sur trois grands coups de clap-sticks, et écarta grand les bras.

– Binij na ! annonça-t-il, le souffle un peu court.

Les danseurs tapaient dans leurs mains en riant et en redemandaient. George entonna encore un ou deux chants, et finalement le petit monde fourbu s'en retourna vers la table pour se désaltérer joyeusement. La séance se concluait sur un franc succès.

George exultait.

– C'est ça qu'il faut faire, Balang ! Les jeunes doivent apprendre leur culture, apprendre les danses, les chants, les histoires. Comme

1. Chaque peinture raconte une histoire à laquelle est aussi associée un chant : on peut donc chanter la peinture.

avant. Avant, tous les soirs on dansait autour du feu. Même les plus jeunes connaissaient les danses et les paroles par cœur. Les paroles sont les histoires de leurs terres, il faut leur répéter, leur répéter, tous les jours, comme on faisait avant, tous les jours on marchait sur les terres et on racontait les histoires. Comme ça les enfants se les rappelleraient. Et ils pourraient apprendre la vraie loi pendant les cérémonies. On va revenir deux fois par semaine, Balang, et répéter encore et encore aux enfants.

Quand nous déposâmes tout le monde à Weemol, les enfants hurlaient et riaient dans les voitures.

– À dimanche, Balang ! À dimanche ! criaient-ils comme ils sautaient du 4 × 4 en arrivant devant chez eux. On refait l'école dimanche !

Jusqu'à la mi-juin, l'école traditionnelle fonctionna comme prévu deux fois par semaine. Les activités se terminaient toujours par une séance de musique et de danse qui égayait enfants et adultes, de manière à leur donner envie de revenir. Le reste n'avançait guère. La plupart des fillettes avaient délaissé la vannerie, qui les ennuyait : les anciennes continuaient à tresser patiemment de leur côté, pendant que la majorité de leurs élèves jouaient près de la source. George avait plus de succès avec le dessin, mais les petits garçons répétaient jour après jour les mêmes motifs sur leurs feuilles de papier sans prêter trop d'attention à ce que George racontait de son côté. Autrefois l'apprentissage traditionnel avait lieu par répétition au cours des activités de tous les jours. Deux après-midis par semaine ne pouvaient remplacer l'école du bush. Heureusement la séance musicale remettait imparablement toutes les motivations d'aplomb et laissait espérer qu'avec le temps cette « école » serait plus profitable.

28
Don

Je n'oublierai jamais ce matin de juin 1988 à Weemol, l'air encore frais, la saison sèche déjà avancée. Le vieux Don, chapeau de jackaroo sur le côté, couverture écossaise sur les épaules, cigarette roulée posée sur sa lèvre inférieure, avance doucement à ma rencontre. Son corps long, mince, flotte dans l'air, un large sourire éclaire son visage, ses yeux pétillants de malice se posent sur les miens. Le contact est là.

Par ce matin de juin précisément, Gala Bununjoa s'est éteint, assis sur sa chaise au milieu de la place de Weemol. Ce matin-là, avant de partir pour Katherine, je me suis arrêté à Weemol. Gala était accroupi sur sa chaise près d'un feu de bois mourant. Son regard vague. Sa respiration difficile. Je l'ai pris dans mes bras, ses yeux ont capté les miens. Quelques heures après il n'était plus.

Gala, que les Mimis te fassent rejoindre le clan des Anciens. Je te promets, à toi mon grand-père de peau qui a su prendre ma main et me faire autant aimer ses terres, à toi avec qui j'ai passé des moments extraordinaires, que dans ma mémoire tout est inscrit.

Je te promets, Gala, que dans ton absence je vais puiser la force, l'énergie de me battre pour la cause des générations à venir de façon que l'un des anciens aujourd'hui disparu ne tombe à jamais dans l'oubli...

Entre la Vie, le Vent, la Poussière, l'Eau et autour du Feu.

Aujourd'hui, 10 juillet 1998, la cérémonie d'enfumage est finie, la présence de l'ombre du vieil homme a rejoint le clan des Mimis. Je peux envoyer la nouvelle sans que les mauvais esprits la saisissent. Jeudi 18 juillet, sur la place de Weemol, des centaines d'Aborigènes seront là des quatre coins de la Terre d'Arnhem, danses, chants et musique accompagneront le vieil homme une dernière fois.

29

Funérailles

Faire revenir le vieux Don à Weemol n'avait pas été facile.

En rentrant de Katherine avec les autorisations de sortie à remplir, j'étais passé à Weemol, malgré l'heure tardive, pour demander à George de prévenir Donna et Kenneth, les enfants de Don, que je voulais les voir dès le lendemain. L'infirmière m'avait rapporté qu'ils avaient refusé de s'occuper de leur père. Lorsque je le racontai à George, il avait secoué la tête en plissant son menton :

– Les jeunes... Je ne comprends pas... Ils ne font plus rien, ni pour les enfants, ni pour les vieux. Avant, les vieux pouvaient mourir tranquilles. On s'occupait d'eux, dès qu'ils ne pouvaient plus chasser on leur donnait à manger. Moi, je me suis occupé de mon père, de mon grand-père, de mon oncle ! Je m'occupe de mes petits-enfants. Et qui s'occupera de moi, hein ?

Le lendemain matin, je trouvai rassemblés autour de Maggie les principaux membres de la famille Bununjua. Parmi eux, je fus content de reconnaître la silhouette ronde et le visage joufflu du jeune Greg, le nomade de la communauté. Depuis l'époque de la construction du camp, à laquelle il avait beaucoup participé, je ne l'apercevais que de loin en loin. Sa présence était providentielle : je savais que lui serait prêt à s'occuper de son oncle Don, dont il avait toujours été très proche.

Je pris place entre George et Maggie. Donna et son compagnon Bobby me fixaient de leur regard vide. Ils venaient de rentrer de Katherine et se remettaient doucement d'une beuverie longue de plusieurs mois. Kenneth arborait son habituel sourire bon enfant.

Avec les années, sa discrétion adolescente s'était muée en une sorte d'absence : il ne parlait jamais, ne décidait rien, et souriait toujours. Sa femme Joanne regardait ailleurs. Philip et June aussi étaient présents.

– J'ai vu Gala hier à Katherine, commençai-je. Il veut revenir à Weemol.

Donna scrutait la poussière et les graviers, et Kenneth fixait quelque chose à l'horizon.

– Je peux le ramener, il suffit que vous signiez une autorisation. Mais il faut quelqu'un ici pour s'occuper de lui.

L'assemblée laissa passer un long silence. Donna et Kenneth semblaient complètement absents. Après plusieurs minutes Greg leva doucement la main.

– Je peux m'occuper de mon oncle, souffla-t-il.

– Je t'aiderai, je pourrai chasser et pêcher pour lui, moi aussi, risqua Philip.

Personne ne semblait avoir rien à ajouter. Je sortis de ma poche le formulaire rempli par Maïa le matin même et un stylo. Je pointai à Kenneth et Donna les emplacements à signer et ils griffonnèrent leurs noms comme demandé. Je les accompagnai successivement vers leurs maisons respectives et ils me fournirent l'un son permis de conduire, l'autre sa carte de sécurité sociale. C'est ainsi que l'affaire fut réglée.

Le lundi suivant, je présentai mon attestation signée à l'infirmière de la maison de repos de Katherine qui parcourut le formulaire en fronçant un sourcil et m'annonça que Don serait rapatrié le surlendemain à Bulman en avion. Don exultait.

Deux jours plus tard, il arriva comme prévu et s'installa dans sa maison à Weemol. Greg veillait sur lui. Je le trouvais presque toujours allongé ou assis fumant une cigarette sur la terrasse lors de mes visites à Weemol. Les conversations se limitaient au minimum : un « Hi Balang » d'un côté et un « Hi Gala » de l'autre. Puis nous observions côte à côte et en silence les jeux des enfants et les bagarres des chiens en face de la maison, car les médicaments anti-douleur le sonnaient sérieusement. Aux heures chaudes, entre une et quatre, il demandait à Greg de le rentrer pour la sieste.

Un mardi soir, rentrant de Katherine où j'avais été chercher quelques clients, je trouvai à Weemol la maison de Don plongée dans un noir complet. De l'autre côté, près des bambous des dizaines d'ombres se tenaient recroquevillées en tailleur autour d'un feu. Je croisai le regard de George plein de tristesse, celui de Maggie sérieux et comme absent. June et Philip forcèrent un sourire pâle. La famille Bununjua restait à l'écart du feu et des sanglots de femmes montaient de l'ombre de leur groupe. Je m'assis près de George qui commença de fredonner, doucement d'abord, puis plus fort, et je reconnus le chant qu'ils entonnaient toujours en premier lorsqu'ils s'asseyaient, lui et Don, à ma gauche dans le 4 × 4. Entre deux chants, George marmonna comme pour lui-même quelques mots laconiques.

– Il est parti hier juste comme tu quittais Weemol, Balang. Comme si sa Mimi t'avait suivi...

À Weemol, la communauté abattue resta complètement inactive pendant quelques jours. Comme d'habitude, le corps avait été emporté par un infirmier à la morgue d'où il ne reviendrait que sur demande, à la date choisie pour la cérémonie. La famille de Don séjournait à Barunga pour organiser les déplacements des participants aux funérailles, des danseurs et des maîtres de cérémonie. De son côté, George s'occupait des procédures d'enfumage dans la région de Weemol. Il parcourait méthodiquement les bâtiments des deux communautés et de toutes les out-stations, procédant aux danses rituelles qui libéraient les lieux de la présence funeste. Toutes les autres activités étaient interrompues, y compris l'école traditionnelle. Les délais préliminaires s'éternisaient de manière inhabituelle : la famille du vieux Don se partageait entre ceux qui souhaitaient le voir mis en terre à Weemol, et ceux qui optaient pour Barunga.

Une dizaine de jours après le décès, finalement, Kenneth rentra de Barunga pour annoncer que la cérémonie aurait lieu à Weemol le dimanche suivant. La communauté se lança alors dans les préparatifs et retrouva pour quelques jours un semblant de vie. Il fallait monter l'abri traditionnel qui accueillerait le corps, transporter du sable pour le terre-plein qui servirait de piste de danse, collecter les pigments naturels blancs et rouges utilisés pour les peintures corporelles. Les femmes accumulaient paquets de tabac et bidons de farine à offrir aux visiteurs, les enfants partaient pour de grandes équipées en tracteur, et ramenaient des monceaux de bois qu'ils entassaient méthodiquement devant chaque maison et chaque auvent, en prévision des grands feux qui brûleraient deux ou trois jours sans interruption. George s'activait fébrilement, prodiguant instructions et conseils à la ronde pour que tout soit prêt à temps. Malgré sa participation enthousiaste, la tristesse l'envahissait dans le froid et la solitude des soirées autour du feu.

– Tous partis, répétait-il, tous partis. Il ne reste que moi, Balang. Je ne sais pas pourquoi je suis encore là. Je devrais être mort depuis longtemps. Les anciens sont tous morts maintenant, et les jeunes sont tous alcooliques. Plus que moi.

– Ah, Balang, tu ne vas pas mourir tout de suite, répétait Maggie avec une conviction patiente, mais une voix un peu tremblante. Et tu n'es pas tout seul, Balang est là, il peut t'aider. Et il a besoin de toi, tu dois l'aider à Bodeidei, avec ses touristes. Tu ne peux pas le laisser tomber comme ça.

– Mais c'est les jeunes qui devraient s'en occuper maintenant, et s'occuper des touristes, montrer leur culture ! Moi je suis trop vieux, je suis trop fatigué ! Mais pour eux, c'est télé toute la journée !

Le jeudi matin, George débarqua à Bodeidei, son vieux fusil dans sa voiture.

– Balang, il faut aller chasser cet après-midi. Ils sont tous là, ça y est. David et Jimmy sont arrivés avec leur famille. Il y a aussi tous les danseurs de Peppimenarti, et la famille de Barunga, de Katherine, de Daly River. Et aussi tous les gens importants des Dalabons, des Rembarrngas et des Maelis. Ils sont tous à Weemol, il y a du monde partout. Il y a même des Blancs qui doivent arriver ce soir, et camper au trou d'eau près de Weemol cette nuit, et on attend d'autres danseurs d'Oenpelli et Ramangining. Il faut aller chasser cet après-midi. Il y en a qui ont à manger, mais pas tous, et on n'aura pas assez de farine. Il faudrait au moins deux gros buffles. Philip et Adrian viendront avec nous.

Partis peu après midi, nous ne rentrâmes à Weemol qu'à l'heure du dîner, mais chargés d'assez de viande pour nourrir la foule de tous ceux qui s'étaient déplacés des quatre coins de la région pour les adieux au vieux cow-boy. Entre les maisons et tout autour du village scintillaient des dizaines de feux, près desquels crépitaient des rires d'enfants et des éclats de voix. La maison de Philip débordait littéralement, et certains campaient sur la terrasse. Le visage de June se glissa dans l'entrebâillement de la porte, précédé d'une paire de mains couvertes de farine.

– Merci Balang pour la viande ! Je fais aussi plein de dampers.

Devant chez George également, les gens se regroupaient en grappes autour des feux. Maggie, tout sourire, trônait sous les bambous, câlinant deux fillettes très jeunes qui s'accrochaient à ses genoux.

– François ! Viens voir mes petites-filles ! C'est ma famille de Manyallaluk, tu sais, ceux que je vais voir tous les ans à Noël. Tu ne les as jamais rencontrés, mais je leur parle tout le temps de toi. Viens là, je vais te présenter... Ils sont tous venus pour le vieil homme, bobala...

Son sourire disparut sans crier gare derrière une moue lugubre, qui laissa place tout aussi inopinément à des présentations enjouées. Elle m'indiqua un foyer un peu en retrait, où George passait la soirée en compagnie de sa famille de Ramangining. Je retrouvai David qui avait installé son swag avec ceux de la famille de George, et s'écarta pour me laisser m'asseoir entre eux deux.

George avait levé doucement la tête à mon arrivée, et parcourait d'un regard alerte et vigilant les foyers alentour, sa lèvre inférieure imperceptiblement relevée.

– C'est bien, Balang, c'est bien, tout se passe bien. On a assez de viande, les danseurs sont tous là. Il y a du monde, beaucoup de monde. Les danseurs de Maningrida sont arrivés aussi, et il y a ceux de ma famille, du côté Djinang. Cette nuit et demain, il y aura des chants toute la journée, juste des chants assis, sans danse, devant la maison du vieil homme. Le corps arrive après demain matin. Là, ce sera la vraie cérémonie : le matin, la famille pourra aller dans l'abri avec le corps, et on commencera les danses. Vers midi, on l'emmènera au cimetière. Tu peux venir n'importe quand, Balang, tu peux dormir là si tu veux. Mais c'est surtout pour nous. Par contre à partir d'après-demain matin c'est la vraie cérémonie, avec tout le public, il faut que tu sois là tout le temps.

George avait son ton de directeur, celui des événements d'ampleur. La mise en terre, loin de se limiter au deuil, constituait avant tout une célébration communautaire. En remontant mes souvenirs, je réalisai que depuis plusieurs années, les funérailles restaient les seules occasions de cérémonies. Les rassemblements rituels cycliques d'initiation, les « business » dont on avait l'habitude de me tenir au courant, s'étaient interrompus depuis longtemps. Seules les disparitions regroupaient encore régulièrement les communautés, mais sans espoir de renouveau.

Le samedi matin, Weemol était noir de monde. Tous les habitants de la communauté se tenaient rassemblés autour de l'abri monté sous le préau, en face de la maison de George. Entre les montants et le toit en branches et en feuillage, on avait tendu des morceaux de draps ou de rideau colorés et fleuris qui obstruaient la vue vers l'intérieur. Devant le préau, les danses avaient commencé et tout autour, à distance respectable, le public s'était regroupé famille par famille, assis sur des couvertures ou des nattes. Derrière eux venaient ceux qui avaient investi les terrasses, complètement combles. Une bonne partie des participants portait la tenue occidentale de rigueur : pantalon ou jupe noir, chemise ou corsage blancs, leurs atours les plus dignes. Un certain nombre de familles blanches, parents ou amis, avaient apporté des chaises pliantes pour s'installer en périphérie de l'assemblée. D'autres Blancs restaient discrètement à l'écart, debout adossés à un arbre, à un pilier ou à leurs voitures garées un peu plus loin.

Je m'approchai de l'abri, et sur un signe de George pris place auprès de Maggie. Toutes les mains étaient enduites d'ocre rouge, qui protège de l'esprit du défunt lorsque l'on touche le corps ou, aujourd'hui, le cercueil. Campé sur une chaise, près de l'entrée de la tente, George chantait avec ardeur en frappant ses clap-sticks, et David l'accompagnait de son molo dont le son portait plus que jamais. Face à eux, sur le sable soulevé en nuages gris, virevoltaient une douzaine des danseurs d'Oenpelli. Ils rythmaient leurs danses endiablées de cris gutturaux destinés à persuader la Mimi de retourner dans le cercueil avec le corps, plutôt que de s'en échapper pour errer sur les terres et hanter les vivants. Par l'ouverture de l'abri, cependant, je pouvais entrevoir la longue table qui attendait toujours le cercueil : celui-ci n'arriverait qu'un peu plus tard, dans l'après-midi. Pourtant les danseurs enivrés n'en finissaient plus. À la fin de chaque mouvement, le groupe se reculait, essoufflé mais souriant, le meneur consultait la troupe, puis George, puis David. Sur un cri, un chant reprenait, parfois le même. Ils étaient chaque fois plus précis, plus vifs et plus félins, les pieds glissant vers l'abri en frappant le sol, les langues sifflant vers la Mimi, les poings cinglant l'air du matin dans une ronde de plumes rouges et jaunes et de corps peinturlurés de blanc.

Vers trois heures de l'après-midi un bi-moteur livra le cercueil sur la bande d'atterrissage. Avertis de son arrivée par le ronronnement sourd qui portait à des kilomètres, un groupe d'hommes attendaient l'appareil avec un 4 x 4 à plateau. À grand renfort de chants et de danses, on y hissa le cercueil qui, une fois à Weemol, fut transporté jusqu'à la grande table de l'abri, toujours sous les imprécations des danseurs exhortant la Mimi à rester à sa place. Les familles, une par une, par ordre de proximité du défunt, pénétrèrent alors sous la toile où l'on avait ouvert le cercueil. Très vite George m'invita à entrer et à prendre place auprès de Kenneth sur une chaise en plastique dans un coin de l'abri. À l'intérieur, une seconde table avait été installée contre une cloison. On y avait déposé une minuscule valise en carton, qui contenait tout ce que Don avait collecté du monde occidental au cours de ses quelque soixante années de vie. Parmi quelques chemises je remarquai une paire d'éperons et une médaille de rodéo.

Au rythme des claquements stridents du bois de fer et des exclamations rauques des danseurs, les familles défilaient continuellement dans l'abri. Toutes les femmes pleuraient, parfois sans larmes, certaines avec des hurlements aigus et modulés. Les unes cachaient leurs têtes entre leurs mains, d'autres s'épanchaient sur le corps et l'embrassaient. Plusieurs dissimulaient des pierres dans le creux de leur poing et s'en frappaient le front une fois à l'intérieur. Un moment après le début des lamentations, des éclats de voix retentirent à l'entrée de l'abri. Donna, qui était venue pleurer tout au début, avait demandé à revoir le corps une fois de plus, mais on avait trouvé un couteau caché sous sa jupe. George et David avaient ordonné qu'on le lui retire[1].

Je restai plus d'une heure sous l'abri, observant le défilé des visages plus ou moins familiers. Seuls les proches étaient autorisés à ce dernier adieu. Finalement la voix de George se tut. Ce fut alors son tour de rentrer dans l'abri, suivi de David et de plusieurs anciens de Ramangining et Maningrida, très proches de Don, et visiblement investis d'autorité traditionnelle. Chacun portait son woomera, élément incontournable de la tenue traditionnelle[2]. Debout en cercle, visages impassibles, ils gardèrent les yeux fixés sur le corps qui gisait dans le cercueil ouvert pendant plusieurs longues minutes. Soudain l'un d'entre eux leva son propulseur d'un geste brusque, et s'assena un grand coup sur la tête. Un second l'imita, puis tous les autres ; George et David firent de même. Ils répétèrent le mouvement saccadé et mécanique, frappant toujours exactement au même endroit. Lorsqu'ils cessèrent, de minces filets de sang marbraient plusieurs fronts. En silence, toujours impassibles, ils quittèrent l'abri lentement, les uns après les autres.

George me signifia de les suivre hors de l'auvent. La lumière de l'après-midi déclinait. Il avait posé ses clap-sticks, et s'était rassis près de l'entrée de la tente.

– Je vais y aller, Balang. Je reviendrai demain matin.

– Bien sûr, Balang. C'était bien, non ? Je suis content. Les danseurs sont très bons, souligna-t-il avec une moue d'approbation. Surtout Ramangining.

– Oui, très bons, Balang, très bons. Le vieil homme va aimer ça...

Le lendemain, vers dix heures, les billys fumaient, et les amas de couvertures racontaient la nuit passée sur les lieux mêmes. Les danseurs dansaient toujours, se relayant par équipes pour manger et récupérer. Sur un signe de George, je garai le 4 × 4 à l'écart près

1. Il est d'usage que les femmes se frappent la tête avec des pierres, mais il arrive parfois des accidents graves lorsque de proches parents des défunts utilisent des moyens plus violents. Des cas de décès sont cités. On retire en principe autant que possible les instruments trop dangereux.

2. Traditionnellement, le woomera fait partie de la tenue au même titre que chez nous un chapeau par exemple.

des voitures des autres Blancs, dont le nombre avait presque doublé depuis la veille. On allait bientôt transporter le corps vers le cimetière. George m'accompagna vers l'intérieur de l'abri, pointa la même chaise que la veille et s'installa lui-même dans l'autre coin de la pièce.

Quelques minutes plus tard, toujours au son du chant de George, du molo et des clap-sticks, les danseurs entrèrent dans l'abri en file indienne, tournoyant et dansant autour de la table. Ils s'étaient munis de grandes branches d'arbre de fer feuillues dont ils fouettaient le corps en rythme pour le débarrasser des mauvais esprits, en crachant des invectives sourdes au-dessus du défunt. Après un moment ils se reculèrent contre les cloisons de tissu en continuant à danser, pour faire place à quatre jeunes hommes qui entrèrent dans l'abri à leur tour. Parmi eux figurait Greg, une fois de plus revenu de nulle part, qui m'adressa un regard et un discret signe du doigt. George se leva, et en passant sa main sous son aisselle il déposa sa sueur sur le corps de son ami. M'attrapant par le bras, il m'invita à l'imiter. Enfin George ferma le cercueil, et huit mains couvertes d'ocre rouge le soulevèrent par les poignées pour le faire glisser doucement de la table au plateau de la voiture qui attendait dehors. Les danseurs avaient repris leurs allées et venues autour de la table puis de la voiture, accompagnant le vieil homme dans son tout dernier voyage.

La voiture s'engagea sur la route en direction du cimetière, au pas, toujours encerclée par les danseurs. L'ensemble du public se mit alors en branle, s'entassant dans les voitures ou suivant à pied. Plusieurs troupes de danseurs s'étageaient au fil du cortège qui s'étirait sur un kilomètre. George attendait pour partir en dernier et me demanda de le prendre dans mon Toyota. Il s'installa devant avec Maggie, et nous roulâmes très doucement en queue de convoi. Une demi-heure plus tard, nous atteignîmes le cimetière. Dans la clairière, où un monticule de terre humide signalait le trou de la nouvelle tombe, la foule avait repris place par famille, selon une répartition similaire à celle adoptée au village. Les danseurs dansaient toujours. Un peu en retrait, sur la droite, je remarquai six jeunes filles, vêtues de solennelles tenues occidentales noires et blanches, qui se tenaient debout alignées devant la tombe.

– Elles sont là depuis ce matin. Tu ne les as pas vues parce que tu étais dans l'abri presque tout le temps, murmura George très discrètement.

Lorsque tout le public fut installé, George reprit son poste au chant et les porteurs et danseurs accompagnèrent le cercueil jusqu'au lieu de son repos. Ensuite la famille défila sur la tombe, les femmes pleurant à grands cris, les hommes apposant leur transpiration au fond du trou Mon tour vint en dernier, et je m'attendais ensuite à ce que l'on disperse le public pour refermer le trou. Mais la cérémonie n'était pas terminée. Assise près de la rangée de jeunes filles en noir et blanc, une femme actionna un petit poste à cassettes qui émit des chants religieux nasillards. Les six danseuses reprenaient en cœur les paroles pieuses qu'elles accompagnaient d'une chorégraphie de gestes expressifs. Elles tendaient les bras, les ramenaient vers leur cœur, les joignaient ensuite en geste de prière, puis recommençaient l'ensemble. George, complètement immobile, attendait les yeux au sol, dissimulant son visage et toute expression. Enfin la musique s'arrêta. Un homme blanc en costume surgit de derrière une voiture, un papier à la main.

– Ah, voilà..., murmura Maggie en soupirant et en baissant les yeux elle aussi. C'est le prêtre. Il y a toujours des gens qui le font demander. Je crois que c'est Donna qui a voulu...

Dans l'assistance, tous les visages s'inclinèrent pour écouter le sermon, jetant une pudeur uniforme sur leur recueillement ou leur exaspération. Le discours fut long et ennuyeux, truffé de lieux communs et de sentences rhétoriques creuses. Après un quart d'heure, le pied nu de George tapait nerveusement la poussière et Maggie émettait de temps à autre des grognements réprobateurs. Finalement le prêtre salua, et la foule impatiente se dispersa pour rentrer vers Weemol, tandis que quelques hommes, dont Greg, restaient pour refermer la fosse à l'aide de la pelleteuse.

30
Djoly

Comme de coutume, tous les visiteurs quittèrent la région presque immédiatement après la cérémonie. Weemol retrouva un calme un peu excessif, où la vie se déroulait au ralenti. Tous les meetings avaient été annulés. L'activité se résumait aux visites quotidiennes à la shop et à la clinique. Après une petite semaine, j'organisai quelques sorties dans le bush avec June, Philip, et bon nombre d'enfants. Sur la demande de George, Philip, Adrian, Dany et une flopée de gamins empruntèrent son tracteur pour ramener à Bodeidei plusieurs bennes de pierres ramassées dans le bush, premier pas vers la construction du bâtiment pour l'école. Mais, malgré la présence de David qui avait prolongé son séjour à Weemol et restait toujours partant pour une session de molo, George et Maggie manquaient désormais d'énergie. Un après-midi d'école traditionnelle organisé sur ma suggestion se résuma à une longue discussion autour de thé et de barres de céréales, qui s'avéra néanmoins très agréable. Les enfants réclamèrent la musique et les danses, pour le plus grand plaisir de George. Sans doute peu désireux d'entonner de nouveau les airs que l'on venait d'utiliser pour la cérémonie, celui-ci répondit qu'il avait laissé ses instruments à la maison, mais la demande unanime avait suffi à réinsuffler une bouffée d'espoir.

Malheureusement l'étincelle disparut très vite. Un après-midi, le vieux Wamut Buck de Barraponda débarqua à Weemol avec son Land Rover antique et des mauvaises nouvelles de Djoly. Buck revenait de Beswick, et le malade l'avait prié d'envoyer George et David à son chevet, précisant qu'il aimerait bien également ma présence. Les deux anciens se consultèrent en dialecte.

– OK, François. On part tout de suite, déclara George après quelques minutes.

Je vérifiai intérieurement la liste de mes activités pour les jours à venir. Aucune ne semblait impérative. Nous étions lundi et mes prochains clients n'arrivaient que le vendredi suivant.

– Très bien, Balang, comme tu veux. Je retourne au camp, je prends le camion et je repasse vous chercher.

– Ma.

– Ma, à tout à l'heure.

De retour à Bodeidei, j'expliquai très vite la situation à Maïa, et trois heures plus tard, les lumières de Beswick apparaissaient au tournant de la piste. George et David me guidèrent dans les rues du village jusqu'à un carré d'herbe près de la maison de David, où on avait construit un abri comme celui qui avait servi à Weemol pour la cérémonie de Don. Là aussi, plusieurs feux de camp brillaient alentour, dessinant des silhouettes qui se déplaçaient entre les groupes. George disparut immédiatement dans l'abri, et David dans sa maison. J'attendis dans la pénombre près du camion, contemplant la nuit qui tombait sur le village. Au-delà des feux qui encerclaient l'abri, des éclats de voix d'ivrognes retentissaient de temps en temps depuis le « club », de l'autre côté de la highway. On intitulait ainsi une sorte de cage grillagée, qui délimitait le seul carré de terrain où la consommation d'alcool était autorisée : de 16 heures à 20 heures on y vendait de la bière en quantité soi-disant contrôlée, à une foule dense d'hommes et de femmes complètement ivres. Aux heures d'ouverture du club, et surtout les week-ends, le reste du village était à peu près désert : toute la communauté se retrouvait dans la cage. Au beau milieu de ce chaos, Djoly recevait ses derniers visiteurs, comme l'exigeait la tradition.

George passa la tête par la porte de l'abri, et m'invita à l'y rejoindre. À l'intérieur régnait une pénombre épaisse. Djoly reposait au sol, allongé sur un matelas, ne portant pour tout vêtement qu'un vieux bermuda qui laissait voir des jambes aussi décharnées que son torse. Tout autour de sa couche, une dizaine d'hommes aux cheveux blancs que je ne connaissais pas se tenaient assis en tailleur, silencieux. David occupait la première place, tout près de la tête du malade, et George se rassit juste en face, m'invitant à m'installer à son côté. Je saluai Djoly de la tête sans rien dire. Il me tapota la main. Puis il se mit à parler à voix basse, très doucement, en dialecte. De temps à autre l'un des hommes répondait. La conversation dura un long moment. Seul dans le noir, n'en saisissant pas un mot, je m'imprégnais de l'atmosphère, m'interrogeant quant aux raisons de ma présence sous cette tente. Jamais je n'avais vu autant d'anciens réunis. Des informations importantes semblaient s'échanger. Soudain la voix de Djoly parlant en kriol me tira de mes réflexions.

– Je suis content que tu sois là, Balang. Et merci d'avoir amené ton frère et le mien. Tous ces hommes sont les plus anciens de toute notre région, ils connaissent toutes les terres, toutes les histoires, toutes les Lois. Mais c'est ton frère, mon rembara [1] qui en connaît le plus. Après moi, c'est lui, il est numéro deux.

Djoly me présenta ensuite à la ronde, citant les noms de peau, de clan et la communauté d'origine de chacun des présents. Ils s'étaient déplacés de tout le centre d'Arnhem.

– Aujourd'hui, j'ai des choses à leur dire et à leur apprendre, pour qu'ils puissent continuer après moi. C'est ce qu'il faut faire quand on sent qu'on va partir. Mais je ne crois pas qu'eux le feront quand leur heure sera venue. Il n'y a plus personne, après, c'est fini. Les jeunes ne comprennent pas. Cette passation, c'est la dernière.

Il ferma un instant ses yeux fatigués.

– C'est pour ça que je t'ai fait venir, Balang. Je sais que George t'a montré beaucoup de choses. Quand on sera tous partis, toi, tu te rappelleras, tu parleras de ce qui s'est passé, aux enfants, aux Blancs... C'est presque terminé maintenant, tout ça, binij.

Djoly s'interrompit un instant, avant de se tourner vers George pour reprendre en dialecte. Il était temps pour moi de m'éclipser.

Perché sur mon camion, je m'assoupis sous le ciel étoilé. Tard dans la nuit, des échos de chants étouffés par la toile de l'abri me parvinrent. Puis la portière du véhicule claqua plusieurs fois : George et David avaient récupéré leurs swags pour s'installer autour d'un feu. Le lendemain, une altercation entre un groupe de jeunes gens encore un peu saouls de la veille me réveilla au petit jour. Quatre ou cinq

1. Ici, gendre – même terme que pour beau-père.

hommes à peine sortis de l'adolescence, affalés sur une terrasse jonchée de détritus, se disputaient autour d'une radiocassette après une nuit d'errance. Je descendis de mon perchoir pour ranimer le feu et remplir le billy. Quelques minutes plus tard, George apparut, la mine fatiguée, et ronchonna contre ces éclats matinaux.

– Du madj ambag, grogna-t-il en relevant largement sa lèvre inférieure. Les jeunes... Toujours l'alcool, le rak'en'ral regarde ! Binij na...

De joyeuses apostrophes interrompirent sa tirade rituelle. Junior, Ingrid et Angela s'avançaient vers nous, réjouis par la bonne surprise de nous trouver là au réveil. Je les embrassai puis rejoignis George qui m'avait devancé et m'appelait depuis la tente. Je retrouvai le vieux Djoly dans la même position que la veille.

– Bobo, Balang. Vous pouvez partir. Pour le reste, je laisse faire ton frère. Il te fera revenir bientôt.

– Bobo, Djoly.

– Bobo, Balang et Balang, murmura encore une fois le vieillard.

Et nous quittâmes les lieux sans même songer à nous retourner, comme s'il s'était agi d'un banal au revoir.

À Weemol, la vie tournait toujours au ralenti. Avec le temps sec de la fin juin, le niveau des rivières avait baissé, et plusieurs familles avaient abandonné la communauté pour les out-stations de Momop et de Barraponda. Donna et Bobby avaient réintégré le pub de Katherine, et Kenneth et sa femme séjournaient également en ville, sans doute trop affectés par le décès de Don pour rester à Weemol. La communauté se trouvait réduite à la famille de Dudley et Elizabeth, à George et Maggie, et aux familles de leurs enfants. De temps à autre je songeais avec amertume à l'époque où le village se retrouvait tous les soirs pour les danses autour du feu, à peine dix ans auparavant. Et je ne doutais pas que George et Maggie lorsqu'ils plongeaient longuement leurs yeux dans les braises ou vers l'horizon laissaient miroiter dans leur cœur ces mêmes images.

Bien sûr, il n'était pas question de parler de l'école traditionnelle, même si les enfants la mentionnaient de temps à autre. Le mois de juillet commençait, et avec lui la vraie saison touristique. Tout était fin prêt sous le contrôle de Maïa, l'équipe rodée, les réservations prometteuses. De ce côté, l'avenir semblait souriant.

La nouvelle tomba une fin d'après-midi. Alors que je bavardais avec George et Maggie sous les bambous, une voiture inconnue traversa Weemol en trombe et s'arrêta devant nous. Sans même prendre le temps de descendre du véhicule, un homme que j'avais déjà vu à Beswick lança une phrase en dialecte par la fenêtre ouverte. Autour de moi, les cris et les pleurs éclatèrent immédiatement. Sans dire un mot, George cacha son visage dans ses mains et resta prostré un long moment. Maggie sanglotait à grosses larmes. Après plusieurs minutes, le visage mouillé de George réapparut.

– Et voilà... Plus que David, Peter de Momop, Jimmy de Beswick et moi, maintenant...

Une fois de plus, les tergiversations autour du lieu et du déroulement de la mise en terre s'étirèrent, plus longtemps même que pour la cérémonie du vieux Don. Jour après jour, George m'entretenait des luttes intestines qui opposaient les partisans d'un enterrement à Weemol et ceux qui voulaient garder le corps à Beswick.

– Ils ne savent rien ! Najing ! s'insurgeait George. Les terres de mon rembara, c'est ici, sur les terres de son père. C'est ici qu'il y a son Nayuhyungi. C'est de ces terres qu'il s'est toujours occupé, les terres dalabons ! À Beswick, c'est les Maelis. Mais ils veulent garder le corps pour eux. Ils veulent tout garder pour eux, mais je m'en fous. Les chants de mon rembara, tous ceux qu'il avait inventés lui-même, son corroborree[1], ils sont à moi maintenant. C'est ce qu'il nous a dit dans l'abri, tu sais l'autre soir à Beswick. Normalement, comme il est mort, on ne devrait plus jamais les chanter. Mais c'est lui et moi qui avons eu l'idée, pour que les enfants puissent les entendre et les apprendre. Tous les anciens étaient d'accord. Il faut attendre un peu, et il faudra quelques meetings et quelques cérémonies, mais après je pourrai chanter de nouveau ses chants. C'est moi son successeur traditionnel. Il te l'a dit dans l'abri. Et David est mon joueur de molo, c'est lui qui jouera les chants.

– Et comment il va, David ?

– Oh, ça va... Mais il n'est pas content. Pas content du tout de ce qui se passe pour la cérémonie. Ça va être une grosse cérémonie,

1. Djoly avait composé lui-même un certain nombre de chants. Dans ce cas, *corroborree* signifie le corpus de chants d'un compositeur. *Corroborree* s'emploie aussi pour « petite fête », avec chants et danses.

tu sais. Il y aura plein d'hommes importants, des gabmen pipul, tout. Tu sais, mon rembara était vraiment très important, même les Blancs le connaissaient. Quand il était plus jeune, la Reine lui a donné une médaille[1]. Pour la tradition, après lui, c'est moi. Mais après moi, je ne sais pas. Personne. C'est fini... Ça va être une grosse cérémonie. Enfin ça y est, c'est ça que je voulais te dire ce matin. Ils ont fixé la date, ça va être mardi qui vient. Et c'est à Beswick.

Au jour dit, je quittai Bodeidei à l'aube avec Maïa et Mathieu. Le soleil se leva dans notre dos peu avant Beswick, atteint dans la fraîcheur matinale. Suivant les instructions fournies par George, je garai le camion près de chez David et je me mis à la recherche de George, me dirigeant vers l'abri central où reposait le corps. La musique et les chants résonnaient de très loin, et avaient sans doute commencé la veille ou même l'avant-veille. En traversant le village, j'aperçus, juste en face de l'abri, un grand auvent qui faisait face à la piste des danseurs. Suant sur leurs fauteuils pliants malgré l'ombre d'une toile bien tendue, une demi-douzaine d'hommes blancs en costume, chemise blanche et cravate observaient la scène derrière leurs lunettes de soleil. C'étaient les fameux gabmen pipul mentionnés par George : parmi eux, je reconnus plusieurs personnalités politiques que j'avais vues traîner autour des bureaux de vote pendant les élections, afin de récupérer l'énorme masse de voix des communautés d'Arnhem. Le ministre des Affaires aborigènes trônait au milieu d'eux. Presque aucun d'entre eux ne connaissait Djoly personnellement, et certains ne dissimulaient même pas leur ennui. Partout autour les gens s'amoncelaient par grappes sur des couvertures à même le sol. Derrière le nuage jaune soulevé par les danseurs près de l'abri, je reconnus un ancien rencontré lors de la soirée passée auprès de Djoly. En m'apercevant, il appela vers l'intérieur de la tente, et George sortit pour m'accueillir. Il pointa un groupe où je reconnus Maggie et June.

– Vous pouvez tous vous mettre là, Balang. Je t'appellerai quand tu pourras venir voir le corps.

1. Djoly avait en effet été décoré par la Couronne, à l'occasion d'une cérémonie officielle, dans les années soixante-dix.

Nous nous installâmes discrètement auprès de Maggie et de June, qui se montrèrent très silencieuses toute la journée. Comme pour la cérémonie de Don, la musique accompagnait le long défilé des familles qui s'épanchaient sur le corps protégé des regards à l'intérieur de l'abri, à grands bruits de cris et de pleurs. Le soleil de midi tapait, et les officiels se serraient sous leur carré d'ombre qui s'amenuisait, transpirant à grosses gouttes, sourires figés.

En fin d'après-midi, finalement, les chants et les danses s'interrompirent. Le groupe des fils de Djoly, les frères de sang de June, tout de noir et blanc vêtus, pénétrèrent sous l'abri. George choisit ce moment pour m'interpeller et me signifier de les suivre. À l'intérieur tout se passait comme autour du cercueil de Don. Enveloppés dans un bout de toile, les ornements de cérémonie de Djoly [1] avaient été posés sur son ventre et attendaient d'être ensevelis avec lui. Après tous les autres, j'apposai ma sueur sur le corps : ainsi, les odeurs suivent l'esprit et celui-ci laisse les hommes en paix. Dehors, la musique avait repris et les danseurs entrèrent en tourbillon avant même que nous ayons eu le temps de libérer les lieux. Lorsque les fils de Djoly eurent hissé le cercueil sur le 4 × 4 qui attendait devant la tente, le public s'entassa dans les voitures et entama la procession vers le cimetière, simple carré déboisé sur le bord de la highway, un bon kilomètre après la sortie du village. George monta avec moi dans le camion.

– Maintenant tu restes avec moi et les autres anciens, Balang.

Le cimetière était noir de monde. Rassemblée autour du trou, la foule écouta sagement l'habituel sermon religieux – mais cette fois-ci les danseuses de cantiques ne figuraient pas au programme. Les officiels attendaient patiemment, époussetant tant bien que mal leurs costumes souillés de poussière rouge. Des femmes se penchaient sur la tombe en hurlant, et, près de moi, les anciens se frappaient le crâne de leurs woomeras. Enfin, un à un, les spectateurs s'approchèrent de la fosse pour y jeter une poignée de terre. L'assemblée se dispersa insensiblement, s'éparpillant entre le cimetière et le village, où chacun réintégra sa maison ou son feu de camp.

– Et voilà, souffla George tristement comme je le déposais près de l'abri. Binij na.

1. Ornements traditionnels de plumes et de ficelle de put-put utilisés exclusivement pour les cérémonies d'importance.

31
David

Cette année-là, l'Australie bourdonnait d'effervescence à l'occasion des Jeux olympiques de Sydney prévus au mois d'août 2000. De retour en avril au camp de Bodeidei, avec Maïa, qui semblait décidée à persévérer dans l'aventure, je trouvai des traces de travaux. Jetant un coup d'œil au sommet de la colline, j'y aperçus un petit cube blanc : la cabine de réception du système de radiotéléphone[1], installé en notre absence. Quelques semaines plus tard, une équipe de Telstra[2] se déplaça en hélicoptère pour effectuer les derniers branchements. Ce jour-là, la distance entre mon coin de bush et le monde se rétrécit d'un coup.

L'atteinte portée à la communauté par les disparitions consécutives de Don et de Djoly deux ans plus tôt ne s'était pas estompée. Philip et June avaient fini par reprendre le dessus, et ils étaient rentrés à Weemol en juin 1999. Philip avait cessé de boire, mais la consommation de marijuana le rendait apathique. Les filles avaient grandi, et l'attrait des séries télé et des garçons de Bulman ou de Beswick l'emportait sur les plaisirs du bush. Seuls June et Junior, infatigables, accompagnaient mes excursions avec un enthousiasme intact. Junior, âgé de dix ans, était désormais très à l'aise dans le bush.

Malgré leur énergie, George et Maggie vieillissaient doucement, tiraillés entre les questions d'organisation du conseil de Bulman, les

1. Système téléphonique fonctionnant par relais radio.
2. Entreprise nationale de télécommunication en Australie.

problèmes familiaux et communautaires quotidiens, et les programmes gouvernementaux qui nécessitaient la présence de George aux quatre coins du Territoire pour des meetings aux thèmes variés. Gestion des feux de savane ou projets de patrouilles municipales, il cherchait toujours partout la solution magique qui rendrait à la communauté son entrain et à la tradition sa force. Mais les programmes sombraient doucement dans l'oubli au gré des mutations des responsables.

Le projet d'école traditionnelle avait fini par s'évanouir lui aussi, malgré mes encouragements répétés tout au long de l'année précédente. De temps à autre, le sujet revenait et George reprenait sa rengaine – en vain. Les cotisations des membres de la Fondation étaient désormais employées aux achats de nourriture et aux aides ponctuelles à la communauté.

Au début de la saison 1999, George s'était rendu plusieurs fois à Beswick pour régler avec d'autres anciens la levée de l'interdit sur le répertoire de Djoly. Cette formalité effectuée, il était rentré content, de nouveau à même d'entonner les airs qu'il avait chantés toute sa vie. En juillet, il organisa à Moban une cérémonie d'enfumage des objets et habits du disparu. Il s'agissait d'un événement modeste. Tous les biens ayant appartenu à Djoly ainsi qu'à d'autres personnes décédées récemment furent enfumés de manière à les libérer de la présence des défunts qui perturbait les vivants. Jusque-là, George et Maggie avaient conservé sous leur toit la valise contenant les affaires de Djoly, mais estimaient sa proximité nuisible à leur santé et responsable de la fréquence accrue de leurs faiblesses. De plus, plusieurs membres de la famille de Djoly avaient reçu la visite de l'esprit du vieil homme, et il était temps de procéder à cette seconde phase du processus de deuil. L'étape ultime serait la cérémonie du Ngorrkon [1], à l'occasion de laquelle on allait déterrer les os du défunt pour les placer dans une bûche creuse et les déposer dans un lieu secret. George et Maggie évoquaient de temps à autre cet événement à voix basse, la mine sérieuse.

1. Bûche creuse qui sert de réceptacle funéraire.

– Il faudrait qu'on le fasse, répétait George. Ce n'est pas bon qu'il reste là-bas, à Beswick. Trop loin de ses terres...

Maggie approuvait par d'amples hochements de tête.

– Oui, ça ne va pas. Mon père était dalabon, ses terres sont ici, je veux mon père près de moi. Il faudrait organiser ça.

– Mais c'est trop compliqué, soupirait George. Trop dur. Tu sais, Balang, il n'y a presque plus personne qui sait faire cette cérémonie.

– Je n'ai plus qu'un oncle qui pourrait le faire, reprenait Maggie. Mais il est à Maningrida. C'est loin, et il ne peut pas faire ça tout seul, il faut des danseurs, et des jeunes pour creuser. C'est compliqué. Mais on le fera, insistait-elle, on le fera. Il ne faut pas que mon père reste à Beswick.

Un soir de septembre, George m'appela au camp pour me demander de passer à Weemol : il souhaitait me parler. Sur la demande du conseil de Bulman, Telstra avait branché une ligne chez lui également, et toutes ces nouvelles installations transformaient beaucoup la communication et la vie à Bodeidei, limitant notamment mes allées et venues vers Weemol. Le soir même, sur leur terrasse, George et Maggie m'exposaient timidement une requête.

– Voilà, Balang, commença Maggie. Left-Hand et moi, on a réfléchi. Il ne faut pas que mon père reste à Beswick.

– Mais il vaut mieux faire la cérémonie du Ngorrkon plus tard, quand on sera prêts.

– Oui, quand on sera prêts, répéta Maggie. Pour l'instant Left-Hand a eu une autre idée. Hein, olman ?

– Oui... Balang, tu sais les pierres qu'on a vues dans le cimetière, chez toi en France, avec les noms... J'avais pensé... Je me disais qu'à Bodeidei on pourrait en mettre une comme ça, avec les noms des deux anciens qui sont morts. Et on fera une cérémonie de souvenir.

– Une pierre ? Avec les noms ? – Je restai interloqué plusieurs secondes. – Mais c'est interdit[1] !

– On sait bien que c'est interdit, approuva Maggie. Mais on veut le faire quand même.

1. Il est interdit de prononcer le nom des morts ou de montrer leur image.

– Parce que sinon, personne ne se rappellera d'eux, expliqua George. Les enfants n'écoutent plus les histoires. Ils ne regardent que la télé. On ne peut plus raconter comme avant. Si on met les noms, ils seront obligés de se rappeler. Et on pourra leur expliquer.

– Left-Hand a commencé à en parler à la famille. De toute façon, on fait ce qu'on veut, il n'y a pas de famille plus proche. June est d'accord. Et si les autres ne sont pas contents, ils n'ont qu'à pas venir.

– Peut-être que la Fondation pourrait nous aider avec ça, suggéra George timidement.

– Oui, oui bien sûr, bredouillai-je. Mais... pourquoi à Bodeidei ?

– C'est un lieu important pour les Dalabons et pour mon rembara. Il y a des sites sacrés, sur le chemin des quatre Nayuhyungi pipul.

– Bon... Et quand est-ce que vous voulez faire ça ?

– Oh, pas tout de suite. Rentre chez toi, on verra quand tu reviens. Il faut tout organiser. C'est compliqué.

– Quand on sera prêts on te le dira, conclut Maggie.

Je hochai la tête.

– Et, Balang..., ajouta George, un peu hésitant. Tu crois qu'on pourrait retourner en France, avec David ? J'aimerais bien revoir tout le monde là-bas, et retourner chez toi, juste une fois.

Je hochai de nouveau la tête.

– C'est une bonne idée.

George n'avait pas mentionné Philip : il le considérait sans doute comme hors course. Quant à David, je le voyais régulièrement, m'arrêtant à Beswick à chacun de mes voyages à Katherine. Invariablement, je le trouvais installé sur sa chaise en plastique, devant le spectacle de sa communauté en perdition.

– Bien sûr, Balang, que je suis d'accord pour revenir en France ! Les tournées, tout ça, ils me demandent sans arrêt, j'en ai marre. Trop fatigant. Et puis, trop de ambags, avec l'argent... Mais avec toi, c'est pas pareil, c'est des vraies vacances !

Dès mon retour, au mois d'avril l'année suivante, George et Maggie remirent sur le tapis leur projet de pierre tombale à Bodeidei.

– On a parlé avec tout le monde, Balang. Tout est OK. On

n'attend plus que toi, maintenant, pour faire faire la pierre. Tu avais dit que la Fondation pouvait aider pour ça. Il faudrait une pierre plate, à peu près grande comme ça, précisa George en écartant ses mains pour dessiner un rectangle.

– Dessus on veut les noms complets des deux olmens, ajouta Maggie. Avec leurs noms de peau, et Duwa pour le père de Kenneth, Yirridja pour le mien.

– Quand est-ce que tu peux avoir ça, Balang ?

Une semaine après l'entretien avec George et Maggie, j'avais commandé une pierre gravée selon leurs instructions. George, Maggie, Philip, June, et d'autres membres de la communauté étaient passés à Bodeidei un après-midi pour décider du futur emplacement du mémorial. Sur leur décision, mes bénévoles de la saison avaient monté une petite stèle de pierres rouges juste à l'entrée du camp. La cérémonie était prévue pour le second dimanche de juillet. Par ailleurs, les sponsors contactés pour le second voyage en France venaient de m'envoyer leur feu vert. George et David retourneraient donc à Paris en mars, sans Philip malheureusement, pour qui je n'avais de toute façon pas pu obtenir de billet.

Je m'arrêtais toujours régulièrement chez David. Pour la toute première fois cependant, cette année-là, son éternel sourire charmeur avait mystérieusement disparu. Il m'attendait toujours assis sur sa terrasse, mais sa mine était soucieuse et lasse. Elle s'éclaira pourtant lorsque je lui annonçai la confirmation de notre prochain voyage.

– Alors c'est bon ? Quand est-ce qu'on part, Balang ?

– Oh ! pas tout de suite, en mars... Et c'est seulement toi et George... Pas de billet pour Philip.

– Bah... c'est peut-être mieux, murmura-t-il en baissant les yeux.

– Et il y a la cérémonie, pour ton frère, dans deux semaines.

– Ah oui, c'est vrai... George a téléphoné...

– Il faut que tu viennes... Si tu veux, je peux t'emmener et te ramener avec le camion.

– Mmmoui... Mes fils m'ont dit qu'ils m'emmèneraient. Mais je ne sais pas, avec eux, on ne sait jamais... Du madj ambag, Balang. Il y a trop de problèmes. Les jeunes m'ennuient, avec tout cet argent que je gagne grâce à mes expositions et mes concerts. Ils ne me laissent pas tranquille. Je suis fatigué, je ne peux pas leur faire confiance. Ils m'ont promis de m'emmener, mais avec eux, c'est jamais sûr...

– T'en fais pas, Bengadi ! S'ils ne sont pas là, moi je t'emmènerai !

De retour à Weemol, je m'arrêtai pour informer George et Maggie des difficultés de David, et aussi de celles de Jimmy dont la voiture était en panne et qui ne pourrait peut-être pas venir pour la cérémonie. George haussa les épaules dans un geste d'impuissance, en relevant un peu sa lèvre inférieure.

– Tant pis, Balang... Ils font ce qu'ils veulent. Nous on sera là, et il y aura tout Barraponda, tout Momop, tout Gopuliu. On n'a pas besoin des autres. On peut faire ça tout seuls...

Le second dimanche du mois, à l'heure dite, j'envoyai comme convenu mes deux 4 × 4 à Weemol pour ramener le plus de monde possible. Barraponda avait ses propres véhicules, de même que quelques autres familles. Jimmy et une vingtaine de parents de Beswick avaient finalement réussi à emprunter un minibus au conseil municipal et à rejoindre Weemol la veille. Côté Bununjua, seul un Kenneth un peu hagard avait pu se déplacer, mais sa présence semblait fort appréciée. George exultait. En début d'après-midi, les berges de la source étaient couvertes de monde, les participants s'étant comme d'habitude rassemblés par famille, et étagés suivant leur parenté avec Djoly et Don.

En revanche, David manquait à l'appel. Lorsque j'avais fait halte à Beswick pour l'emmener comme convenu, j'avais trouvé sa terrasse vide, et sa femme incapable de m'informer.

La pierre gravée était arrivée à temps, et nous l'avions installée sur la stèle et couverte d'un drap blanc pour l'inauguration. Les enfants, intrigués, se bousculaient autour, pouffant et riant, risquant de temps à autre un doigt sur le tissu pour deviner la forme de ce qu'on avait caché derrière. Ils profitaient au mieux d'une occasion providentielle de jouer tous ensemble à Bodeidei, en se repaissant des dampers sucrés préparés en masse par June le matin même. Au milieu d'eux, George et Maggie avaient l'air grave, et Philip se montrait très ému.

Lorsque les derniers arrivants furent installés, George se leva et cria en dalabon pour rassembler tous les enfants près de la source. Deux jeunes hommes de Barraponda se levèrent pour le rejoindre, l'un portant son molo et l'autre ses bâtons de bois de fer, suivis de Philip et d'Adrian. George attrapa son petit-fils Ross, puis un copain de Wamut, revenu de Beswick pour l'occasion, et Junior. L'équipe des danseurs était au complet.

De leur côté, Maggie et June avaient déjà commencé à broyer de l'argile blanche dans un peu d'eau, et attrapaient une à une les petites filles d'abord surprises, puis ravies, pour les barbouiller en riant. Ingrid, Angela, les filles d'Elizabeth et de Lily et quelques adolescentes de Beswick s'approchaient timidement du pot de pâte blanche et s'en enduisaient délicatement les jambes.

Les garçons procédaient de même, sous les directives de George et de Philip. Chacun s'était déshabillé. Philip avait revêtu des parures de cérémonie familiales et les plus jeunes nouaient des pans de tissu autour de leurs cuisses et de leurs tailles. Soudain George se tourna vers moi et pointa mon pantalon.

– Enlève ça, Balang. Va mettre un short et reste torse nu.

À mon retour, George m'ôta mes lunettes et entreprit de me badigeonner de peinture blanche des pieds à la tête. Je ne posai pas de questions : Philip ne pouvant rester le seul adulte dans la danse, j'avais compris qu'on me mettait à contribution.

– On t'a appris à danser, Balang. Djoly était content que tu danses avec nous. Il faut que tu danses, c'est sa cérémonie.

De joyeux éclats de voix et quelques applaudissements accueillirent notre entrée en scène. Les musiciens entonnèrent le chant du hibou, et nous commençâmes à marcher en ronde, suivant Philip qui gardait un œil sur les plus jeunes et leur indiquait discrètement les mouvements. Je suivais tant bien que mal, tâchant de dissimuler ma maladresse et mes déficiences rythmiques. Après un ou deux chants, la troupe des filles, sous la conduite de Maggie, de June, et de la femme de Jimmy, s'avança en ligne sur la pente pour se placer en demi-cercle autour du mémorial toujours voilé. Les danses, le drap blanc, tout me rappelait la première cérémonie à Bodeidei, neuf ans plus tôt. Le nombre vertigineux des absents, pourtant, marquait la différence.

Sur une exclamation de George, qui écarta les bras magistralement comme à son habitude, la musique s'interrompit. Quelques applaudissements crépitèrent, puis les discours commencèrent. George détailla les raisons de la cérémonie et sa volonté de préserver la mémoire des Anciens. Maggie poursuivit le même thème, suivie de Philip très affecté, qui ponctua son discours de sanglots repris par plusieurs femmes dans l'assemblée. June se montra plus sobre, malgré les larmes qui perlaient derrière ses longs cils, et George me demanda de terminer. Lorsque le silence s'installa après ma dernière phrase, il me signifia qu'il était temps d'ôter le drap. Le tissu glissa doucement sur la surface polie de la plaque et une clameur s'éleva dans l'assemblée. Les plus petits s'émerveillaient du brillant noir et solennel de la pierre, ceux qui savaient lire déchiffraient les inscriptions pour les autres, chacun commentait, admirait, ou pleurait. Comme je me reculais, George et Maggie s'approchèrent un peu plus, fronçant des sourcils en scrutant les lettres argentées.

– Celui-là, c'est mon rembara ? s'informa George en pointant le nom de Djoly.

À la nuit tombée, je raccompagnai George vers Weemol.

– C'était bien, hein, Balang ? s'enquit-il mi-interrogateur mi-affirmatif. On a bien dansé...

– Oui, on a bien dansé.

– Je pense que maintenant c'est bon, pour mon rembara. Je suis content

La fin juillet approchait, et la saison battait son plein. Une semaine après la cérémonie, je fis halte à Beswick pour y trouver un David confus. Il ne s'expliqua pas vraiment sur son absence. Un voile de regret ou de remords éteignait un peu plus son regard.

– Du madj ambag, soupira-t-il.

Je le quittai sans insister.

Ce fut une dizaine de jours plus tard à peine que George m'informa qu'il avait de nouveau disparu. Un après-midi du mois d'août, il avait quitté Beswick à pied pour aller couper des molos, comme il en avait l'habitude. Cinq jours plus tard, il n'avait toujours pas reparu. Nulle explication consistante ne se proposait. On savait qu'une altercation avec ses fils l'avait affecté le matin même de son départ. Cependant, il n'était pas parti vraiment fâché. George s'avouait inquiet, mais David s'était déjà éclipsé de cette manière quelques années plus tôt, pour réapparaître frais et pimpant après dix jours de bush.

Une quinzaine de jours plus tard, la police avait passé la région au peigne fin grâce à ses meilleurs pisteurs et des hélicoptères, en vain. On avait pu suivre les traces qu'il avait laissées sur quelques kilomètres, en direction de Katherine. Il portait sa hache en quittant le village, mais ne semblait avoir coupé aucun molo, et avait suivi la grande route. Puis les traces montaient dans une voiture qui repartait en direction de Gove ; mais à partir de là on n'avait plus aucun indice. Des annonces publiées dans les journaux locaux n'avaient pas donné plus de résultats.

– C'est un vieux rusé, soupirait encore le sergent Aaron, on pourrait bien le trouver n'importe où... Ça ne fait pas si longtemps...

George non plus n'était pas prêt à tirer si vite un trait sur son dernier ami de toujours.

– Il faut chercher, répétait-il. Je ne comprends pas pourquoi les jeunes de Beswick ne sont pas partis eux-mêmes dans le bush, pour voir. La police a fait de son mieux, mais personne ne connaît la région comme nous. Moi, je voudrais bien y aller, même maintenant, même si c'est trop tard. On peut trouver des traces. Il faut chercher des traces de dingos, chercher les oiseaux. C'est comme ça quand on cherche un corps... Mais les jeunes ne connaissent pas tout ça. Ils ne comprennent rien. C'est à cause de ça que David est parti, c'est sûr.

– Et David est peut-être ailleurs, reprenait Maggie. Hier mon oncle a appelé de Bolkdjam, son out-station, vers Gove. Ils ont vu David là-bas. Mais je ne sais pas, je n'ai pas eu mon oncle, il faut que je rappelle.

Chaque jour, en fait, les nouvelles contradictoires balançaient la communauté de soulagement en désespoir. La réputation de David était telle que la nouvelle de sa disparition avait fait l'objet d'une diffusion internationale, et la police recevait des appels téléphoniques d'Irlande ou d'Allemagne, où des joueurs de didjeeridoo en mal d'inspiration prétendaient avoir reçu la visite du vieil homme. Nous écartâmes vite ces élucubrations : j'avais encore le passeport de David depuis notre périple en France. Il n'avait pas pu passer les frontières.

Les semaines s'égrenèrent, et l'espoir s'amenuisait. On discutait sans cesse les circonstances de la disparition et les motifs de la fugue. On invoquait des créatures étranges ou des conflits familiaux.

– Ses fils, répétait Maggie, du madj ambag. Et sa femme. Il ne s'entendait plus avec la communauté, c'est pour ça qu'il est parti.

– Et trop d'alcool, ses fils buvaient tous les soirs, continuait George. Peut-être même qu'il y a eu une altercation, un accident.

– Il est parti rejoindre mon père, son frère[1]...C'est cette Mimi qui l'a emporté. Elle l'a attiré dans le bush, dans une grotte il paraît... Et là... Comme mon père. Quand il a commencé à boire, cette Mimi le harcelait.

De temps à autre, l'espoir renaissait : tel ou un tel avait téléphoné de telle out-station, on en saurait plus le lendemain. Le lendemain, rien n'arrivait.

– Mais toi, qu'est-ce que tu en penses ? risquais-je de temps à autre. Tu crois qu'il est vivant ?

– Najing ! Binij na ! répondait-il en général d'une voix morne en relevant le menton. Je voudrais juste retrouver quelque chose, savoir. Qu'on puisse faire une cérémonie.

Cela dura quelques mois. La communauté s'épuisait d'angoisse, les conversations autour de David s'espaçaient doucement. Un matin de novembre, pourtant, comme nous bavardions comme d'habitude sous les bambous, George aborda le sujet d'un ton ferme et tranchant, et comme rasséréné.

– Tu sais, Balang, on a discuté, pour David, avec Maggie et Jimmy quand il est venu de Beswick l'autre fois. Maintenant, on sait.

– Oui, on sait pourquoi. Pour lui et pour mon père, et pour le père de Kenneth. Tous, on sait pourquoi ils sont morts.

J'écarquillai des yeux éberlués. Philip, June et Bessy acquiesçaient comme un seul homme.

– C'est une vieille histoire, Balang, reprit George.

– Oui, c'était il y a longtemps, je ne sais pas, quand Kenneth était petit, expliqua Maggie.

1. Djoly.

– C'était pour cette cérémonie, à Wirridji. Les deux responsables étaient Kodjoks, la cérémonie leur revenait à eux, c'était à eux de l'organiser.

George ramassa une brindille et traça un schéma sur la poussière, puis se perdit en digressions dont je ne saisis que quelques miettes, truffées de noms compliqués, de divisions claniques et d'oppositions rituelles. De temps à autre, Maggie l'interrompait en spécialiste, rectifiant un nom de peau ou précisant une classification. Parfois ils discutaient le point quelques minutes avant de trancher l'affaire par un accord raisonné.

– Mais ces Kodjoks ne s'occupaient de rien, s'insurgeait Maggie, ils ont fait plein d'erreurs. Et ils auraient dû faire venir un Dakkal[1] pour vérifier le déroulement, parce que la cérémonie leur est reliée, c'était la procédure. Mais le Dakkal qui devait venir était en prison, alors ils ont pris un Bamkarrak[2].

– Mais ils n'auraient pas dû. Ils auraient dû prendre un Malgru[3], car Malgru et Dakkal, c'est presque la même chose. C'est pour ça que nos deux Bengadis n'étaient pas contents.

– Alors ils ont repris la cérémonie, ils s'en sont occupés, parce que de toute façon les deux Kodjoks ne faisaient rien. Quand mon père et son frère ont pris les choses en main, tout s'est bien passé, pas de problèmes, pas d'ambags.

– Mais les autres étaient jaloux. Ils disaient que les deux Bengadis n'avaient pas le droit, que ce n'était pas leur cérémonie. Il y a eu plein d'histoires à l'époque. Et maintenant ils se vengent. Tout ça c'est des vengeances, c'est le ragalk, c'est le clan de ces deux Kodjoks qui l'envoie. À cause de cette cérémonie, il y a longtemps.

– Oui, parce que le père de Kenneth était dakkal. Et ils vont continuer, souligna Maggie, ils s'en prendront au reste des Dalabons et de notre famille. Tout le monde y passera. On ne sait pas qui est le prochain, peut-être un de ces Balang, ici – peut-être George, peut-être Philip. On ne sait pas.

Tous approuvaient en secouant la tête.

1. Nom du clan de Don.
2. Clan non dalabon.
3. Autre clan dalabon.

Épilogue

En 2002, comme pour réaliser la prédiction de Maggie, plusieurs hommes et femmes dalabons disparurent successivement dans des conditions dramatiques. En juin, le Festival annuel de Barunga, à l'occasion duquel David remportait invariablement le trophée du meilleur joueur de molo, lui fut dédié officiellement. Les organisateurs blancs promettaient une « surprise » pour l'ouverture de l'événement. À Weemol, la communauté se partageait entre ceux qui imaginaient qu'on ramènerait David vivant, et ceux qui prétendaient qu'il s'agirait simplement du corps. Naturellement la « surprise » ne consista qu'en une série de discours et d'hommages au disparu.

En septembre, l'école traditionnelle reprit par soubresauts, mais la communauté avait mal encaissé les deux décès consécutifs. Philip et June étaient restés à Beswick, où Philip se comportait apparemment assez mal. George répétait qu'il fallait continuer, montrer aux jeunes la vraie culture, leur raconter les histoires et la Loi. Mais aux jours fixés pour l'école, lui et Maggie manquaient presque toujours au rendez-vous : ils devaient se rendre à la shop avant qu'elle ne ferme, à un meeting de dernière minute, avaient mal à la tête ou aux dents. Au fond d'eux-mêmes quelque chose semblait leur dire que tout ceci n'était plus nécessaire, ou qu'ils n'y arriveraient pas.

Une fois de plus je quittai à l'automne Weemol sous la pluie, laissant cette fois derrière moi une communauté presque déserte.

Depuis quelques années, depuis la mort du vieux Djoly, George parlait d'organiser une cérémonie d'initiation, mais il la reportait chaque année pour diverses raisons. Organiser une cérémonie n'est pas si facile. Autrefois, nul besoin d'organisation : celle-ci se faisait d'elle-même. Les cycles d'initiation étaient écrits dans le temps, commandés par les saisons et des signes naturels qui en ordonnaient le commencement et la fin.

Aujourd'hui, les cérémonies doivent être pensées bien à l'avance et même si le lieu est convenu, si la saison est favorable, les perturbations, les imprévisibles réunions décidées par les Blancs et aussi les problèmes de déplacement avec des véhicules en panne deux jours sur trois n'aident pas à leur planification.

Enfin, une nuit au lever de lune, sur la place de Weemol un grand feu fut allumé, les femmes s'assirent en tailleur sur le sol entourées par leurs enfants. Les anciens s'installèrent face à elles, de l'autre côté des flammes au moment où les derniers rayons du soleil disparaissaient.

Un cri strident, aigu et grave en même temps, vint trancher le silence du bush, suivi par un autre, puis un autre. C'était un signe, un langage, qui semblait venir du fin fond du passé.

Les femmes baissaient la tête. Un homme se leva, fantomatique sous les rayons de lune. Il s'approcha du foyer dont les flammes éclairèrent son visage serein et sérieux. Il ramassa une branche en flamme, poussa un nouveau cri, ni humain ni animal, et lança la branche devant lui. Des cris éloignés lui répondirent et l'homme à nouveau, à trois autres reprises, ramassa une branche et la lança, comme pour éclairer les quatre points de l'horizon.

Lorsque l'homme eut terminé et rejoint les autres, deux jeunes Yirridjas se levèrent à leur tour, se placèrent à une vingtaine de mètres l'un de l'autre et se mirent à crier. À cet instant, ce fut le son du molo qui leur répondit, suivi des clap-sticks et des chants, et la cérémonie commença : les Nayuhyungi, créateurs des premiers temps, étaient maintenant là dans le bush, sur les terres de Maggie. Le retour en arrière était désormais impossible sous peine de punitions et même de mort...

Mon attention fut attirée par un discret froissement de feuilles. Mais la main de George se posa sur mon genou et mon regard rejoignit celui des autres sur les flammes. Je me laissai bercer par le son du molo, tandis que, juste derrière nous, des ombres silencieuses effleuraient le sol.

Les ombres vinrent passer devant nous tête basse. C'étaient celles des jeunes garçons que je connaissais tous. D'autres cris stridents résonnèrent depuis la forêt. À ce moment, les hommes se mirent à chanter très fort, puis les femmes crièrent en faisant rouler leurs langues. Les hommes se levèrent et je les imitai. Je pris comme eux une branche enflammée et je la jetai devant moi. Le son du molo s'était fait très grave, les chants s'étaient tus. Le cri strident des hommes se mêla à celui des femmes et prit de plus en plus d'amplitude. Les ombres des jeunes garçons s'engouffrèrent en courant dans la forêt et disparurent dans un nuage de poussière.

Puis ce fut le silence.

– Voilà, Balang, me dit George, la cérémonie *gunapipi* a commencé.

Philip me prit le bras :

– Nos enfants sont partis pour très longtemps dans le bush. Nous allons bien nous occuper d'eux.

La suite appartient aux secrets des Anciens. Il m'est impossible aujourd'hui d'en dire plus, sinon qu'isolés de leur mère et de leurs sœurs, loin de leurs jeux, de leur télévision... ces garçons se retrouvent à moitié nus dans le bush, pour une vie nouvelle pour eux de discipline et d'endurance. Il leur faut se construire des abris, apprendre à dormir sur le sol sableux, recroquevillés les uns contre les autres auprès du feu. Dans cette vie, la paresse, la colère, la mauvaise humeur n'ont pas leur place : de plus âgés veillent à ce que le respect et l'harmonie règnent entre eux. Les Anciens sont aussi présents pour de longues nuits de chants et de danses, répétés à de nombreuses reprises, afin que la tradition soit apprise et mémorisée.

Une chose est certaine : cette cérémonie, que Balang et Narridjane ont réussi à organiser pour leurs petits-enfants et proches, sera la dernière.

Balang,

Le miroir de l'autre côté du monde...

Avant de se sédentariser, tous les êtres humains, pendant longtemps, ont vécu comme toi, Balang...

Toi, sur ta terre, Marlparl comme tu l'appelles, pendant plus de soixante mille ans, tu as doucement dérivé... Jusqu'à ce que cet être autre vienne envahir tes rêves.

À partir de ce moment, il a voulu changer ton environnement naturel, recréer son milieu dans le tien... un monde bien éloigné du tien, Balang... Un monde inconnu de toi, avec de nouveaux mots, qui n'appartenaient pas à ton langage et ne lui appartiennent toujours pas, Balang : sédentarisation, comparaison, possession, accumulation, convoitise, intolérance...

Non, ces mots ne veulent toujours rien dire pour toi, sinon tu serais déjà comme nous... Cette nouvelle vie était trop opposée à ta nature, ce monde trop complexe, trop changeant, plein d'inutile, de gaspillages et d'injustices... Un monde dans lequel même le temps est réduit à néant...

On t'a enlevé ton univers, on a souillé tes terres, ces terres si belles, si désirables dans laquelle la nature c'était aussi vous, Balang, toi et les tiens. Elle était vos parents, vos rêves, votre vie, votre histoire, votre passé, votre présent. Elle vous offrait sa nourriture, elle satisfaisait vos besoins. À vous qui n'avez jamais voulu la maîtriser, elle donnait le nécessaire pour une vie en paix, en symbiose. Vous avez reconnu son harmonie profonde, vous avez su l'écouter, la respecter, dans votre parcours semblablement circulaire.

Et l'autre, sans comprendre, est venu imposer son futur et sa progression linéaire... Le tourbillon de cette avance sans contrôle, remplie de poussière malsaine, a doucement englouti tes enfants, ta jeunesse, tes racines du passé et du présent. Pour un horizon d'ombre empli de vices et dénué de vie...

Nous ne sommes rien, Balang. Nous avons osé affronter la nature, la mutiler, lui voler ses richesses comme des brigands, et nous ne lui laissons plus que nos déchets. Nous ne connaîtrons jamais son savoir, qui est le tien. Dans notre course folle, nous avons oublié le plus important... C'est toi, Balang, qui connais les secrets de l'harmonie, de la protection de la vie.

Tout va partir avec toi, Balang.

Et elle aussi partira si on t'oublie, Balang.

Ton frère pas encore sédentarisé
Balang Raraming

Lexique

ambags : disputes, conflits, ennuis [kriol]
billabong : retenue d'eau
binij na : « c'est fini maintenant », « c'est terminé » [kriol].
Blekbala : individu noir (c'est ainsi que les Aborigènes se désignent eux-mêmes) [kriol]
Blekbala wei : manières, pratiques des Noirs (aborigènes) [kriol]
bobala : terme exprimant la compassion ou l'étonnement [kriol]
bodeidei : source [dalabon]
buj daga : nourriture du bush [kriol]
buj medisin : médecine du bush [kriol]
bulaki : vache sauvage [kriol]
clever man : sorcier
daga : nourriture [kriol]
damper : pain du bush sans pétrissage
didjeeridoo : instrument traditionnel
dilly bag : panier traditionnel pour la cueillette
driming : lieu et histoire assignés à chaque individu à sa naissance [kriol]
gabmen pipul : gens du gouvernement [kriol]
grog : alcool [kriol]
gudang : sorcier [dalabon]
jackaroo : cow-boy australien
keltja : culture [kriol]
kemp : maison, chez-soi [kriol]
du madj : trop [kriol]

mate : pote
mining : sens, signification [kriol]
molo : didjeridoo [dalabon]
Munanga wei : manières, pratiques des Blancs [kriol]
najing : foutaises [kriol]
naka : fibre de put-put [dalabon]
Nayuhyungi pipul : les gens du *Nayuhyungi*, les deux premiers hommes et les deux premières femmes
ngorrkon : réceptacle funéraire
ol buljit : « que des conneries » [kriol]
olmen : vieil homme, terme affectueux [kriol]
pool : source
ragalk : être dangereux, de forme humaine, qui vit dans le bush [dalabon]
rembara : beau-père ou gendre [dalabon]
rinsol : poudre à laver [kriol]
rong skin : mauvaise peau [kriol]
tracker : pisteur
witdj dacta : sorcier
woomera : propulseur

REMERCIEMENTS

Outre à tous mes amis dalabons, rembarrngas et maelis à qui je dois le privilège de vivre sur des terres intouchées d'une merveilleuse beauté, je dois des remerciements particuliers à Billy Noaks qui m'a le premier amené en Terre d'Arnhem, à Michel Peyrard qui m'a donné l'étincelle pour écrire, à Maïa Ponsonnet qui m'a accompagné dans la rédaction du manuscrit et m'a aidé à rassembler une partie de l'information ethnographique qui y est consignée, à Patrice Piquart qui a bien voulu le relire d'un œil attentif, à Francis Geffard, mon éditeur, et à Marie-Paule Rochelois qui l'ont tous deux reçu avec beaucoup d'enthousiasme.

Un grand merci aussi à Francis Latreille, Hauke Dresser et à Jean-Pierre David qui ont mis à ma disposition toutes les photos qu'ils ont prises en Terre d'Arnhem et au Bodeidei Camp.

Enfin, je dédie une fois encore ce livre à mon ami Jean-Paul Chantraine, mais aussi à Brigitte, Stéphane et Xavier pour toutes les années de complicité que nous avons vécues ensemble.

F.G.

Table

Troisième partie :
Munanga wei

Quatrième partie :
Échanges

Cinquième partie :
Bijni na

LATITUDES

Collection dirigée par Francis Geffard

ISABEL FONSECA
Enterrez-moi debout
L'odyssée des Tziganes

DENNIS COVINGTON
L'Église aux serpents
Mystère et rédemption dans le sud des États-Unis

ELISABETH GILBERT
Sur la terre des Masaï, photographies

RUBÉN MARTINEZ
La Frontera
L'odyssée d'une famille mexicaine

GRETEL EHRLICH
Ce paradis de glace
Avec les inuits du Groenland

NICK REDING
Patagonie
Les derniers Gauchos du Chili

PATRICK FRENCH
Tibet, Tibet
Histoire personnelle d'un pays perdu

JIL SIBERSTEIN
Dans la taïga céleste
Entre Chine et Russie, l'univers des touvas

CAROLINE MOOREHEAD
Cargaison humaine
La tragédie des réfugiés

FRANÇOISE GRENOT-WANG
Au cœur de la Chine
Une Française en pays Miao

RUPERT ISAACSON
Les derniers hommes du Kalahari
Rencontre avec les Bushmen

RORY STEWART
En Afghanistan

BARBARA DEMICK
Vies ordinaires en Corée du Nord

Composition Nord Compo
Impression CPI Bussière en décembre 2010
à Saint-Amand-Montrond (Cher)
Editions Albin Michel
22, rue Huyghens, 75014 Paris
www.albin-michel.fr
N° d'édition : 17275/02. – N° d'impression : 103439/4.
Dépôt légal : mars 2007.
ISBN 978-2-226-17608-0
Imprimé en France.